Jean-Pierre Wils
Der Große Riss

Jean-Pierre Wils

Der Große Riss

Wie die Gesellschaft auseinanderdriftet und was wir dagegen tun müssen

Ein Essay

HIRZEL

Bibliografische Information der Deutschen Nationalbibliothek
Die Deutsche Nationalbibliothek verzeichnet diese Publikation in der Deutschen Nationalbibliografie; detaillierte bibliografische Daten sind im Internet unter https://portal.dnb.de abrufbar.

Jede Verwertung des Werkes außerhalb der Grenzen des Urheberrechtsgesetzes ist unzulässig und strafbar. Dies gilt insbesondere für Übersetzungen, Nachdruck, Mikroverfilmung oder vergleichbare Verfahren sowie für die Speicherung in Datenverarbeitungsanlagen.

1. Auflage 2022
ISBN 978-3-7776-2918-6 (Print)
ISBN 978-3-7776-3105-9 (E-Book, epub)

© 2022 S. Hirzel Verlag GmbH
Birkenwaldstraße 44, 70191 Stuttgart
Printed in Germany

Lektorat: Thomas Steinhoff, Frankfurt am Main
Einbandgestaltung: Christiane Hemmerich, Tübingen
Satz: abavo GmbH, Buchloe
Druck und Bindung: cpi books GmbH, Leck

www.hirzel.de

»*Ich hatte ihre Reden gehört und war einverstanden mit ihnen. Sie sagten, die Vergangenheit sei uns im Wege und das Pflegen der Tradition – also die Reproduktion einer Gesellschaft von Generation zu Generation – hat uns in die Katastrophe geführt. Gehen wir vorwärts, seien wir Menschen unseres Jahrhunderts. Aber ich hatte nicht vorhergesehen, welche Konsequenzen sie daraus ziehen würden.*«
Cécile Wajsbrot[1]

»*Martin sagte: ›Leben wir in einer provisorischen Wirklichkeit? Habe ich das schon gesagt? In einer Zukunft, die noch gar keine Gestalt annehmen sollte?‹*«
Don DeLillo[2]

»*Eine genaue Erforschung der Geschichte des Zerfalls politischer Gebilde zeigt, dass die Kunst des Überlebens eine Kunst ständiger Improvisation ist.*«
Ivan Krastev[3]

»*Haben wir denn wirklich nicht genug an dem, was unsere eigene Umgebung bietet?*«
Geert Mak[4]

Inhaltsverzeichnis

Anstelle eines Vorworts 9

TEIL I
Rückblick auf die Geburt unserer Gegenwart

Auf der Überholspur 36

Spaltungsindizien 47

Zur Sozialgenese einer zerrissenen Gesellschaft 56

TEIL II
Im Auseinanderdriften

Das kränkende Virus 92

Verstrickt in Metaphern 110

Der Ausnahmezustand als Alltag 124

Ein Unglück in Echtzeit 141

Konkurrierende Wahrheiten und Gewissheitswünsche 159

Demokratiemüdigkeit 184

TEIL III
Lob der Provisorien

Umwege gehen 210

Resilienz als Lebensstilpolitik 216

Die Rückeroberung der öffentlichen Güter 224

Autarkiefähige Räume 235

Eine Ökonomie des Maßhaltens,
eine Politik der Freundschaft. 243

Nachwort: Gruß an die Barbaren 251

Bibliografie 259

Anmerkungen 266

Anstelle eines Vorworts

»*Irgendetwas ist grundfalsch an der Art und Weise,
wie wir heutzutage leben.*«
Tony Judt[5]

Die Ungeheure Unterbrechung

Vor zehn Jahren erschien ein eindrückliches Buch über eine heimtückische Krankheit, die vor allem alte Menschen trifft – Alzheimer. Der österreichische Autor Arno Geiger erzählte in »Der alte König in seinem Exil« von der Erkrankung seines Vaters. Es begann mit ersten Anzeichen der Vergesslichkeit und der Desorientierung, dann aber nahm die Krankheit ihren unerbittlichen Lauf und äußerte sich vor allem in der Empfindung des Vaters, kein Zuhause mehr zu besitzen. Das Voranschreiten der Vergesslichkeit löste in der Familie anfangs vor allem Irritationen aus, nötigte alsbald zu zunehmend schwierigen Arrangements und zu aufwendigen praktischen Hilfestellungen. Die Angehörigen mussten sich der unaufhaltsamen Verschlimmerung der Krankheit anpassen. Es ist vor allem der Wunsch des Vaters, nicht heimatlos zu werden, der Arno Geiger dazu bringt, über die Bedeutung des Zuhauseseins nachzudenken.

Es schmerzt den alten Herrn, dass er ab einem bestimmten Zeitpunkt sein eigenes Haus nicht mehr wiedererkennt. Nicht einmal die Hausnummer, die er in seinem löchrigen Gedächtnis noch behalten hat, vermag den Vater davon zu überzeugen, vor der eigenen Haustüre zu stehen. Als die Schwester des Autors ihn fragt, was diese Hausnummer zu bedeuten habe, antwortet ihr Vater, dass wohl jemand das Schild gestohlen und es an dieser Stelle neu angeschraubt habe. Die Welt des Erkrankten ist rissig geworden, und irgendwann beschleicht Geiger der Gedanke, die Alzheimererkrankung könne – über die Situation des Vaters hinaus – womöglich auch etwas über den Zustand unserer Welt aussagen:

»Alzheimer ist eine Krankheit, die, wie jeder bedeutende Gegenstand, auch Aussagen über anderes als nur über sich selbst macht. Menschliche Eigenschaften und gesellschaftliche Befindlichkeiten spiegeln sich in dieser Krankheit wie in einem Vergrößerungsglas. Für uns alle ist die Welt verwirrend, und wenn man es nüchtern betrachtet, besteht der Unterschied zwischen einem Gesunden und einem Kranken vor allem im Ausmaß der Fähigkeit, das Verwirrende an der Oberfläche zu kaschieren. Darunter tobt das Chaos.

Auch für einen einigermaßen Gesunden ist die Ordnung im Kopf nur eine Fiktion des Verstandes. Uns Gesunden öffnet die Alzheimererkrankung die Augen dafür, wie komplex die Fähigkeiten sind, die es braucht, um den Alltag zu meistern. Gleichzeitig ist Alzheimer ein Sinnbild für den Zustand unserer Gesellschaft. Der Überblick ist verlorengegangen, das verfügbare Wissen nicht mehr überschaubar, pausenlose Neuerungen erzeugen Orientierungsprobleme und Zukunftsängste. Von Alzheimer reden heißt, von der Krankheit des Jahrhunderts reden. Durch Zufall ist das Leben des Vaters symptomatisch für diese Entwicklung. Sein Leben begann in einer Zeit, in der es zahlreiche feste Pfeiler gab (Familie, Religion, Machtstrukturen, Ideologien, Geschlechterrollen, Vaterland), und mündete in die Krankheit, als sich die westliche Gesellschaft bereits in einem Trümmerfeld solcher Stützen befand.

Angesichts dieser mir während der Jahre heraufdämmernden Erkenntnis lag es nahe, dass ich mich mit dem Vater mehr und mehr solidarisch fühlte.«[6]

Man braucht das Wort Alzheimer nur durch Corona zu ersetzen, um ein neues Sinnbild zu erhalten. Und dieses weicht in seiner Aussagekraft kaum von seinem Vorgänger ab. Auch die Corona-Pandemie hat uns mit menschlichen Eigenschaften und gesellschaftlichen Befindlichkeiten konfrontiert, die zu überraschen vermochten. Wir wurden zu

Zeugen einer bereits verschüttet geglaubten Hilfsbereitschaft und sahen Beispiele dafür, wie Menschen sich bis zur Selbstaufgabe für Verwandte und Fremde einsetzten. Aber es zeigten sich ebenso die harsche Weigerung, sich in das Schicksal anderer auch nur elementar einzufühlen, und die bequeme Haltung, sich zu verschanzen in einer alternativen Wirklichkeit, in der das Virus zu einem Phantom umdefiniert wurde. Die Dauererregung, in der wir uns normalerweise befinden, war plötzlich abgebremst worden, die zur Gewohnheit gewordene Hast all unserer Verrichtungen jäh zum Stehen gebracht. Was den einen eine willkommene Reflexionszeit war, erschien den anderen als ein Affront gegen ihre Lebensweise, auf die sie ein Anrecht zu haben meinten. Insgesamt zeigte sich wie unter einem Vergrößerungsglas, wie zerbrechlich unsere Gesellschaft geworden war. Wir gewannen den Eindruck, dass am fahrenden Schiff auf stürmischer See erhebliche Reparaturen angebracht werden sollten.

Das Virus hatte den prekären Zustand unseres Zusammenlebens aufgezeigt. An der Oberfläche lief bis kurz zuvor noch manches in einigermaßen geordneten Bahnen. Politische und ökonomische Routinen prägten unser Alltagsbewusstsein. Es war uns irgendwie gelungen, die wohl allergrößte aller Krisen – die Klimakrise – auszulagern und diese mental zu kaschieren. Die Stabilität, die wir uns vorgaukelten, war aber bereits trügerisch geworden. Plötzlich zeigte sich, wie unter jener Oberfläche bereits das Chaos tobte. Vielleicht hatten wir uns bisher tatsächlich in einer Fiktion des Verstandes aufgehalten, in einem verkrampften Bemühen, Normalität zu spielen, während die Zukunft uns bereits längst eingeholt hatte und ihre Botschaft, dass es keine Welt mehr geben wird, wie wir sie kannten (Claus Leggewie/Harald Welzer), im Grunde kaum mehr zu überhören gewesen war.

Auch wenn wir manche Pfeiler, die Geigers Vater abhandengekommen waren, nicht mehr vermissen, ist die Lage der Dinge dennoch vergleichbar. Unter dem Vergrößerungsglas der Pandemie zeigt sich auch uns ein Trümmerfeld der Stützen. Im Nu waren die für unsere Art des Wirtschaftens so elementaren Lieferketten unterbrochen, und es zeigte sich, dass auf eine regional einigermaßen robuste Versorgung keinerlei

Verlass mehr war. Angst nötigte viele Menschen zu teils absurden Hamsterkäufen, so als müssten sie ihre Haut retten, bevor andere das auch versuchten. In den Institutionen des Gesundheitswesens brachen Paniken aus. Es war kaum zu übersehen, welcher Leichtsinn am Werk gewesen war, als die Pandemievorsorge überall in der Welt, trotz deutlicher Warnungen, vernachlässigt worden war. Die psychosozialen Folgen der Krise sind im Einzelnen noch nicht genau abzuschätzen, aber es wird Heerscharen von Verlierern geben. Konflikte und Zerwürfnisse sind überall zu beobachten. Ökonomische Verwerfungen in großem Ausmaß zeichnen sich ab. Von Orientierungsproblemen und Zukunftsängsten muss tatsächlich die Rede sein.

In Arno Geigers Buch über den Vater gibt es aber auch Trostreiches, wozu die folgenden zwei Sätze gehören: »Das Leben ist ohne Probleme auch nicht leichter.« Es gibt auch für uns keinen Grund zu resignieren, aber genauso wenig einen Grund zu zögern. Der von der Pandemie ausgelöste Krisenzustand ist nämlich lediglich das Vorspiel einer viel größeren Krise, die sich bereits überall abzeichnet – das Vorspiel zur Klimakrise. Die Überschwemmungen im Jahre 2021 könnten zu einem Kippmoment werden, der die Realität der klimatischen Katastrophe endgültig bis vor die Haustüre gekehrt hat. Wir sind jedenfalls dabei zu straucheln und auf der mühsamen Suche nach einigermaßen zukunftsfesten Auswegen. Es wird enorme Anstrengungen brauchen, für unsere Gesellschaften neue Stützen zu finden, und das Trümmerfeld aufzuräumen. Aber wie hieß es bei Geigers Vater: »Ein guter Stolperer fällt nicht.« Ob diese Frohbotschaft zutreffen wird, wissen wir allerdings nicht.

Die Covid-19-Pandemie, die sich im Frühjahr 2020 in Europa auszubreiten begann, war und bleibt ein Jahrhundertereignis. Man kommt nicht umhin, sie mit der Spanischen Grippe zu vergleichen, die nahezu exakt 100 Jahre früher die Welt verheert hatte und das Leben von vermutlich 50 Millionen Menschen forderte, damals etwa 2,5 bis fünf Prozent der Weltbevölkerung. Auch wenn wir nur ahnen, welche Katastrophen vergleichbaren Ausmaßes in den nächsten Jahrzehnten noch auf uns zukommen werden, wird das Jahr des Ausbruchs der Corona-Pandemie im späteren Rückblick der Historiografen ein symbolisches

Datum bleiben. Globaler, plötzlicher, schneller und einschneidender in seiner Art war vermutlich kein Ereignis der jüngeren Geschichte. In dieser Prädikatenreihung fehlt jedoch die Kennzeichnung unerwartet. Sie fehlt zu Recht, denn die Pandemie war erwartet worden. Zwar hatte man keine Einzelheiten wissen können. Zeit und Ort ihres Ausbruchs, die genaue Virusart und deren medizinische Komplikationen waren unvorhersehbar. Aber dass eine Pandemie uns in nicht ferner Zeit heimsuchen würde, war mehrfach warnend vorhergesagt worden. Wir wollten davon nichts wissen.

Wir haben die Alarmsignale tatsächlich gern überhört. Immer anderweitig unterwegs, im Kokon unserer Geschäftigkeit und unserer privaten Lebenserfüllungsstrategien eingezwängt, und angesichts der bereits vorhandenen Anzeichen lernunwillig und kurzsichtig geblieben, schlug die Pandemie wie ein Meteor in unsere Umgebung ein. Wir konnten anfangs kaum glauben, was da mit uns passierte, und gingen davon aus, die Angelegenheit würde sich in wenigen Wochen erledigen. Wir freuten uns allzu bereit auf den baldigen Rückblick auf das Geschehen. Der niederländische Historiker Geert Mak hat diese Haltung trefflich beschrieben:

»Es kam wie ein Blitz aus heiterem Himmel, plötzlich waren wir an der Reihe. Wir, die sonnenverwöhnten Generationen der zurückliegenden Jahrzehnte, wurden im Frühjahr 2020 unsanft aus unserem Rausch geweckt und kosteten vorsichtig das vergessene Wort ›Schicksal‹. Waren wir denn nicht unsterblich? Galt in unserem selbstbewussten Teil der Welt nicht das Gesetz, dass wir sicher waren und jedes Problem in den Griff bekamen?«[7]

Wie gesagt, die Zeichen an der Viruswand waren im Grunde kaum zu übersehen gewesen. SARS (Schweres Akutes Respiratorisches Syndrom) war bereits im Winter 2003 in China ausgebrochen und einer Zoonose zugeschrieben worden. Eine Zoonose ist eine Virusübertragung von Tieren – in der Regel von Wildtieren – auf Menschen. Sie geschieht infolge eines gefährlichen Näherrückens der Populationen, ausgelöst durch unsere Spezies. Weitere traurige Beispiele sind leicht zu finden: HIV, Ebola, H5N1 und MERS waren allesamt durch solche

Zoonosen ausgelöst worden. Diese Ausbrüche besitzen eine zivilisatorische Signatur. Sie sind das Ergebnis menschlichen Fehlverhaltens, die Folge des gefräßigen Konsums unserer natürlichen Umgebung, provoziert durch unsere Essgewohnheiten und unser Reiseverhalten, durch die progressive Kolonisierung bisher noch verschonter Gebiete. In den vergangenen Jahrzehnten war die Natur wohl bereits endgültig in die Falle unseres Verwertungsinteresses geraten, aber eine Weile konnte dieser Sachverhalt noch verdrängt werden. Die Effekte dieser epochalen Unterwerfung zeigen sich mittlerweile jedoch überall. Natur und Zivilisation sind in eine Frontalstellung geraten. Das kriegsähnliche Verhalten gegenüber der Natur hat Wunden gerissen, die inzwischen auf beiden Seiten der Linie zu besichtigen sind, also auch auf unserer Seite.

Die Pandemie gehört, wie gesagt, zu den Indizien einer viel umfassenderen Erschütterung, der man den harmlos klingenden Namen Klimakrise gegeben hat. Aber was sagt uns diese Pandemie? Das Covid-19-Geschehen trägt das Merkmal des Unentrinnbaren. Wir sollten genau dies als die Signatur aller künftigen Großereignisse ökozivilisatorischen Charakters betrachten. Es sind uns keine Rückzugsgebiete mehr geblieben, bestenfalls vorläufige Miniaturreservate individuellen Entkommens, die sich aber nach nur kurzer Dauer als Zonen von uns kultivierter Illusionen erweisen werden. Das gewalttätige Potenzial des Globalisierungsprojekts verblieb für die Unaufmerksamen unter uns noch eine Weile latent, unterhalb des Schirms unserer Aufmerksamkeit. Zu viele von uns waren in der Lage gewesen, auf dessen Vorzügen zu surfen – auf den Wellen einer umfassenden Mobilisierung und einer begierigen Reichweitenvergrößerung unserer Weltbeherrschung.

Als hinnehmbarer Kollateralschaden eines ökonomischen Fortschritts wurde die progressive Naturzerstörung verharmlost, weil diese ein Mehr an Wohlstand für alle versprach. Und durch vermehrte Technisierung und mittels einer Umstellung auf »grünes Wachstum«, so lautete die beruhigende Botschaft, könne jene Zerstörung zwar nicht ungeschehen gemacht werden, aber immerhin erheblich abgefedert. Die Zeiten, in denen eine solche Zurechtlegung der Dinge noch gelang, sind jedoch endgültig vorbei. Wir sollten die Pandemie als einen Offenbarungseid betrachten, der uns schonungslos vor Augen führt, in welche Sackgasse wir uns verlaufen haben. Der Historiker Heinrich August Winkler war sich am Ende seines in der Beginnphase der Epidemie fertiggestellten großen Essays »Wie wir wurden, was wir sind« noch sicher, die Corona-Krise sei »zu einer ›Stunde null‹ (…) nicht geworden«[8]. Ob diese starke Metapher dennoch verwendet werden sollte, lässt sich nur beantworten, wenn wir uns fragen, worauf sich die Rede von einer Stunde null womöglich zu Recht bezieht.

Es fällt leicht, das augenfälligste Merkmal dieser Krise zu identifizieren – der abrupte Stillstand unserer Gesellschaft, die *Ungeheure Unterbrechung*, zu der wir genötigt wurden. Diese widersprach allem, was uns geläufig war – einer den ganzen Globus umfassenden permanenten Beweglichkeit und einer scheinbar unaufhaltsamen Beschleunigung aller Prozesse und Kommunikationen in unseren modernen Leben. Größer hätte der Kontrast nicht sein können. Bereits in der Anfangsphase der Pandemie – im Mai des Jahres 2020 – hatte der Journalist Bernd Ulrich in einem wegweisenden Artikel in der »Zeit« auf das Besondere dieser Situation aufmerksam gemacht. Die Corona-Krise sei, so mutmaßte er, »vielleicht die aufklärerischste Krise, weil sie die Welt so verlangsamt hat, dass man ihre Bewegungsgesetze besser sehen kann«.

In der Tat, wie unter einer Lupe zeigten sich schonungslos die Charakterzüge des Systems, in dem wir leben – seine Zukunftsblindheit und Perspektivlosigkeit, seine ökologische Ignoranz und soziale Indifferenz, seine rastlose Getriebenheit und das Delirium seiner Kommunikationsformen. Ulrich war der Meinung, dass die Corona-Krise und die drei großen anderen Krisen der jüngsten Vergangenheit – die Finanzkrise 2008, die sogenannte Flüchtlingskrise 2015 und die Klimakrise – etwas zutiefst Beunruhigendes verbinde, nämlich, »dass sie sich scheinbar jedweder Prävention entzogen, um sich dann sehr rasch, teils exponentiell zu entfalten«. Der Nachdruck liegt auf »scheinbar«, denn in Wahrheit sind jene Krisen keineswegs systemexterne Ereignisse, sondern die Folgen systemimmanenter Entwicklungen und Entscheidungen, weshalb sie prinzipiell vorhersehbar gewesen sind.

Solange diese Prozesse nicht identifiziert, analysiert und gegebenenfalls entsprechend radikal korrigiert werden, werden Pseudo-Erklärungen und Als-ob-Lösungen im Umlauf sein. Weil die politischen und ökonomischen Gründe der Krise im Ungefähren waren und blieben, gingen Bürger auf die Suche nach Ersatz, meistens nach schlechtem Ersatz. Nun brach die Stunde der Propheten der höheren Vernunft, der Hinter-die-Kulissen-Schauenden und der Verschwörungstheoretiker an. Zu diesem Zwecke wurde zu allem eine Absicht hinzuerfunden und somit eine personalisierte Ursache konstruiert, die ein genaues Hinschauen auf Strukturen, Institutionen und Lebensgewohnheiten überflüssig machte. Manche Menschen schalteten unmittelbar in einen Weltanschauungsmodus fantastisch-spiritueller Natur um, so dass die realen Krisenfaktoren unerwähnt bleiben durften. Zu einer Rückkehr zur Realität müsste in erster Instanz die Bereitschaft gezählt werden, die Lage schonungslos anzuvisieren und an ihrer Verschönerung nicht länger mitzuwirken. An dieser Stelle sei Bernd Ulrich ausführlich zitiert, weil man eine pointiertere und zutreffendere Diagnose kaum finden wird:

»Einzelne erleben ihre Krankheiten oftmals als Schicksal. Für eine Gesellschaft gilt das nicht. Wie vorerkrankt und damit viral verletzlich sie ist, hängt von politischen Vorentscheidungen ab. Wird schlechte Ernährung subventioniert, ja oder nein? Wird Adipositas befördert, ja oder nein? Wird die pandemiefreundliche Massentierhaltung begünstigt oder nicht? Ist das billige Kotelett wert, dass die Bevölkerung unter antibiotikaresistenten Keimen leidet? Nimmt man die hohe Zahl von Asthmatikern in Kauf, damit die Feinstaub produzierende Mobilität ungehemmt weiterlaufen kann? Ist es akzeptabel, wenn ein Drittel der Gesellschaft zehn Jahre früher stirbt, ergo erheblicher kränker lebt als der Rest? In Zukunft eher nicht. Wer die Ärmsten gefährdet, der gefährdet die Gesamtheit; einer viralen Gemeinschaft bleibt vielleicht gar nichts anderes übrig, als auch eine soziale Gemeinschaft zu sein. (...) Diese Gesellschaft kann es sich schlicht nicht mehr leisten, so unsozial, so fossil, so gestresst, so hypermobil, so krank zu sein. Das ist jetzt nicht mehr nur eine Frage von Gerechtigkeit und von Nachhaltigkeit, sondern zugleich eine von Freiheit und ökonomischer Vernunft. (...). Das Zeitalter der Schonung hat – hoffentlich – begonnen.«[9]

Wenn dieses Zeitalter der Schonung beginnen sollte, dann muss die Zeit des Stillstands genutzt werden, auch wenn sie inzwischen vorbei zu sein scheint. Die *Ungeheure Unterbrechung* – das signifikanteste Kennzeichen der Krise – darf somit nicht als bloßes Stillstehen in Erwartung der baldmöglichsten Wiederaufnahme der Normalität, wie wir sie kannten, gedeutet werden. Darüber hinaus müssen wir uns davor hüten, die *Ungeheure Unterbrechung* mit bloßer Unbeweglichkeit und mit einem Stillstand in allen Angelegenheiten zu verwechseln. Manches hat sich in den vergangenen Monaten geradezu beschleunigt. Vor allem die sozialen Asymmetrien sind ständig gewachsen. Die Schwachen wurden schwächer, viele der Starken noch viel stärker.

Unterhalb der Oberfläche vermehrten sich die Kämpfe ums Überleben, in vielen Teilen der Welt im buchstäblichen Sinne. In den Gesellschaften des Wohlstands, die auch selbst Kollektive grassierender Armut sind, haben in zahlreichen Bereichen des Lebens tiefe Verwerfungen stattgefunden – auf den unteren Stufen der Sozialleiter, in den zahllosen prekären Beschäftigungsverhältnissen, in den Bereichen von Kunst und Kultur. Die Risse sind nicht weniger geworden, ganz im Gegenteil. Längst nicht alles ist zum Erliegen gekommen.

Mit Paul Virilio lässt sich deshalb von einem »rasenden Stillstand« sprechen. Der französische Philosoph und Architekt bezeichnete damit einen Zustand, in dem eine ungeheure Schnelligkeit und Beweglichkeit vorhanden ist, aber sich das befremdliche Befinden ausbreitet, ohne Ziel unterwegs zu sein und im gewissen Sinne stillzustehen. »Mitgerissen von der ungeheuren Gewalt der Geschwindigkeit, bewegen wir uns nirgendwohin.«[10] Das Nirgendwohin dieses rasenden Stillstands fand in den verschiedenen Lockdowns gleichsam im Modus eines wirklichen Stillstands statt. Nun zeigte sich tatsächlich, dass wir ohne Ziel unterwegs gewesen waren, bloß noch hoffend auf die blanke Kontinuität dessen, was wir bereits kannten und wussten. Je länger die Krise dauerte, umso mehr fing es allerdings zu brodeln an. Wir befanden uns in einem »brodelnden Stillstand«. Wie gesagt – die Risse sind tiefer geworden, die

Zentrifugalkräfte stärker, die Sicht auf die Zukunft opaker. Vielleicht bietet die Pandemiekrise eine der letzten Chancen auf eine wirklich nachhaltige Korrektur unseres Lebens – auf die Korrektur der Leben der Individuen und auf die damit unlösbar zusammenhängende Korrektur unserer Gesellschaft im Ganzen.

Eine Philosophie des Schritthaltens

»Wir stellen die Epidemie der Abstammung gegenüber, die Ansteckung der Vererbung, die Bevölkerung durch Ansteckung der geschlechtlichen Fortpflanzung und der sexuellen Produktion. Menschliche und tierische Banden vermehren sich durch Ansteckungen, Epidemien, Schlachtfelder, Katastrophen.«

Gilles Deleuze/Félix Guattari[11]

Als im Frühsommer 2020 der Verlag mit dem Vorschlag an mich herantrat, einen philosophischen Essay über die Corona-Krise zu schreiben, einigten wir uns alsbald auf einen vorläufigen Titel, der da hieß: »Die Corona-Erbschaft. Eine Inventur«. Selbstverständlich handelte es sich dabei um nichts weiter als einen Arbeitstitel, aber in ihm drückte sich doch eine Intuition hinsichtlich der vermutlichen Dauer der Pandemie aus. Die Zeitstrecke bis zum Ende der Epidemie sei zwar ungewiss, aber die Zeit, die bis zu ihrer vermutlichen Kontrolle zu durchlaufen wäre, ließe sich abschätzen. Der Titel suggerierte nämlich, es wäre bereits in absehbarer Zeit möglich, auf die Epidemie gleichsam zurückzublicken und ihre Folgewirkungen eben zu inventarisieren. Diese Intuition erwies sich als gänzlich falsch, die Suggestion als voreilig und somit der Titel als bereits veraltet, bevor mit der Niederschrift angefangen werden konnte. Von einem Rückblick musste der Autor dieser Abhandlung demnach schnell Abschied nehmen. Stattdessen zeigte sich, dass es – jedenfalls zwischenzeitlich – viel angemessener war, von einem Ausblick ohne Lichtblick zu sprechen. Nachdem der Impfstoff zum Einsatz gekommen war, durfte man jedoch vorsichtig von einem Ausblick mit Lichtblick sprechen.

Von einem Rückblick konnte aber keine Rede sein. Verlangt war eine andere Einstellung, eine andere Positionierung des Autors. Er musste sich zum Zeitgenossen komplexer Sachlagen, teils disparater Einschätzungen und Prognosen, vor allem aber wechselnder Tempi der Infektionsausdehnung und ihrer Eindämmung machen. Die mit der Entwicklung verbundenen Gefühlslagen wechselten immer wieder. Aus einem bequemen philosophischen Außerhalb, also aus der Position eines geduldig reflektierenden Beobachters in seinem akademischen *hortus conclusus*, war eine Annäherung an die Pandemie und ihre Folgen völlig unmöglich. Das Nachdenken vollzog sich streckenweise in Echtzeit, also inmitten der Turbulenzen des Geschehens und der Wechselbäder der Gefühle. Ein Gefühl der Unsicherheit begleitete das ganze Vorhaben. Es gab, wie die Abhandlung von Andreas Brenner über Corona-Ethik und der Essay von Nikil Mukerji und Adriano Mannino »Covid-19: Was in der Krise zählt« zeigten, durchaus gelungene ad-hoc-philosophische Kommentare zur Pandemie. Diese bezogen sich jedoch vor allem auf aktuelle Entscheidungs- und Handlungsprobleme ethischer Art.

»Über die Epidemie schreiben heißt, mit Bedacht Schritt zu halten« – so sollte jedenfalls die wichtigste Maxime eines Autors lauten, der über die Corona-Epidemie einen Text verfassen will, der weder zu spät noch zu früh kommen sollte. Das Risiko, wahlweise in die Vergangenheits- oder in die Zukunftsfalle zu treten, darf nicht unterschätzt werden. Die Beobachtungen der Krise sind dem Tempo ihres Verlaufs unterworfen. Schlussfolgerungen, erst recht mögliche Empfehlungen, sind das aber nicht. Die mäandernde Entwicklung der Epidemie macht es allerdings schwer, keine voreiligen Behauptungen aufzustellen. Ihre vielen Gesichter verlangen dem Kommentierenden flexible Kurswechsel ab. Seine Interpretationen könnten einen viel höheren Alterungswert haben, als ihm lieb sein kann. In Echtzeit über diese Pandemie Gültiges zu schreiben, ist zwar nicht vermessen, aber doch schwer, wenn eine tiefere Einbettung dieser Krise beabsichtigt wird. Genau dies ist aber der Fall.

Es braucht jedenfalls einen langen Atem. Die Sachverhalte sind komplex. Die Entwicklung bleibt unübersichtlich. Die Situation zieht sich.

Im Griff der Epidemie – so allgemein muss wohl eine Lagebeschreibung klingen, die sich nicht überheben will und nicht bereits übermorgen veraltet sein möchte. Die Position des Kommentators hat sich an diese Maßgabe zu halten. Langsamkeit angesichts des Tempos der Geschehnisse ist angesagt. Diese Maxime einzuhalten, ist gar nicht leicht. Sie widerspricht der Schnelllebigkeit des Publikationsbetriebs. Große Teile des Publikums wollen zu allererst bei Laune gehalten werden. Viele Kommentatoren wollen die Gelegenheit nicht verpassen, wortgewaltig einzugreifen.

Fast schneller, als Covid-19 streuen konnte, meldeten sich bereits in den letzten Wochen des März 2020, also kurz nach der geschwinden Ausbreitung des Virus, Diagnostiker, Ratgeber, Lebenssinndeuter, Sozialtherapeuten fürs Ganze und Besserwisser verschiedener Couleur zu Wort. In Windeseile verbreiteten sich die unterschiedlichsten Deutungen, mehr oder eher weniger theoriefest und realitätsnah. Als könnte man es kaum abwarten, bereits in den Anfängen des Geschehens letztgültige, rück- und vorausblickende Sätze über die Pandemie zu verfassen, ergoss sich eine Flut von Interpretationen und Zukunftsszenarien[12] über die Bürger, die gerade erst damit begonnen hatten, ihren Alltag in den gegebenen Umständen mühsam zu organisieren. Es fand ein veritabler Wettlauf um die Deutungshoheit über die Pandemie statt.

Unter den Athleten in der sprintprognostischen Corona-Disziplin war Matthias Horx zweifellos Weltrekordinhaber. Das Virus war noch nicht richtig angekommen, da hatte Horx es bereits wort- und gestenreich verabschiedet. Vor der Pandemie war bei ihm im Grunde schon nach der Pandemie. Den Halbzeitwert seiner Prognosen sah man allerdings alsbald in einem Sturzflug der Verkürzung implodieren. Bis zur Kenntlichkeit entstellt, zeigte sich das Gesicht der sogenannten Trend- und Zukunftsforschung. Bereits am 15. März 2020 wusste Horx, wie der Herbst sich anfühlen würde – notabene der Post-Corona-Herbst. Es seien an dieser Stelle nur einige Verse aus dem wundergläubigen Corona-Evangelium nach Matthias zitiert:

»Wir werden uns wundern, dass die sozialen Verzichte, die wir leisten mussten, selten zu Vereinsamung führen.«

»Wir werden uns wundern, wie schnell sich plötzlich Kulturtechniken des Digitalen in der Praxis bewährten. Tele- und Videokonferenzen, gegen die sich die meisten Kollegen immer gewehrt hatten (der Business-Flieger war besser), stellten sich als durchaus praktikabel und produktiv heraus. Lehrer lernten eine Menge über Internet-Teaching.«

»Wir werden uns wundern, dass schließlich doch schon im Sommer Medikamente gefunden wurden, die die Überlebensrate erhöhten.«

»Wir werden uns wundern, wie weit die Ökonomie schrumpfen konnte, ohne dass so etwas wie ›Zusammenbruch‹ tatsächlich eintrat.«

»Wir werden uns wundern, dass sogar die Vermögensverluste durch den Börseneinbruch nicht so schmerzen, wie es sich am Anfang anfühlte. In der neuen Welt spielt Vermögen nicht mehr die entscheidende Rolle.«

Aber nicht genug, denn ohne einen ermutigenden Segen werden wir nicht entlassen: »Die Welt wirkt wieder jung und frisch, und wir sind plötzlich voller Tatendrang. (...) Genau das ist, oder war, das Corona-Gefühl.«[13] Die quasireligiöse Inbrunst des Autors scheut vor keiner Hyperbel zurück, keine Übertreibung ist ihm zu gewagt. Noch kurz vor Ausbruch der Pandemie hatte Horx seine »15 ½ Regeln für die Zukunft an die Menschheit« gerichtet. Dort versprach er nichts weniger als eine »Anleitung zum visionären Leben«. Aber was war von dieser Prophezeiung geblieben? Wohin hatte sich das visionäre Leben verzogen? Welche Wunder hatten sich denn eigentlich ereignet – wohlgemerkt im Post-Corona-Herbst des Jahres 2020? Sie sind samt und sonst ausgeblieben.

Diese Passage meiner Abhandlung ist im Februar 2021 geschrieben. Menschen gingen damals unter der sozialen Isolierung gebückt, die mit Unterbrechungen seit Monaten anhielt. Die soziopsychischen Schäden waren bereits unübersehbar. Die Digitalisierung unseres Alltags hatte Erschöpfungszustände und grassierende Burn-outs hinterlassen. Kinder, Jugendliche und Studierende litten unter der Immobilität, der Kontaktlosigkeit und der fehlenden sinnlichen Nähe, die uns diese Medien nolens volens aufzwangen. Wirksame Medikamente waren auch ein halbes Jahr nach dem Horx-Herbst kaum in Sicht. Das Ausmaß der sich abzeichnenden ökonomischen Verwerfungen bereitete große Sorge. Die Börsenwerte explodierten und selten waren Immobilien so begehrt wie in jenem Moment, aber noch nie verloren in den letzten Jahrzehnten Menschen so viel Zuversicht und Lebensfreude in so kurzer Zeit.

Wir haben uns gewundert über die soziale Ignoranz des Propheten Horx. Wir haben uns gewundert über den obszönen Charakter des Horx'schen Trostzuspruchs. Wir haben uns gewundert über die fehlende Scham eines Hellsehers während seiner Angstausbeute. Wir haben uns gewundert über die Geschwindigkeit, mit der ein privates Evangelium zum Dysangelium für die vielen mutierte. Es gilt noch immer, dass der Kapitalismus sich nicht zuletzt dadurch auszeichnet, ein Unglück im Eiltempo in ein Konsumgut verwandeln zu können. Sind wir also vorsichtig.

Einer ehrwürdigen Tradition der Philosophie zufolge fängt diese mit dem Staunen an – mit dem Staunen über die Beschaffenheit der Welt. Als Philosoph habe ich momentan eher den Eindruck, meine Disziplin, die Philosophie, findet ihren Anfang in einer gehörigen Portion Ratlosigkeit. Das einstige Staunen der Philosophie hing nicht zuletzt mit dem Gefügtsein der Welt zusammen, mit deren bestaunter Ordnung, Vernunft und auch Schönheit. Heute dagegen scheint unsere Welt aus den Fugen geraten. Sie zeigt uns ihre Fratze. Es sind die Selbstverständlichkeiten wie Seifenblasen zerplatzt, die lieb gewonnenen Gewohnheiten zu dünnen Rinnsalen geronnen. Es hat den Anschein, als drifteten wir auseinander ohne Richtung und Maß. Die sogenannte Corona-Krise wurde jedenfalls zu einem Katalysator, der die bereits vorhandenen Unstimmigkeiten, Konflikte und Dissense vertieft und radikalisiert hat.

Die Versuchung ist nicht gering, schnelle Diagnosen zu erstellen und zu Rezepturen mit erheblichen Eingriffstiefen zu greifen. Sobald die geschwinde Arbeit an der Erregung erfolgt ist, legt man das rhetorische Besteck dann aus den Händen und wartet auf die nächste Gelegenheit. Solchermaßen wird die Philosophie zu einem Krisenparasiten, der sich darüber freut, dass ein neuer Wirt bereits in Sichtweite ist. Genau das sollte in dieser Abhandlung vermieden werden. Es soll nicht aus der philosophischen Hüfte geschossen werden. Es existiert keine privilegierte Perspektive der Philosophie, die sie über andere Disziplinen erhebt. Sie hütet nicht ein höheres Wissen und sie verfügt nicht selbstverständlich über ein Schatzkämmerlein besserer Einsichten als jene, die im mühsamen Dialog mit den vielen anderen erworben werden müssen.

Angesichts der bereits vorhandenen gesellschaftlichen und politischen Verwerfungen, die durch die Corona-Krise ins Rampenlicht gerückt wurden und zum Teil auch verschärft, tut ein Zögern gut. Zwischenzeitliche Verlangsamung ist das Gebot der Stunde. Zögern und die Drosselung des Tempos sind nicht die schlechtesten Kennzeichen dessen, was Reflexion heißt. Und wir müssen die Krise einbetten. Sie gehört in eine Analyse hinein, die sich mit der Vorgeschichte, der Gegenwart und mit den Aussichten auf das schwierige Danach befasst. Aber was geschah seit Ausbruch der Pandemie?

Die psychodynamische Reaktion auf die Pandemie vollzog sich – schematisch vereinfacht – in vorläufig sieben Schritten. Während der allerersten Wochen konnte man so etwas wie eine Euphorie des Stillstands konstatieren. Die plötzliche und radikale Bremsung nahezu aller Lebensvorgänge vermittelte in dieser ersten Phase das Gefühl, dem Hamsterrad des rasanten Verlaufs, in dem sich unser Leben vollzieht, entkommen zu sein. Gegen die allseitige und scheinbar unentrinnbare Beschleunigung zeichnete sich die unerwartete Möglichkeit der Verlangsamung ab und mit ihr ein überraschender Qualitätsgewinn des Alltags. Wir genossen die *Ungeheure Unterbrechung*.

Allerdings muss bereits an dieser Stelle die Frage aufgeworfen werden, wer wohl dieses »wir« ist und war. Es war ein überaus privilegiertes Kollektiv, das sich seiner Daseinsverlangsamung erfreuen durfte. Der Autor dieser Abhandlung gehört dazu, manche seiner unmittelbaren Nachbarn im Wohnviertel bereits nicht mehr. Je nach sozialer Position fiel die Euphorie unterschiedlich stark aus. Für kaum jemanden war sie von Dauer.

Alsbald mehrten sich die Irritationen – die zweite Phase hatte begonnen. Der brave Konsens des Anfangs bekam erste Risse. Das Beklatschen der neuen Helden der Hilfeleistung – des medizinischen und pflegerischen Personals – wurde von diesen zunehmend und zu Recht als ein zu einfaches und vor allem als ein zu billiges Dankeschön empfunden. Von freundlichem Applaus kann man sich nichts kaufen. Vielleicht nährt er kurzfristig das Selbstwertgefühl, aber umso hungriger lässt er zurück, wenn der Berufsalltag sich nicht substanziell, das heißt nicht finanziell und sozial ändert. Die bloß moralische Würdigung erwies sich als eine schlaue Art, sich dankbar zu zeigen, ohne dies auch nachhaltig zu sein.

In nicht unerheblichen Teilen der Bevölkerung stießen die Corona-Regeln, die auch nach dem Lockdown in Kraft blieben, zunehmend auf Unverständnis. Die Maskenpflicht wurde von einigen als unzumutbare Einschränkung ihrer Bürgerfreiheit hochstilisiert, die teilweise Reduzierung der Reisefreiheit als Angriff auf rechtlich verbürgte Lebensziele. Das Maßnahmenbündel, das die Politik beschlossen hatte, mutete zunehmend vielen Bürgern als übertrieben, unausgegoren oder gar als perfide Erfindung von Instanzen an, die hinter den Kulissen die Fäden ziehen. Die Hochzeit der Verschwörungstheorien war angebrochen.

In deren Spur verwandelten sich die Irritationen zunehmend in Aggressionen. Die dritte Phase hatte begonnen. Die Aggressionen entluden sich in kleinen Scharmützeln während des Einkaufens oder in Gaststätten, aber auch in Zusammenstößen gravierender Art wie während der seltsamen Demonstrationen gegen das Corona-Regelwerk, in denen »Reichsbürger« und Neonazis (geschmückt mit Reichskriegsfahnen) tolerante Bündnisse mit Alternativbewegten verschiedenster Färbung (also mit Regenbogenfärbung) eingingen. Der versuchte Sturm auf das Bundestagsgebäude im Frühsommer 2020 bildete den überaus traurigen Höhepunkt dieses politischen Tiefpunkts. Die während dieser Zeit erheblich gesunkenen Infektionszahlen schienen denen recht zu geben, die schon immer gewusst hatten, dass das Coronavirus der Normalität viraler Erkrankungen entsprach und die Reaktionen eher einer Hysterie als einer gut begründeten Maßnahme glichen. Man war mit seiner Geduld am Ende. Die Revolte gegen das Corona-Paket spülte Unschönes bis Hässliches an die Oberfläche. Demokratieverächter und Wissenschaftsleugner, Bionazis und Hellseher, Unheilspropheten, »Heilpraktiker und Sieg-Heilpraktiker« (Oliver Welke) marschierten in negativer Einmütigkeit, also vereint in purer Ablehnung, durch Berlin, Leipzig und anderswo. Viel stiller wurde es um jene Menschen, die sich in zunehmende Resignation hüllten und mit ihrer Trauer angesichts erlittener Verluste allein gelassen wurden.

Als im Spätsommer 2020 sich eine zweite Welle ankündigte, wurde der Widerstand alltäglicher – mittels der schlichten Ignoranz der Regeln im Alltag, der stillen, aber beharrlichen Ablehnung der Vorsichtsmaßnahmen. Dennoch rückte das Virus wiederum näher an den Einzelnen heran, weshalb die Proteste zunächst an Vehemenz und Lautstärke verloren. Spätestens, als im Oktober 2020 die Infektionszahlen in die Höhe schnellten und alsbald das Vorjahresniveau deutlich übertrafen, war eine vierte Phase angebrochen – eine Mischung aus Resignation und Eskalation.

Eine unfreiwillige Komik war sogar in dieser Situation nicht immer zu vermeiden. Aufgrund der Reisebeschränkungen und der Infektionsangst war der Flugverkehr während der Pandemie so gut wie zusammengebrochen. Grotesk mutete deshalb im Herbst die Eröffnung des Berliners Flughafens an, acht Jahre nach seiner anvisierten Eröffnung. Von dem Journalisten Willie Winkler stammt das zutreffende Bild, dieser gewaltige Flughafen stelle »eine Art Endmoräne des Globalisierungsgigantismus«[14] dar. Ob das tatsächlich zutrifft, wird sich erst in den nächsten Jahren erweisen, aber als Menetekel kann die befremdliche bis peinliche Flughafeneröffnung sehr wohl betrachtet werden. Gegen die Dominanz des Corona-Themas kam sie allerdings kaum an und vielleicht entsprach dies sogar dem heimlichen Wunsch der Verantwortlichen.

Die sommerlichen Proteste brachen zunächst in sich zusammen, nicht zuletzt deshalb, weil größere öffentliche Veranstaltungen nicht stattfinden durften. Aber es gab auch andere Gründe. Hatte man am Anfang der zweiten Welle noch vermutet, nun seien es vor allem die Jüngeren, die sich infizieren würden, nahmen die Fälle schwerer Erkrankungen bald erneut zu, weil die Älteren erneut zunehmend betroffen waren. Während im späten Frühjahr und im Sommer die fallenden Infektionskurven den Widerstand gegen die Einschränkungen im Alltag noch befeuert hatten, ließen im Herbst die steil ansteigenden Zahlen die vollmundigen Proteste rapide abnehmen. Aber dies dauerte nicht lange. Alsbald formierte sich eine laute und fanatische Minorität – ihrer Meinung nach »Querdenker« –, die man als eine Art ausrastende Avantgarde esoterischer Weltflucht charakterisieren müsste.

Die fünfte Phase begann im Spätherbst, als die sogenannte zweite Welle mit Vehemenz zuschlug. Der gesellschaftliche Stillstand ging jetzt in eine Verlängerung von Monaten, mit ungewisser Perspektive. Es brach ein Durcheinander an, in der jeder ein Wort mitreden wollte. Die Spannungen nahmen kontinuierlich zu. Und auch die Enttäuschungen mehrten sich: Die europäische und nationale Politik servierte uns eine völlig misslungene Startphase der Impfungen. Der Impftunnel, an dessen Ende im Dezember 2020 bereits das Licht erblickt worden war, erwies sich als immer länger und jenes Licht blieb zunächst noch in weiter Ferne. Ebenso grandios misslang die Testpolitik. Es entstand ein Flickenteppich von Maßnahmen und Rücknahmen solcher Maßnahmen. Die Prognosen der Virologen waren wenig hoffnungsvoll. Der Unmut der Wirtschaft nahm kontinuierlich zu. Aber auch die Erschöpfung der Bevölkerung nahm ein bedrohliches Ausmaß an: das Heer der Abgestumpften wuchs. Man hatte dabei zunehmend das Gefühl, dass der Politik die Kontrolle der Lage langsam, aber sicher entglitten war.

In der sechsten Phase, die im Frühjahr 2021 begann, zeigte die Impfkampagne erste und später durchaus anhaltende Erfolge. Die Infektionszahlen gingen zurück, die bis zum Anschlag mit Corona-Erkrankten belasteten Intensivstationen leerten sich und schafften Raum für andere Patienten. Ein gewisses Maß an Normalität schien sich abzuzeichnen. Vorsichtig nahm das öffentliche Leben wieder eine ungewisse Fahrt auf. Eher unvorsichtig gestaltete sich das private Leben vieler. Als wäre man auf misslungenen Entzug gewesen, stürzten sich die Menschen in Flieger mit riskantem Urlaubsziel. Eine weitaus große Zahl von Bürgern und Bürgerinnen zeigte sich stabil-resistent gegen den guten Rat, sich aus Eigen- und Fremdinteresse impfen zu lassen. Im Spätsommer zogen die Infektionszahlen erheblich an. »Querdenker« dachten querer als je zuvor. Im politischen Rechtsextremismus fand der Corona-Widerstand – notabene der Widerstand gegen die Corona-Maßnahmen – ein Auffanglager. Restriktionen für Impfunwillige wurden von Letzteren mit immer größerer Aggression quittiert. Am liebsten mochte man die vergangenen Monate der Unterbrechung als ein bloßes Intermezzo abschütteln. Die Rückkehr zum Status quo ante, also zum Zustand vor der Krise, konnte nicht geschwinde genug stattfinden.

Der Preis für diese (nachvollziehbare) Sehnsucht nach Normalität war allerdings hoch: Im Herbst 2021 schnellten die Infektionszahlen auf ein Allzeithoch, Intensivstationen füllten sich mit hauptsächlich Nichtgeimpften, deren Bereitschaft, eine Immunisierung vornehmen zu lassen, sich seit Monaten stabil auf niedrigstem Niveau eingependelt hatte. In dieser siebten Phase zeigte sich eine Hampelstrategie der Politik, die aus einem Fleckenteppich unterschiedlichster Maßnahmen und aus einer manifesten Unentschlossenheit hinsichtlich einer stabilen Strategie für die kommenden Monate bestand. In der Bevölkerung breitete sich eine gewisse Indolenz in Bezug auf die Schicksale anderer aus. Es zerbrachen vielerorts die mühsam eingeübten Solidaritäten, die Umgangsformen waren von einer wachsenden Nervosität und einer manifesten Aggressionsbereitschaft gesteuert, die nicht selten in handfeste Bedrohungen Dritter ausarteten. Gewalttätige Demonstrationen waren keine Seltenheit.

Mittlerweile stolpern wir in die Normalität zurück, aber spätestens nach der Flutkatastrophe im Sommer 2021 sind wir schlecht beraten, diese Richtung wieder einzuschlagen. Man braucht nicht zu liebäugeln mit Weltuntergängen, »Endzeittümelei« (Hans Blumenberg)[15] ist fehl am Platz, aber der Ruf nach einem der Situation angemessenen Realismus darf nicht kleinlaut ausfallen. Zu Recht spricht Carolin Emcke angesichts der Klimakatastrophe von dem »Ende einer Lebensweise«. Dieses »Ende« hätte die Pandemie uns ebenfalls lehren sollen: »Wir können nicht weiterleben wie bisher, in diesem blinden, autodestruktiven Modus, der die eigene Verletzlichkeit leugnet. Wir können nicht weiterleben und unser Bewusstsein sedieren, bei jedem einzelnen Ereignis, das sich an jedes nächste einzelne Ereignis reiht, um nur ja nicht die Struktur anzuerkennen zu müssen, die sie miteinander verknüpft. Wir können nicht in immer kürzeren Abständen absichtsvoll vergessen, was uns belastet und versehrt.«[16] Eine Verweigerung von Zeitgenossenschaft dürfen wir uns nicht länger leisten. Das hätte fatale Konsequenzen. Offenbar vermag eine Bedrohung, solange sie uns nah genug an den eigenen Leib rückt, zunächst zu disziplinieren. Die Angst, von ihr erfasst zu werden, macht Menschen geneigt, sich den Einschränkungen und Modifikationen ihres Tuns zu fügen. Die Restriktionen werden als wirklicher Schutz wahrgenommen. Allerdings währt dieses Gefühl nicht lange. Nach bereits kurzer Zeit werden Schutzhüllen eigener Fabrikation entworfen: Menschen verbarrikadieren sich dann im Kokon ihrer weltanschaulichen Überzeugungen oder bloß privat konstruierten Weltdeutungen, deren Filter nur noch das durchlassen, was der Einstellung der betreffenden Person ohnehin entspricht. Die Komplexität der Situation will reduziert werden – auf das erträgliche Maß der individuellen Befindlichkeit. Als ob es ein Menschenrecht auf Komplexitätsverweigerung gäbe, wird die Welt so stilisiert, dass sie ihr vertrautes Gesicht nicht verliert. Es triumphierte eine Haltung, die man in der Psychologie Furchtkontrolle nennt: Man verzichtet auf die Gefahrenkontrolle, die darin bestünde, einer realen Gefahrenlage durch Regeln und Verhaltensmodifikationen zu begegnen und wählt eine Bearbeitung der eigenen Furcht – mittels Verleugnung der Sachlage, mittels Vermeidungsstrategien und Widerstand gegen den Einbruch der Wirklichkeit in das private Gehäuse der Selbstberuhigung. Anstelle der realen Gefahr werden nun imaginäre Feinde beschworen, das simple Narrativ diverser Verschwörungstheorien übernimmt die Interpretationsarbeit. Flucht vor der Realität und ein diffuses Verlangen nach Wiederherstellung der vorherigen Wirklichkeiten werden zu einer Grundhaltung.

Dabei war die alte Realität längst zusammengebrochen. Wir waren gezwungen – für eine beachtliche Weile, die immer länger dauerte –, in einer Art Ausnahmezustand zu leben. Wer käme da nicht auf die Idee, das berüchtigte Diktum von Carl Schmitt zu variieren, welches in dieser Situation lauten würde: »Souverän ist, wer über die Virusfolgen entscheidet.« Wie gesagt, zunächst zwar irritiert und fasziniert zugleich, aber alsbald erschrocken angesichts der Dramatik der Lage, hielten wir in der Anfangsphase noch zusammen. Es kam zu eindrucksvollen Akten der Solidarität und der Hilfe, zu anrührenden Trostversuchen wie dem allabendlichen Balkonsingen und -musizieren. Es schien sich die Zivilgesellschaft auf ihr Bestes zu besinnen, auf ihr menschliches Notfallpotenzial. Eine Elementarmoral der Gegenseitigkeit, die im Getriebe unseres Alltags und angesichts der von uns verlangten Höchstleistungen in allen Bereichen unseres Lebens verschüttet worden war, feierte eine kurze Rückkehr.

In dieser seltsamen Situation, so hatte man den Eindruck, sei unsere Aufmerksamkeit nicht länger geplündert worden, weshalb wir in der Lage waren, uns auf unsere Nächsten einzulassen. Aber alsbald fransten nicht nur in den Randbezirken der Gesellschaft die elementaren Solidarhaltungen aus und schossen die ersten Verschwörungsmythen ins Kraut. Langsam, aber stetig, später immer schneller und mit zunehmender Vehemenz wurden die Spannungen, Verwerfungen und Konflikte sichtbar, die das Zusammenleben schon seit länger kennzeichneten. Aus ihrer Latenz heraus wechselten sie in das Register des Manifesten, so als hätte das Virus jene Risse während der Ausnahmezeit lediglich vitalisiert. Nun offenbarte sich das zerklüftete Profil unserer Gesellschaft.

Das Virus mutierte zur eigenwilligen Aufklärungsinstanz: Covid-19 zeigte wie unter einer Lupe auf den instabilen Zustand unseres Zusammenlebens. Vieles hatten wir leichtsinnig und gern übersehen, anderes schlichtweg verdrängt. Das Virus konfrontierte uns mit jenen Seiten unserer Lebensweise, die wir gewöhnlich lieber im Schatten lassen. Wer hätte gedacht, dass unser Leben so prekär sein könnte? Wie fragil und störungsanfällig zeigten sich weite Bereiche des Alltags, wie wenig robust viele Institutionen. Wie tragfähig war das Gesundheitswesen eigentlich und wie krisenanfällig die Medikamentenversorgung? In welchen Verhältnissen sind viele Menschen gezwungen zu wohnen? In welcher Verfassung befindet sich unser Bildungswesen? In welchem Maße sind wir noch in der Lage, unsere Elementarbedürfnisse in eigener Regie zu erfüllen? Wie asymmetrisch hat sich das Sozialgefüge unserer Gesellschaft entwickelt? Hatte das anfangs noch verheißungsvolle Projekt der Globalisierung viele Institutionen nicht stetig ausgehöhlt? Warum erwischte uns das Geschehen so völlig auf dem falschen Fuß, unvorbereitet trotz langjähriger Warnungen? Waren wir taub geworden angesichts der Rufe, die unermüdlich auf unseren zerbrechlichen Zusammenhalt hingewiesen und dringende Korrekturen eingefordert hatten, damit unsere Polis nicht fragmentiert? Hatten wir uns in unseren kleinen Gegenwarten gleichsam verbarrikadiert, ohne Gedächtnis für die Spuren, die wir bereits hinterlassen haben und erst recht für jene, die wir noch hinterlassen werden? Wie konnten wir so unempfindsam angesichts der vielfältigen Entbehrungen und Leiden in unserer Nachbarschaft und Umgebungen werden?

Vor unseren zunehmend bangen Augen zeigte sich das Gesicht einer Gesellschaft in innerem und äußerem Aufruhr. War die Angst, die pure Lebensangst, zunächst noch in der Lage, die verbliebenen Bindungen und Rücksichtnahmen zu stärken, war rasch die Tendenz unübersehbar, das Regelwerk zur Eindämmung der Krise zu missachten, bei einigen sogar die Tendenz, gedanklich und dann auch in Gesten und Aktionen zur nächsten Grenzüberschreitung aufzubrechen oder im Proteststechschritt zu marschieren. Gleichwohl sind die Ressourcen zivilen Verhaltens keineswegs verschwunden. Im Gegenteil – wie geweckt aus einem erzwungenen Schlaf ließen Menschen sehen, zu welch eindrucksvollen Haltungen und zu welch außerordentlichen Taten sie fähig sind. Moralisches Heldentum war nicht länger ein kitschanfälliges, pathosbeladenes Wort.

Aber was ist uns an Erkenntnissen geblieben? Werden wir einen anderen, tragfähigeren Lebensstil entwickeln? Werden wir uns an die Corona-Krise als an eine Art »Sattelzeit« (Reinhard Koselleck) erinnern, als an eine Epochenschwelle, welche die bisherigen Selbstverständlichkeiten und Gewohnheiten erschüttert hat? Und welche Erkenntnisse werden das sein? Sind wir noch in der Lage, folgenreiche Revisionen an unserer Existenzweise vorzunehmen? Denn die Corona-Krise sollten wir als das Muster einer viel größeren Krise betrachten, der längst eingetretenen Klimakatastrophe. Und ihre Bewältigung sollten wir als Vorübung für die viel gewaltigeren Anstrengungen betrachten, die Letztere abverlangen wird. Überall kursiert das Zauberwort »Resilienz«, aber was bedeutet es wirklich, was verlangt dieses Ansinnen wirklich ab?

Ich wiederhole: Die durch das Virus ausgelöste Krise ist nur das Vorspiel zu einem viel umfassenderen Notstand, den die Klimaproblematik – untätig wie wir sind – verursachen wird. Ihre Anzeichen sind längst Teil unserer Gegenwart. Der Klimawandel hat längst angefangen, aber bis zur Flutkatastrophe des Sommers 2021 gelang es uns leider immer noch, ihn weitgehend zu externalisieren. Das taten wir buchstäblich, indem wir unseren Zivilisationsschrott exportierten und die Folgen unseres Lebensstils anderen aufoktroyierten. Das gelang uns vorerst auch mental, indem wir uns in unserer Wohlfahrtsnische verschanzten, umgeben von obsessiven Bildern glücklich erscheinender Lebensentwürfe.

»Neben uns die Sintflut« lautet der treffliche Titel eines Buches von Stephan Lessenich, das unsere Realitätsverleugnung in ökologischen Angelegenheiten analysiert. Diese Verweigerung von Zeitgenossenschaft ließ sich auch in der Pandemie beobachten, eben in der beharrlichen Weigerung, sich mit den Fakten zu konfrontieren, in der Auslagerung der Verantwortlichkeiten, in der Mobilisierung fantastischer Verschwörungsnarrative. Schuldig sind immer die anderen. Die Pandemie war für viele Bürger zu einer »Pandämonie« geworden.

In Wirklichkeit ist die Viruskrise ein substanzieller Bestandteil der sich bereits vollziehenden globalen Naturkrise. Der Virusnotstand sollte deshalb als Klimanotstand gelesen werden, als die unmittelbare Gegenwart der totalen Krise unserer Überlebensbedingungen. Diesmal dürfte die Externalisierung uns nicht mehr recht gelingen. Die Naturkrise außerhalb zeigt sich nämlich mit hässlicher Fratze als Naturkrise in uns. Die Umwelt ist endgültig zur Innenwelt geworden. Wir erfahren am eigenen Leib, dass die brutale Kollision mit der Natur, die wir spätestens seit der Industrialisierung und seitdem in einem atemberaubenden Tempo betreiben, nun auch uns selbst erfasst hat.

Die Corona-Pandemie stellt die naturkatastrophische Gegenwart eines Missverhältnisses dar, welches wir atemlos und ungeniert fortzusetzen gedachten. Wir zeigten und zeigen uns als Virtuosen der Plünderung. Das Virus führte uns vor Augen, dass diese Haltung längst zur

Selbstausbeutung im strikten Sinne des Wortes geworden ist: Wir sind zur Beute unserer selbst mutiert. Die verletzte Natur ist bis in die innersten und kleinsten Bezirke unserer Existenz vorgedrungen. Das Gefühl des Ausgeliefertseins war vermutlich seit dem letzten Weltkrieg noch nie so groß gewesen.

Der gewaltige Stillstand unseres Lebens in den verschiedenen Lockdowns, die radikale Verlangsamung unserer Gewohnheiten, die Aufkündigung unserer Routinen und die erzwungenen Selbstbeschränkungen in nahezu allen Gefilden des Alltags – sie alle kulminierten in einem tiefen Unbehagen, bei einigen in einer fast traumatischen Erfahrung des Verlusts ihrer Gewohnheiten, bei anderen in einer großen Realitätsverweigerung. Wir alle wurden jedenfalls aus unserem kulturellen Habitus katapultiert. Diesen Kontinent hatten wir bisher noch nicht bereist. Er lag wie unerforscht dar und wir wussten nicht, ob wir ihn attraktiv oder zum Fürchten finden sollten.

Es ist keineswegs verwunderlich, dass eine solche Krise Widerstand provoziert. Dieser zeigte sich in zwei Extremismen. Da waren die Extremisten des Nonkonformismus, die Partisanen der radikalen Verweigerung, die sich eines fantastischen Wissens aus den Untiefen einer verschütteten Vergangenheit bedienten. Hier verbündeten sich Alchemisten des Andersseins leichtfüßig mit Antidemokraten, die Bewohner einer revitalisierten Vormoderne mit religiösen Fundamentalisten verschiedener Färbung, vereint im Bestreben, einen wichtigen Beitrag zur großen Entlarvung zu leisten. Für ihr Ansinnen konnte die Apokalypse nicht groß genug sein. Aber da waren auch die Extremisten des Konformismus. Ihr Lied wurde leiser gesungen, aber sie hofften still und unheimlich auf die Wiederherstellung der einstigen Normalität. Die Pandemie wurde hier zu einem Betriebsunfall minimalisiert, zu einem bedauerlichen Zwischenfall, dessen Korrektur ebenso in die Vergangenheit führen muss, nämlich in die Welt, wie sie einmal war.

Vor einiger Zeit fanden im Nachbarland, wenige Kilometer entfernt – in den Niederlanden –, während der dortigen abendlichen Ausgangssperre gewalttätige Auseinandersetzungen statt. Auch Krankenhäuser wurden angegriffen. Es zeigt sich die gewalttätige Variante des Nonkonformismus. Was immer die sozialen Ursachen dieser Proteste sein mögen –, sie wurden jedenfalls im Vorfeld befeuert durch rechte Parteien, die zum Kampf für die Freiheit aufriefen. Ein rechtsextremer Mob machte sich hier zur Avantgarde einer anderen Politik. Deren Munition entstammt jedoch aus den Vorratslagern esoterischer Weltdeutung, aus dem antiwissenschaftlichen Affekt anthroposophischer und heilpraktischer Provenienz, aus einem dumpfen Verlangen nach Abrechnung, aber auch aus dem Gefühl, abgehängt und vergessen zu sein. Unsere Welt ist zerbrechlich geworden, die Konsense schwinden, die Nervosität nimmt zu. Wie konnte es dazu kommen?

Im ersten Teil dieses Essay werde ich mich mit der kulturellen und sozialen Vorgeschichte unserer Gegenwart befassen. Weshalb ist unsere Gesellschaft so nervös geworden? Wieso ist sie so offenkundig balancelos? Was sind die wichtigsten Faktoren der jüngeren Vergangenheit, die ihre sich so deutlich abzeichnende Zerrissenheit verursacht haben? Wie ist der *Große Riss* entstanden? Im zweiten Teil möchte ich die Gegenwart genauer unter die Lupe nehmen, indem ich die Zerwürfnisse, welche die Corona-Pandemie sichtbar gemacht hat, analysiere. Warum führt das Virus zu solch erbitterten Kämpfen? Warum ist die Pandemie nur das Vorspiel zu einer viel umfassenderen Krise? Welche Rolle spielen die Medien in diesem Zusammenhang? Wie konnte es so weit kommen, dass ausgerechnet das Ringen um Wissen solch irrationale Züge angenommen hat? Woher stammt die Politik- und Demokratiemüdigkeit?

Im dritten Teil werden programmatische Vorschläge zur Richtungsänderung gemacht. Es wird für eine Umkehr plädiert, zunächst und vor allem für eine Umkehrung unserer Blickrichtung. In den letzten Jahrzehnten war unser Blick auf Reichweitenvergrößerung geeicht. Die lokale Umgebung galt als Ausgangsbasis für die permanente Erweiterung unserer Räume und als Startrampe für die unablässige Beschleunigung unserer Lebensführung. Wir sollten zurückkehren zu der konkreten Umgebung, in der wir leben, zu dem Ort unserer direktesten und unmittelbarsten Verantwortung. Der Maßstab soll die Resilienz der Region werden. Auf sie werden die weiten Wege zuführen, die wir begehen müssen. Mit Romantik oder gar Regression hat dies nicht im Mindesten zu tun, sondern vielmehr mit dem Maß eines Lebensstils, der sozial und ökologisch zukunftsfähig ist. Wir werden, gemessen an den allzu robusten Vorhaben der Vergangenheit, in Provisorien leben. Wenn uns das gelänge, wäre der *Große Riss* ins Positive gewendet – in einen Abschied von überholten Idealen, in die Umkehrung der Rasanz und der Fluchtbewegung, die unsere Leben prägen, in eine neue Kunst des Verweilens, in eine Demokratisierung der Demokratie.

Teil I

Rückblick auf die Geburt unserer Gegenwart

Auf der Überholspur

»*Die Geschwindigkeit ist die Identität des Fortschritts.*«
Saint-Pol-Roux[17]

Die Corona-Krise ist vielfältig, komplex, teils sogar unübersichtlich in ihrem Ausmaß, erst recht hinsichtlich ihrer künftigen Folgen. Um sie zu verstehen, brauchen wir einen längeren Atem. Sie schlug nicht aus dem Nichts heraus in unsere Gesellschaft ein, so als sei der Aufprall in keiner Weise vorhersehbar gewesen. Sie traf auf eine verwundbare und verwundete Gesellschaft. Deren jüngste Geschichte gilt es – in großen Zügen – zu erzählen. Das Virus erreichte uns in einer bestimmten Disposition, in einer krisenhaften Disposition. Es bedrängte eine Kultur wachsender Selbstzweifel, ein politisches Kollektiv voller Risse, eine Demokratie im Krisenmodus.

Gerade ihr pandemisches, also globales Ausmaß, verbietet es, über sie in allgemeinen und abstrakten Begriffen zu sprechen. Die Corona-Krise war nicht überall auf der Welt die gleiche Krise und das war und ist sie auch bei uns ebenso wenig. Die Gemeinsamkeit besteht lediglich im Vorhandensein des Virus, aber das Elend, das es verursacht, die Verwerfungen, die es entstehen lässt und die Maßnahmen, die zu seiner Eindämmung ergriffen werden, sind längst nicht überall miteinander vergleichbar. Es gibt die biologische Klammer des Virus, die uns unter dem Namen Covid-19 zusammenzwingt. Entscheidend für die Erfahrungen, die in der Krise gemacht werden, sind aber sozioökonomische, kulturelle und politische Faktoren. Konzentrieren wir uns auf die eigene Gesellschaft.

Deren jüngste Vergangenheit muss zunächst erzählt werden, wenigstens in Umrissen, da wir ansonsten nicht verstehen, in welcher Umgebung das Virus seine traurige Wirkung entfalten konnte. Wir fangen deshalb mit einer Art Anamnese an – mit der Erinnerung an die Vorgeschichte unseres gesellschaftlichen Körpers. Erst nachdem wir jene Vorgeschichte skizziert haben, darf mit der Durchführung der Diagnose gestartet werden. Wir müssen wissen, wie und warum unsere Gesellschaft ins Stolpern geriet, weil alle anderen Überlegungen im Hinblick auf die Zukunft sonst auf Sand gebaut sein werden. Auf die Diagnostik erfolgen dann Vorschläge zur Therapie.

Dass an dieser Stelle ein medizinisches Vokabular verwendet wird, ist natürlich kein Zufall. Mit der viralen Natur des Anlasses – mit der Covid-19-Pandemie – hängt dies allerdings nicht zusammen. Die der Medizin entlehnte Begrifflichkeit wurde hier deshalb gewählt, weil die Beschreibung unserer Lage es nahelegt: Wir befinden uns nämlich in schlechter Verfassung. Unsere Gesellschaft ist auf die vorhandenen und kommenden Herausforderungen kaum vorbereitet. Im Gegenteil – wir haben die Zeichen der Zeit ignoriert, wir lebten in Blasen des Als-ob, die den Eindruck vermittelten, wir könnten so weitermachen wie bisher. Das ist aber nicht der Fall.

Eine Medikalisierung der Krise ist also nicht beabsichtigt. Gesundheit und Krankheit im strikten Sinn dieser Wörter stehen nicht im Mittelpunkt dieses Essays. Aber auch auf die Krankheitsmetaphorik werden wir so weit wie möglich verzichten. Krankheitsmetaphern, so schrieb die große Essayistin Susan Sontag, seien »eine Ermutigung zu vereinfachen, was komplex ist, und eine Aufforderung zur Selbstgerechtigkeit«[18]. Ganz zu ihr Abstand zu halten, wird schwer sein. »In schlechter Verfassung« ist jedenfalls eine schwachmetaphorische Formel medizinischer Herkunft, die zur Befragung der Vorgeschichte, also der Anamnese, kaum vermieden werden kann. Aber in welcher Verfassung wurde unsere Gesellschaft wie im Schock erwischt? Was war mit ihr in den letzten Jahrzehnten geschehen? Im Folgenden werden die wichtigsten Entwicklungen ins Visier genommen. Wie ein *basso continuo* wird uns die Klimakatastrophe dabei begleiten, ohne dass sie immer ausdrücklich genannt wird. Das geschieht in diesem Essay erst später. Die Jetztkrise muss eingebettet werden – in die langjährigen, also in die jüngere Vergangenheit zurückreichenden Determinanten unserer Gegenwart. Was hat uns in den letzten Jahrzehnten so nachhaltig geprägt? Warum hat sich unser Leben so gravierend verändert? Und wer ist das »Wir«, über das hier gesprochen wird?

Auch eine unsichtbare Keule vermag allzu sichtbare Verheerungen anzurichten. Das Coronavirus gleicht einer solchen Keule, einer paradoxen Keule, weil man sie weder sieht noch spürt im Moment des Erstschlags. Das Virus attackierte wie aus dem Nichts eine Gesellschaft unter Strom. Es traf ein Kollektiv auf Trab ins Mark, weil es eine scharfe Notbremsung erzwang, ein völlig ungewohntes und plötzliches Herunterfahren nahezu aller Aktivitäten, die zum Selbstverständnis spätmoderner Bürger gezählt werden. Zu diesem Selbstverständnis gehört ein nahezu grenzenloses Maß an Bewegungsfreiheit. Letztere wurde radikal eingeschränkt. Vielleicht charakterisiert nichts das Ausmaß und die Natur der Krise so einfach und so genau wie der plötzliche Stillstand, der verhängte Stillstand, der uns aus dem Vertrauten herauskatapultierte. Mit ihm stieß die Pandemie in den intimen Code unserer Gesellschaft vor – in das Alphabet permanenter Veränderung und Beschleunigung.

Der Lockdown darf deshalb als das signifikanteste Phänomen der Pandemiekrise betrachtet werden. In der Verlassenheit der Innenstädte, im erzwungenen Rückzug in die eigene Wohnung, in der Schließung von Schulen und Universitäten und inmitten der gähnenden Leere großer Industrieanlagen und Wirtschaftsbezirke zeigte sich – gemessen an der Dynamik und Schnelligkeit des vorherigen Alltags – eine Kontrastrealität. Als wäre eine Zivilisation in kürzester Zeit implodiert, wurde die Überhitzung unseres Lebens rapide abgekühlt.

Der Geschwindigkeits-, der Beschleunigungs- und der Bewegungsrausch, die unsere Kultur erfasst haben, sind keineswegs neu. Seit dem Ende des 19. Jahrhunderts wechseln sich Klage und Enthusiasmus über dieses Phänomen regelmäßig ab. Als Signatur der allerneuesten Epoche, also unserer Gegenwart, gilt dies umso mehr. Für nicht wenige unter uns repräsentierte dieser Rausch die Befreiung aus dem Althergebrachten. Die Teilhabe an der genannten Dynamik versprach geradezu einen Statusgewinn. »In der alten Welt waren Ruhe, Gelassenheit und Besonnenheit wichtige Tugenden, in der Moderne drückt ein ruheloses Leben gesellschaftliche Bedeutung aus. Wer ruhelos ist, gehört dazu, er zählt zu den Leistungsträgern der Gesellschaft, zumindest ist er irgendwie ›wichtig‹, er repräsentiert das Ethos einer neuen Zeit, die geradezu besessen ist von der Bewegung, der Vitalität und der Geschwindigkeit.«[19]

Der französische Architekt und Philosoph Paul Virilio hat in den 80er-Jahren des letzten Jahrhunderts eine umfassende Analyse der Moderne als Zeitalter unablässiger Bewegung, permanenter Geschwindigkeitssteigerung und nicht endender Beschleunigung vorgelegt. Aus seiner Sicht hat die Moderne in der Zivilisationsgeschichte, die sogar im Ganzen als eine Geschichte stetiger Beschleunigung gelesen werden könnte, einen enormen Geschwindigkeitsschub bewerkstelligt: Langsamkeit oder Schnelligkeit in den Bewegungs- und Kommunikationsmitteln entscheiden seitdem über das Wohl und Weh ganzer Gesellschaften. Das Ausmaß und die Rasanz der Mobilisierung sind zu Kennzeichen avantgardistischer Entwicklungsschübe geworden und deren Ausbleiben als Charakteristika der Versager und der Besiegten: »Die Schnelligkeit macht das Wesen des Krieges als auch des modernen Staates aus«, schreibt Virilio. In diesem Wettbewerb geht es schonungslos zu, denn »die Felder der Geschwindigkeitsexzesse sind von Opfern dieses Gefechtes übersät«.[20]

Längst hat die Gegenwartssoziologie sich in der Spur Virilios dem modernitätstypischen Phänomen exzessiver sozialer Beschleunigung gewidmet, am eindrücklichsten in den Arbeiten von Hartmut Rosa. Ihm zufolge befinden wir uns in einem »Beschleunigungszirkel«, also in einem sich selbst antreibenden Getriebe. Es lohnt sich, auf Rosas Analyse kurz einzugehen, denn sie hilft ungemein bei der Erhellung unserer Pandemielage. Rosa zufolge besteht der genannte Beschleunigungszirkel aus drei Faktoren – aus der technischen Beschleunigung, aus der Beschleunigung des sozialen Wandels und aus der Beschleunigung des Lebenstempos.

Am augenfälligsten ist die technische Beschleunigung. Diese steht uns in den Kommunikationsmedien unmittelbar vor Augen, ebenso in den Mobilitäts- und Transportmitteln und in den Produktionsprozessen, die mittlerweile von uns allen wie selbstverständliche Bestandteile unserer Weltbegegnung betrachtet werden. Vor diesem Hintergrund fand eine empfindliche Modifikation der Weltwahrnehmung statt: Der Raum wurde der Zeit untergeordnet. Die Art und Weise, wie wir uns in der Welt bewegen, hat ihre Raumabhängigkeit weitgehend abgestreift. Den Raum haben wir erobert. Dafür sind wir immer mehr zeitabhängig geworden. Je schneller wir irgendwo sind, umso besser. Oder anders formuliert: Das »Wo« ist zum »Wann« geworden. Der Raum wird komprimiert, die Zeit dagegen zum alles bestimmenden Faktor erfolgreichen Handelns. Wo wir uns befinden, ist tendenziell gleichgültig, denn im Nu sind wir woanders. Dieser Gleichgültigkeit in Bezug auf den Raum steht die Relevanz der Geschwindigkeit der zeitlichen Abläufe gegenüber. Letztere sind entscheidend. Erst recht die Räume in unserer unmittelbaren Umgebung können deshalb vernachlässigt werden. Sie sind gleichsam nur noch Abflughäfen für unsere umfassend beschleunigten Lebensstile.

Der zweite Bestandteil des Zirkels stellt die Beschleunigung des sozialen Wandels dar. Es ändern sich die Verhältnisse immer schneller. Was gestern noch gegolten hat, ist bereits heute, spätestens aber morgen überholt oder zumindest fragwürdig geworden. Die zwischenmenschlichen Beziehungsmuster nehmen an Variabilität und Vielfalt zu. Die Moden überholen sich unablässig. Das Wissen, das wir brauchen, damit wir unseren Alltag bewältigen, veraltet in rapidem Tempo. Rosa benutzt in diesem Zusammenhang den von Hermann Lübbe geprägten Begriff der »Gegenwartsschrumpfung«. Damit ist gemeint, dass die Zeit, in der etwas gilt, immer kürzer wird. Worauf heute noch Verlass war, ist womöglich bereits in kürzester Zeit veraltet. Wenn diese Behauptung stimmt, dann hat sie gravierende Konsequenzen.

In diesem Zusammenhang sei deshalb an einen bahnbrechenden Aufsatz des Historikers Reinhart Koselleck erinnert. In seinen Studien über die frühe Moderne hatte Koselleck anhand der Kategorien »Erfahrung« und »Erwartung« auf eine kulturelle Verschiebung unseres Verhältnisses zu der Zeit aufmerksam gemacht hat, auf eine Verschiebung, die geradezu ein epochales Ausmaß besitzt. In vormodernen Zeiten lebten Menschen in einem hohen Maße vergangenheitsorientiert. Die Vergangenheit bestimmte Maß und Ordnung des Zusammenlebens. Wir lebten gewissermaßen in der Spur der Altvorderen, in der Spur ihrer Erlebnisse und Widerfahrnisse. Das Leben war deshalb erfahrungsgeprägt. Jene Vergangenheit unterschied sich nämlich nur graduell von der Gegenwart. Man konnte durchaus von ihr lernen. »Was die Erfahrung auszeichnet, ist, dass sie vergangenes Geschehen verarbeitet hat, vergegenwärtigen kann, dass sie wirklichkeitsgesättigt ist, dass sie erfüllte oder verfehlte Möglichkeiten in das eigene Verhalten einbindet.«[21]

Das Leben der Vorfahren konnte häufig als eine Art Muster für die gegenwärtige Generation betrachtet werden. Was ihnen geschehen war, konnte auch den Nachfahren passieren. Unsere Erfahrungen waren im Großen und Ganzen, abgesehen von katastrophalen Ereignissen, auch ihre Erfahrungen gewesen. Die Vergangenheit war nicht gänzlich von der Gegenwart verschieden, diese jener nicht fremd. Die Erwartungen, die Menschen hinsichtlich des eigenen Lebens, aber auch mit Blick auf die Zukunft hegten, waren eingebunden in einen Erfahrungsraum, den man mit den Alten in einem nicht unerheblichen Ausmaß teilte.

Das änderte sich jedoch in der Neuzeit: Die Entdeckungsreisen hatten die Europäer bereits in einen anderen Raum geschleudert. Vieles war noch ungesehen, außerhalb des alten Europas lagen ganze Kontinente brach. Dieser Raum war verheißungsvoll und stimulierte die Erwartungen. Nun veränderte sich aber auch das Verhältnis zu der Zeit. Die Zukunft war voller Versprechungen und regte ihrerseits die Erwartungen an. Man fing an, mit dem Rücken zur Vergangenheit zu leben und mit dem Gesicht der Zukunft entgegengestreckt zu handeln. Infolge dessen hat sich »die Differenz zwischen Erfahrung und Erwartung zunehmend vergrößert«[22].

Allmählich gewann die Zukunft an Gewicht. Die Erfahrungen konnten irgendwann nicht länger mit den Erwartungen schritthalten: »Die

Grenzen des Erfahrungsraums und der Horizont der Erwartung traten auseinander.«[23] Wissenschaft und Technik ließen die bereits entstandene Kluft immer schneller anwachsen. Unser Erfahrungspotenzial wurde stets ärmer, unser Erwartungspotenzial dagegen umso größer. Weil die Erfahrungen uns nicht länger zu Hilfe kommen, müssen wir den Erwartungen allerdings immer schneller entgegenlaufen. »Die Differenz zwischen Erfahrung und Erwartung muss dauernd neu überbrückt werden, um leben und handeln zu können.«[24] Bereits bei Koselleck stoßen wir in diesem Zusammenhang auf den Begriff der »Beschleunigung«[25]. Die Erfahrungen halten uns nicht länger zurück, unsere Erwartungen aber warten auf ihre Erfüllung. Sie drängen und bedrängen uns. Wir müssen uns deshalb beeilen.

Solange es zwischen dem Erfahrungsraum und dem Erwartungshorizont genügend Überschneidungen gab, konnten Menschen sich vergleichsweise leicht orientieren: Ihre Erwartungen waren erfahrungsgeprägt und teilweise erfahrungsgesättigt. Diese galoppierten nicht davon. Man wurde zwar nicht von der Vergangenheit geknebelt, aber auch nicht von der Zukunft auf Trab gehalten. Aber je mehr sich die Erwartungen von den Erfahrungen emanzipierten, umso mehr wurde aus dem Trab eben ein Galopp. Die Vergangenheit, so könnte man es formulieren, geriet nun immer mehr ins Hintertreffen. Sie verlor ihren Griff auf die Gegenwart, was nicht selten mit einem Freiheitsgewinn für die Betroffenen einherging. Die Zeit, in der Vorbilder aus der Vergangenheit noch gültig waren, verkürzte sich jedenfalls erheblich.

Wir – denn um unsere Zeit handelt es sich nun – haben es mit einer noch viel ausgeprägteren »Steigerung der Verfallsraten«[26] zu tun, wie sich Rosa ausdrückt. Zwei prominente Bereiche, die auf diese Steigerung unmissverständlich hinweisen, sind die Berufswelt und die Welt der Familie. Der US-amerikanische Soziologe Richard Sennett hat in »Der flexible Mensch – Die Kultur des neuen Kapitalismus« eindrucksvolle Zeugnisse dieses Vorgangs gesammelt. Innerhalb einer Generation wurden Menschen aus ihrem alten Zuhause entfernt, aus ihren Regionen herausgerissen, auf weite Reisen in entfernte Räume unter Bedingungen neuer Zeitknappheit geschickt.

Der dritte Bereich der Beschleunigung betrifft deshalb das Lebenstempo. »Diese Art der Beschleunigung lässt sich definieren als Steigerung der Zahl an Handlungs- und Erlebnisepisoden pro Zeiteinheit und ist als solche die Folge eines Wunsches oder gefühlten Bedürfnisses, mehr in weniger Zeit zu tun.« Hier erfahren wir gewissermaßen am eigenen Leibe, was es heißt, in einer beschleunigten und in einer sich weiter beschleunigenden Gesellschaft zu leben, also mit einer permanenten Zeitknappheit konfrontiert zu sein. Erst recht in einer Ökonomie, die auf dem Prinzip der Konkurrenz beruht, und in einer Kultur, die dieses Konkurrenzverhalten auf nahezu alle Lebensbereiche ausgedehnt hat, kann man diesem Gefühl nicht entkommen. Es muss in immer weniger Zeit immer mehr getan werden (können), zumindest denken wir das. Dies gilt umso mehr, als sich die drei genannten Bereiche gegenseitig durchdringen und somit die Beschleunigung anfeuern. Wir befinden uns in dem bereits erwähnten Beschleunigungszirkel. Längst hat uns die ungute Ahnung beschlichen, dass das Verlassen dieses Zirkels kaum mehr möglich ist. Wir wissen es bereits – »rasenden Stillstand«[27] hatte Virilio diesen Zustand genannt. Wir sind in ständiger Bewegung, immer auf der Überholspur, aber wir haben dabei das Gefühl, nicht wirklich voranzukommen. Gleichzeitig fürchten wir den Stillstand und sehnen ihn doch herbei. Vielleicht gehört auch diese zwiespältige Befindlichkeit mittlerweile zur Pathologie der Gegenwart: »Die Angst vor Stillstand bei Hochgeschwindigkeit hat die moderne Gesellschaft von Beginn an begleitet; sie liegt den Kulturkrankheiten der Accedia, der Melancholie, des Ennui, der Neurasthenie und heute verschiedenen Formen der Depression zugrunde. Die Erfahrung der Erstarrung entsteht und intensiviert sich (…) dann, wenn die Veränderungen und Dynamiken des individuellen Lebens oder der sozialen Welt (…) nicht länger als Elemente einer bedeutungsvollen und gerichteten historischen Entwicklungskette, also als Elemente des Fortschritts, erfahren werden, sondern als zielloser und rasender Wandel. Dynamischer Wandel wird erfahren, wenn die Episoden des Wandels sich zu einer (narrativen) Geschichte (des Wachstums oder des Fortschritts) zusammenfügen, während die Wahrnehmung eines Stillstands das Resultat der Erfahrung zielloser, zufälliger und unzusammenhängender Episoden der Veränderung, Transformation und Variation ist. Dieser Wahrnehmung zufolge verändern sich die Dinge, aber sie entwickeln sich nicht, sie gehen nicht in eine bestimmte Richtung.«[28]

Vermutlich ist es genau dieses Gefühl, nicht zu wissen, in welche Richtung sich die Gesellschaft überhaupt bewegt und wie die disparaten Erfahrungen, die wir machen, in einen einigermaßen konsistenten Zusammenhang gebracht werden können, das so verstörend wirkt. Rosa hatte schon in einer früheren Studie die Vermutung geäußert, »dass die in der Moderne konstitutiv angelegte soziale Beschleunigung in der ›Spätmoderne‹«, also in unserer Gegenwart, »einen kritischen Punkt übersteigt, jenseits dessen sich der Anspruch auf gesellschaftliche Synchronisation und soziale Integration nicht mehr aufrechterhalten lässt«[29]. Es spielt sich alles in einer rasenden Gegenwart ab, und es fällt uns immer schwerer, den Überblick zu bewahren, die Dinge in einem Zusammenhang zu sehen. Aber anders als in der von Lübbe so genannten Gegenwartsschrumpfung hatten wir während der verschiedenen Lockdowns mit einer unfreiwilligen Gegenwartsdehnung zu tun, mit einer »breiten Gegenwart«, wie es Hans Ulrich Gumbrecht einmal ausgedrückt hat. Diese rief zahlreiche Irritationen hervor. Langsamkeit, erst recht Stillstand sind wir nicht gewohnt. Allenfalls in einem Burnout liegen wir – zeitlich – darnieder.

In der Krise ging nichts mehr voran. Wir fanden uns in unserem Wohnraum, mehr oder weniger beengt, wieder und verbrachten dort sehr viel, nicht wenige ihrem Empfinden nach viel zu viel Zeit. Unsere vermeintliche Zeitsouveränität war gekränkt worden. Die Langsamkeit überfiel uns, die Unbeweglichkeit erst recht. Über die Zeit verfügten wir nicht mehr. Die Herrschaft über die Zeiteinteilung unseres Lebens war uns genommen. Wir waren zu unfreiwilligen Insassen des Raums geworden. Dessen Bedeutung bekamen wir nun zu spüren. Die technische Beschleunigung war uns – abgesehen von der Geschwindigkeit der Kommunikationsmedien – abhandengekommen. Der Raum hatte uns wieder. Und das gefiel den wenigsten.

Mit Blick auf die Beschleunigung des sozialen Wandels – die zweite Komponente des Zirkels – war unsere Erwartung, Neues und Aufregendes stünde wie immer unmittelbar bevor, plötzlich unangemessen. Übrig geblieben war lediglich die Erwartung, diese Blockade möge schnellstens wieder vorbei sein. Der Erwartungshorizont implodierte unter dem Gewicht des Stillstands. In der gedehnten und erzwungenen Gegenwart inmitten des eigenen Mauerwerks kulminierte eine Art Erfahrung der Unbeweglichkeit oder der Ersatzbeweglichkeit. Nun blieb – wenigstens vorläufig – alles beim Alten. Die Veraltensgeschwindigkeit stockte. Die Erwartungen liefen nicht länger wie gewohnt den brüchigen Erfahrungen davon, sondern blieben im Dickicht der neuartigen und ambivalenten Erfahrungen des Augenblicks stecken. Die bereits dünne Erwartung, es sei alles bald hoffentlich vorbei, wurde geplättet durch eine aufdringliche Präsenz der immer gleichen Erfahrungen von Langeweile, von Bewegungs- und Optionsarmut, aber auch von Stress, Ungeduld und Zukunftsangst. Wir befanden uns im Gehäuse einer befremdlichen Gegenmoderne, in dem engen Korsett einer Bindung an Ort und Stelle, unfähig, weit auszuholen und die Dinge umzugestalten wie gewohnt.

In der unausweichlichen Verlangsamung des Lebens, die sich nun Bahn brach, kam auch das Lebenstempo, also die dritte Beschleunigung, zum Erliegen. Die Handlungs- und Erlebnisepisoden pro Zeiteinheit schrumpften ansehnlich. Wir mussten nun viel weniger in viel mehr Zeit tun. Dies hatte gewiss nicht zur Folge, dass jetzt auch der Alltagsstress generell abnahm. Der Radius unserer Aktivitäten wurde aber alsbald sehr schmal. Die gewohnten Fortbewegungsmöglichkeiten kamen nahezu zum Erliegen. Sport- und Kulturveranstaltungen waren auf ein Minimum beschränkt. Das Spektrum unserer Aktivitäten war implodiert.

Der Stillstand war zutiefst ambivalent. Hatten wir uns nicht bereits längst nach einer Verlangsamung unseres Lebens gesehnt? Nun war sie da und wir standen plötzlich zutiefst irritiert da, inmitten all dieser Nichtüblichkeiten. Wir waren gänzlich unvorbereitet, denn wir hatten uns im kulturellen Modus der Beschleunigung längst eingerichtet, vielleicht eher schlecht als recht. Im Grunde ertrugen wir diesen seltsam neuen Zustand bloß. Hätten wir ihn jedoch nicht besser nutzen sollen und die Frage stellen, ob wir so wie bisher wirklich weiterwollen? Von einem rasenden Stillstand waren wir in eine Tempodrosselung ungeahnten Maßes gestoßen worden. Unsere Befindlichkeiten waren – wie gesagt – widersprüchlich. Wir fühlten uns elend und gleichzeitig war nicht ganz zu leugnen, dass die Situation auch einen eigenen schwachen Glanz ausstrahlte. Sie enthielt das Versprechen, dass die zwanghafte bis schicksalhaft anmutende Beschleunigung unserer Lebensweise nicht ganz ohne Alternative bleiben müsse. Hätten wir nicht schon viel früher wissen können, dass unsere Lebensweise nur noch wenig Zukunft bevorstand?

Das Leben auf der Überholspur tat schon länger weh. Aus den Beschleunigungskurven herausgeschleudert wurden in den letzten Jahrzehnten Unzählige. Das schien der fällige Preis für unseren Fortschritt und für das Wohlfahrtsversprechen zu sein, das uns auf Trab hielt. Lange haben wir uns sogar damit gebrüstet, kaum Zeit zu haben, wenig zu schlafen und unter Arbeitsüberlastung gebückt zu gehen. Dieses Syndrom wurde als Distinktionsmerkmal nobilitiert: Die Erfolgreichen sind nicht zuletzt deshalb erfolgreich, weil sie robuste Charaktere besitzen, die verhindern, dass sie aus der Bahn geworfen werden, sobald das Leben sie herausfordert. Irgendwann wäre diese grausame Sublimierung nicht mehr durchzuhalten gewesen, aber wir scherten uns nicht darum. Das Leben auf der Überholspur war uns in Fleisch und Blut übergegangen. Es schien geradezu ein Naturgesetz der Spätmoderne zu sein. Entrinnen wollen hieße, verrinnen zu müssen. Wer nicht mitmache, gehe erst recht unter.

Spaltungsindizien

»Deregulierung nährt den Populismus, Populismus dereguliert die Demokratie.«
Roger de Weck[30]

Wenn wir bisher die Aufmerksamkeit auf das Phänomen der Beschleunigung und auf deren plötzliche Unterbrechung gerichtet haben, dann geschah das in zweierlei Absicht. Der Stillstand elementarer Abläufe unseres Lebens gehörte zu den signifikantesten Zeichen der Krise. Wie in einem Schock kam der Hyperaktivismus unseres Alltags zum Erliegen. Nichts offenbarte die Eingriffstiefe der Pandemie mehr als diese Implosion gewohnter Bewegungsmöglichkeiten und Tagesabläufe. Paradox formuliert: Vor den Augen aller hörte das öffentliche Leben, das Leben aller, auf. Aber es geschah mehr: Ein kultureller Habitus fiel im Nu in sich zusammen. Und über die konkrete Erfahrung des Stillstands hinaus zeigte sich die Verwundbarkeit unserer Gesellschaft. Der Motor des Ganzen fing an zu stottern. Nichts widerspricht der Signatur der Moderne jedoch mehr als eine solch radikale Verlangsamung. Das uns mittlerweile fast unbekannte Gefühl, die Reichweite unserer Handlungen sei ortsgebunden und die wählbaren Optionen seien begrenzt, machte sich unangenehm bemerkbar. In Reichweite der Motormetapher wäre es verführerisch, von einer Abkühlung der Betriebstemperatur unserer Gesellschaft zu sprechen. Das Gegenteil war der Fall.

Im Laufe der Krise erhitzte sich das politische Klima zusehends. Die anfängliche Solidarität wich einem vehementen bis giftigen Dissens über die Realität der Pandemie und über das Ausmaß an erforderlichen Interventionen. Zwischen dem wissenschaftlich aufgeklärten Common sense auf der einen Seite und einer zunehmend unübersichtlichen, äußerst heterogen zusammengesetzten Front des Widerstands gegen die Corona-Maßnahmen auf der anderen Seite wurde die Kluft immer tiefer. Aber wie konnte es so weit kommen? Was war in unserer Gesellschaft geschehen, dass sich gegen die demokratisch legitimierte Corona-Politik eine so harsche bis teilweise hasserfüllte Opposition zu artikulieren begann? Über Art und Dauer der Eingriffe in die Freiheitsrechte von Bürgern kann man gewiss unterschiedlicher Meinung sein, aber angesichts der beschlossenen Regeln mit zeitlich limitierter Geltung den Bankrott des gesamten Systems zu proklamieren, mutet seltsam bis verwegen an und gibt Anlass zur Beunruhigung. Es köchelte plötzlich überall. Nach der Anfangsphase der Pandemie, in der Akte der Solidarität und der Hilfsbereitschaft positives Erstaunen hervorgerufen hatten, schwand der Zusammenhalt zunehmend.

Die Gründe für diese irritierenden Dissense müssen untersucht werden, denn sie waren längst vor der Pandemie vorhanden. Offenbar hatte Rosa, wie wir gesehen haben, einen wunden Punkt getroffen, als er bereits vor mehreren Jahren auf die Probleme der »gesellschaftlichen Synchronisation und der sozialen Integration« als Folge der umfassenden Beschleunigung moderner Kollektive hinwies. Diese Probleme sind in der Tat symptomatisch mit dem Phänomen der Beschleunigung verbunden, aber ihre Gründe reichen tiefer. Auch wenn man sich vor einer unangemessenen Dramatisierung hüten sollte, lässt sich kaum von der Hand weisen, dass sich in unserer Gesellschaft längst eine veritable Spaltung vollzogen hatte. Diese ist ökonomischer, sozialer und politischer Natur. Anhaltend wachsende Ungleichheit, nahezu unüberbrückbare soziale Klüfte, politische Dissense fundamentaler Art kennzeichnen das gesellschaftliche Profil und erhöhen dessen Betriebstemperatur.

Wir fangen mit einer politischen Verwerfung an, die gravierend und äußerst besorgniserregend ist. Schauen wir deshalb auf das Schicksal des Slogans »Wir sind das Volk!«, das Fanal zur friedlichen Revolution in der DDR des Jahres 1989. Damals wurde in diesem mittlerweile historischen Satz die Absicht des faktisch mundtot gemachten Souveräns artikuliert, den Prozess demokratischer Willensbildung wieder an sich zu reißen und die politischen Institutionen in freien und geheimen Wahlen zu bestücken. Es sollte das »Volk« (*demos*) als politische Größe rehabilitiert werden. Bekanntlich ist der Satz inzwischen jedoch in der rechten Szene zum Gegenstand einer völkischen Umdeutung geworden. Aus dem »Staatsvolk«, also aus dem politischen und rechtlichen Volksbegriff, ist ein ethnischer Begriff geworden. Das Volk als *demos* konstituiert die politische Gemeinschaft. Es besteht gerade nicht aus einem ethnischen Kollektiv. Das Volk als *ethnos* dagegen beruht auf der Behauptung einer angeblich uralten Zugehörigkeit, einer kulturellen Identität und eines historischen Narrativs, das den Mythos jener Zugehörigkeit transportiert. Im Extremfall werden sogar blutsverwandtschaftliche Filiationen ins Feld geführt.

Der ethnische Volksbegriff setzt demnach eine exklusive Prämisse voraus, er ist ausschließungsgesinnt. Der politische Volksbegriff beruht dagegen auf einer – im Wesentlichen – inklusiven Prämisse: Der Bürgerstatus stellt das Ergebnis eines politischen Aktes dar, wodurch einer Person die potenzielle oder faktische Mündigkeit in politischen Angelegenheiten zuerkannt wird und somit auch das Recht, diese Mündigkeit mittels Teilnahme an den demokratischen Prozessen zu demonstrieren. Es hat ein politischer Akt der Einbindung stattgefunden. Der ethnische Volksbegriff jedoch beruht auf einer exklusiven Prämisse: Ethnien definieren sich durch das symbolische Kapital von Traditionen, von kulturellen Identitäten, von religiösen Bekenntnissen oder unterstellten Blutsbanden, die sie von anderen unterscheiden. Der ethnische Volksbegriff unterstellt einen politischen Akt der Ausschließung. Im Gegensatz zum politischen Volksbegriff, der auf einer Entscheidung rechtlichen Charakters beruht und somit eine rechtspositive Natur besitzt, entzieht sich der ethische Volksbegriff einer solchen Setzung. Diese Volkszugehörigkeit steht gerade nicht zur Disposition.

Nicht einmal das Volk selbst kann hier im Grunde über die Grenzen der Mitgliedschaft oder der Volksgemeinschaft bestimmen. Diese reichen nämlich weit in die Vergangenheit zurück – in ein (unbestimmtes) Zeitalter, in einen mythenumwobenen Ursprung, in eine ferne Heldentat, in einen glorreichen Sieg. Um nichts weniger als um »Rückwärtsfiktionen« (Albrecht Koschorke)[31] handelt es sich in diesem Falle. Aus einer Entwicklung kontingenten und komplexen Charakters wird rückwärts eine Teleologie, also ein zielgerichteter Prozess gehäkelt und ein Volkssubjekt moduliert, das es als solches jedoch historisch nie gegeben hat. Aber ein starkes Narrativ, eine die Jahrhunderte umfassende Großerzählung, in der ein politisch motiviertes Phantasma als Realgeschichte ausgegeben wird, soll dabei helfen, diesbezügliche Zweifel bereits im Keim zu ersticken.

Das politische Volk ist, wie gesagt, konventionellen Ursprungs, es ist »gesetzt« (*thesei*) worden, also in einem politischen Akt beschlossen. Die ehemaligen Bürger und Bürgerinnen der DDR wissen, ab wann und wie sie zum Staatsvolk der Bundesrepublik Deutschland wurden. Der konventionelle Grund ihrer Zugehörigkeit zum politischen Volk, also zum *demos*, ist den Beteiligten meistens bewusst. Der Souverän, das politische Volk, ist das Resultat einer politischen Selbstermächtigung. Es existiert erst, nachdem ein Akt der Stiftung – der Setzung – stattgefunden hat. Das ethnische Volk dagegen wird als die Voraussetzung des politischen Souveräns betrachtet. Die Grenzen des ethnischen Volkes, der Raum der Ethnie, ist in Wahrheit ebenfalls irgendwann festgelegt worden und also auch konventionellen Ursprungs, aber sein thetischer, also sein gesetzter Charakter wird ausgeblendet und geleugnet. Hier behauptet das Volk »von Natur aus« (*fusei*), also immer schon zu sein, was es ist. Zugehörigkeit hat mit Abstammung zu tun, wie diffus und willkürlich diese auch sein mag. Das Innerhalb und das Außerhalb des Volkes, die Zugehörigkeit und das Außerhalb der Ethnie stehen im Prinzip nicht zur Disposition, es sei denn, die Entscheidung liegt in den Händen berufener Autoritäten. Natürlich existieren zwischen den genannten Volksbegriffen in Wirklichkeit zahlreiche Mischformen und Übergänge. Sie sind hier lediglich als Modelle eingeführt worden, um eine starke Tendenz in der Gegenwart zu identifizieren.

Vor dem Hintergrund der genannten Probleme gesellschaftlicher Synchronisation und sozialer Integration bietet sich der ethnische Volksbegriff als ein schneller Problemlöser an. Wenn wir auf die Ethnie schauen, sind wir in der Lage, so lautet die Botschaft, die Zugehörigen von den Fremden zu unterscheiden, und diese Unterscheidung sorgt für eine elementare Ordnung. Für denjenigen, der wissen möchte, wie dieses Volk zustande gekommen ist, steht das Reservoir der *Großen Erzählung* bereit, die in die fernen, sagenumwobenen Anfänge seiner Geburt reichen. Die Rückbesinnung auf das heroische Narrativ ist dabei umso wirksamer, je vager und ungenauer dieses im Einzelnen ausfällt. Historische Details stören.

An diese Volkserzählung zu appellieren, reicht scheinbar aus, um einen Sinn im unübersichtlichen Geschehen der Gegenwart zu detektieren. Die negative Botschaft lautet: Wäre das Volk Volk geblieben, hätten wir die Probleme nicht, die wir nun haben. Mittels des imaginären Volkskerns lassen sich vor allem bequeme Oppositionen bilden. Der ethnische Volksbegriff beruht nämlich auf einer fundamentalen Opposition, auf der Gegenüberstellung zweier Identitäten. Unsere Identität und deren Identität haben kaum oder gar keine Gemeinsamkeiten. Gesellschaftliche Synchronisation und Integration sind gewährleistet, solange die ethnische Identität möglichst unangetastet bleibt oder sobald sie neu erstritten wird. Diese Sicht ist an Simplizität kaum zu überbieten, aber das macht gerade ihre Stärke aus. Gesellschaftliche Spannungen und deren komplexe Ursachen werden anhand dieser Elementargrammatik der Volkszugehörigkeit entschlüsselt. Wenn die realen Gründe damit nicht erfasst werden, scheut man vor imaginierten Kausalitäten nicht zurück. Die wohl brutalste Einbildung, die in diesem Zusammenhang zurzeit mobilisiert wird, ist jene vom Austausch des ursprünglichen Volkes gegen ein invasives anderes.

In den Anti-Corona-Demonstrationen war der zum brachialen Schlachtruf verkommene Satz »Wir sind das Volk!« nicht zu überhören. Zwar wurde das komödiantische Revolutionstheater dort in einem Fantasia-Widerstand-Land aufgeführt, aber nicht alle Requisiten waren so harmlos wie die der zahllosen freiwilligen und unfreiwilligen Witzfiguren, die das bunte Einerlei bevölkerten. Auch wenn man nicht alle Teilnehmer und Teilnehmerinnen über denselben politischen Kamm scheren sollte, waren die ausgesprochenen und unausgesprochenen

Bündnisse, die man beobachten konnte, zutiefst verstörend. Wenn »Heilpraktiker und Sieg-Heilpraktiker« nebeneinander marschieren und wenn Regenbogenfahnen neben Reichkriegsfahnen flaggen, entstehen unheilvolle Allianzen auf Zeit. Sie weisen auf tiefe Verwirrungen in unserer Gesellschaft hin. Der völkische Protest gegen die Corona-Maßnahmen war jedenfalls eine extreme politische Dissensbekundung.

Von den ethnischen Volksbestrebungen muss der sogenannte Populismus unterschieden werden, obwohl die Übergänge zwischen beiden bisweilen fließend sind. Während der völkisch-ethnische Widerstand fast ausschließlich am rechten Rand des politischen Spektrums angesiedelt ist, kennt der Populismus sowohl linke als auch rechte Varianten. Häufig wird er vor allem mit einer »Elitenkritik« in Verbindung gebracht, aber dies kommt einer Engführung gleich. Elitenkritik als Machtkritik gehört zu den sozialen Debatten, die in einer Demokratie geführt werden müssen. Ihre populistische Variante hat aber ein spezifisches Profil, eine besondere ideologische Kontur.

Jan-Werner Müller zufolge kennzeichnet den Populismus vor allem der Anspruch, das »wahre Volk« oder die »schweigende Mehrheit« zu vertreten. Populisten machen sich zu Wortführern eines Teils der Bevölkerung und behaupten in diesem Zusammenhang einen »Alleinvertretungsanspruch«[32]. Sie sind auf die Narrative, die in dem ethnischen Volkskonzept typischerweise zum Einsatz kommen, nicht angewiesen. Der Index ihrer Selbstlegitimation ist viel gegenwartsbezogener und stärker von moralischen Unterstellungen geprägt. Wenn Populisten Wahlen verlieren, ficht sie das häufig nicht wirklich an. Ihre empirische Niederlage wird dann schnellstens in einen moralischen Sieg umgedeutet. Die Empirie zeugt von den Machenschaften, die den Populisten den Sieg gestohlen haben. Umso heller strahlt deren moralische Integrität.[33]

Politische Konkurrenten werden, so Müller, »als ganz grundsätzlich illegitim abqualifiziert«[34]. Deren Illegitimität wird nicht so sehr ihren politisch andersartig lautenden Auffassungen zugeschrieben, sondern ihren Charakteren. Wenn in diesem Zusammenhang der Begriff der »Elite« zum Einsatz kommt, dann meint er in erster Instanz die korrupte Natur der damit Bezeichneten. Ihr deformierter Charakter ist machtinduziert, bestechungsgeschult und von einem unbändigen Egoismus stimuliert. Die Gegner des Populisten sind solange disqualifiziert, bis sie das Elitenlager verlassen und sich fortan als Anwälte des Volkes verdienstlich machen. Aus einem ehemaligen Elitist wird solchermaßen ein Populist.

Anders als die Ethnisten hantieren die Populisten durchaus einen politischen Volksbegriff, aber sie tun dies ebenso wie ihr völkisches Pendant in desintegrativer Absicht. Wer ihre Meinung nicht teilt, gehört nämlich nicht zu ihrem Volk. Das Volk ist demnach zweigeteilt – einerseits in die Anhänger der populistischen Tribune und anderseits in die abfälligen Solidaritätsverweigerer, die das »wahre« Volk mit Füßen treten. Für Pluralismus ist kein Platz vorgesehen und Differenzierungen werden hier nicht geduldet, es sei denn, es ist das Freund-Feind-Schema am Werk.

Entlang der Fundamentalspaltung Freund-Feind und ihrem wesentlichen Antipluralismus lagern sich zusätzliche Zonen der Konfrontation ab. Der Liberalismus gehört zu den beliebten Feindbildern und mit ihm wird wiederum eine Elite assoziiert. Ins Visier genommen wird die internationale, global operierende Wirtschafts- und Politikelite, die sich hauptsächlich aus einer Akademikerschicht rekrutiert und als abgehoben und von den Interessen des Volkes entfremdet gilt. Die Verwurzelten stehen hier den Entwurzelten gegenüber, die Somewheres den Anywheres, die erzwungen Daheimgebliebenen den liberalen Kosmopoliten, die weniger Gebildeten, die vor allem im Dienstleistungssektor tätig sind, den Hochqualifizierten und Besserbezahlten.

Man sollte sich davor hüten, diese Opposition als bloße Einbildung darzustellen. Diese Aufspaltung ist eine soziale Realität und wir werden auf ihre Folgen bald zu sprechen kommen. Aber hier interessiert vor allem das populistische Therapeutikum – die Rückkehr zu einer Gesellschaft, die großen Wert auf Schließung legt. Die Brexit-Tragödie oder die Trump-Ära sind treffende Beispiele dieses (Un-)Heilmittels. Von den »verdammten liberalen Eliten« (Carlo Strenger)[35] muss jedenfalls Abschied genommen werden, wenn man das Volk nicht verraten will.

Gegen den Universalismus von Moral- und Rechtsprinzipien, der seinerseits als Elitenprojekt desavouiert wird, opponiert der Populismus im Namen nationaler Interessen, wobei die Nation vor allem als Gemeinschaft des wahren Volkes verstanden wird. Zwischen dem ethnischen Volksbegriff und dem der Populisten lassen sich deshalb die Grenzen nicht immer akkurat ziehen. Zusammen mit dem Kosmopolitismus steht der Universalismus im Verdacht, die ideologische Kehrseite eines neoliberalen Wirtschaftssystems zu sein. In den Radius dieses Verdachts geraten übrigens auch die Menschenrechte. Und gegen die deliberative Demokratie mit ihrer Betonung des abwägenden Gesprächs wird nun eingewandt, diese sei schon längst gekapert durch »Spracheliten«, die sich vom Volk entfremdet hätten. Diese sprächen eine Sprache, die herrschaftsimprägniert und darum für die Kommunikation mit dem Volk ungeeignet sei.

Im Kontext dieser Ablehnung von Praktiken der Deliberation, die mit plebiszitären Entscheidungsverfahren konfrontiert werden, stoßen wir darüber hinaus häufig auf eine tiefe Wissenschaftsskepsis. Im Rahmen der verschwörungstheoretischen Varianten dieser Skepsis, die sich oft bis zur Wissenschaftsfeindlichkeit steigern, werden wir auf dieses Problem erneut zu sprechen kommen. Die populistische Wissenschaftsferne variiert im Grunde nur den generellen Korruptionsverdacht gegen die etablierte Politik. Auch die Wissenschaft sei vertrauensunwürdig, weil ihre Institutionen eine Unabhängigkeit behaupten, die sie keineswegs besitzen. Die Allianzen von Wirtschaft und Wissenschaft hätten zur Folge, dass an den wirklichen Interessen der Bevölkerung vorbei oder gar gegen deren Belange eine Wissenschaftspolitik betrieben wird, die es zu entlarven gilt. Esoterisches Wissen und alternative Erkenntnisquellen weltanschaulichen Zuschnitts, die uns die Mühe des langwierigen Experiments und der von Rückschlägen geprägten Gewinnung wissenschaftlich validierter Resultate ersparen, stehen deshalb hoch im Kurs. Während jene Allianz von Wissenschaft und Wirtschaft durch die Untugenden der Profitmaximierung und der Reputationssteigerung geschmiedet wird, verspricht das alternative Milieu der Wissensgenerierung Unabhängigkeit und die Weite des unverdorbenen, von keinen Universitäten oder wissenschaftlichen Instituten getrübten Blicks.

Weder der ethnische Volksbegriff noch der Populismus sind das Produkt einer plötzlich über uns gekommenen politischen Neuorientierung. Vor allem im populistischen Milieu werden soziale Missstände artikuliert, die keineswegs erfunden sind. So ist beispielsweise die gänzliche Unabhängigkeit der Wissenschaft ein frommer Wunsch. Aber diese Feststellung erlaubt keineswegs den Umkehrschluss, die Wissenschaft sei deshalb gänzlich abhängig. Wer allerdings mit einem Generalverdacht operiert und zu erkennen gibt, vor großen Schuldsprüchen nicht zurückzuschrecken, darf darauf hoffen, auf offene Ohren zu stoßen. Das angebotene Therapeutikum, wie vage es im Einzelnen auch sein mag, verspricht größte Wirkung. Man hat im völkischen und im populistischen Lager jedenfalls die Schuldigen, die Fremden und die anderen identifiziert. Der negative Affekt gegen Wissenschaft und Demokratie wird gefüttert durch esoterische und alternative Überzeugungen, die teils als unwiderlegbar gelten. Diese lassen sich weder von Erkenntnissen, die durch die Empirie und die mühsamen Argumentationspflichten des wissenschaftlichen Diskurses beglaubigt sind, noch von den kompromissgesättigten Beschlüssen demokratischer Willensbildung beeindrucken.

In einer Situation wie einer Pandemie, die gezwungenermaßen ein hohes Maß an Unsicherheit über die zu treffenden Maßnahmen und eine hohe Kunst des Improvisierens erforderlich macht, werden beide Sachverhalte vielmehr als Schwäche, gegebenenfalls als gegen die Mehrheit des Volkes gerichtete Heimtücke betrachtet. Diese Art der politischen Spaltung generiert aufseiten des rechtsextremen und populistischen Lagers, aber auch in den unübersichtlichen Zonen esoterischer Weltdeutung ein trügerisches Gefühl von Gewissheit, eine leichtfertige Reduktion von Unsicherheit und Komplexität, die für Entlastung sorgt. Aber in diesem Zusammenhang haben wir es mit der gleichen Weltflucht zu tun, die uns bereits seit Jahren die Augen vor den klimatischen Herausforderungen schließen lässt.

Zur Sozialgenese einer zerrissenen Gesellschaft

»*Der Liberalismus rechtfertigt wirtschaftliche Ungleichheit mit einer aufgehübschten Fassung des meritokratischen Mythos. Dadurch kaschiert er die zentrale Rolle des Glücks bei der willkürlichen Verteilung des Reichtums in der Gesellschaft. Infolgedessen fühlen sich die Verlierer der ökonomischen Lotterie gegenüber ihren Gewinnern gedemütigt, die den erreichten Erfolg ihren überlegenen Fähigkeiten und größeren persönlichen Anstrengungen zuschreiben.*«

Ivan Krastev/Stephen Holmes[36]

Wer im Hinblick auf die Gesellschaften des Westens von einem tiefgreifenden Umbau während der letzten Jahrzehnte spricht, macht sich keiner Übertreibung schuldig. Die 70er-Jahre des letzten Jahrhunderts stellten in der Tat eine »Wendezeit« (Wolfgang Streeck)[37] dar. Das Modell des sozialen Wohlfahrtsstaats wurde im Zuge der neoliberalen Revolution, parallel zur Globalisierung der Wirtschaftsbeziehungen und dem marktflexibel operierenden Kapitalismus, kontinuierlich umgestaltet.[38] Mehrfache Krisen erfassten die Gesellschaft. Deregulierung lautete das wichtigste Stichwort.

Eine umfassende Privatisierung staatlicher Aufgaben und Leistungen war an der Tagesordnung und mit ihr die Transformation öffentlicher Güter in privat bewirtschaftete Güter. Das Verkehrs- und Gesundheitswesen, die Wasser- und Energieversorgung, der soziale Wohnungsbau, die Altersvorsorge und das Versicherungswesen waren Gegenstand dieser Transformation. Die radikale Expansion der Märkte und der Abbau ihrer Kontrolle waren die Vorbedingung dieser Entwicklung. Mit dem Machtzuwachs der globalen Märkte ging eine zunehmende Schwächung der Demokratie einher, eine »Immunisierung der Wirtschaftspolitik gegen demokratischen Druck von unten«[39]. Im Folgenden werde ich mich zunächst auf die Analyse von Wolfgang Streeck beziehen, der meines Erachtens jenes Wendezeitprofil am treffendsten dargelegt hat.

Streeck diagnostiziert eine dreifache Krise: eine Bankenkrise, eine Fiskalkrise und eine Krise der Realökonomie. Im Zuge des »finanzialisierten Kapitalismus« war es zu Kreditblasen gekommen, die das Bankenwesen destabilisiert hatten. Die Fiskalkrise wurde stimuliert durch die jahrzehntelangen Defizite öffentlicher Haushalte, durch die Rekapitalisierung der gestrauchelten Finanzinstitute und durch die Übernahme von wertlosen Schuldpapieren. Die Austeritätspolitik und eine realwirtschaftliche Stagnation großen Ausmaßes waren die Folge. Dieser dreifachen Krise ist eine lange Periode vorangegangen, in der der Burgfrieden zwischen Kapitalismus und Demokratie, wie er für die Nachkriegszeit kennzeichnend war, zum Verschwinden gebracht worden war. Streeck spricht in diesem Zusammenhang von »einem Unbehagen des ›Kapitals‹ an der Demokratie«[40]. Hatte man bis dato die Unternehmen als »Wohlstandsmaschinen« betrachten können, die in den Rahmen eines politischen Sozialprojekts eingebunden waren, emanzipierten sie sich langsam, aber sicher aus dieser demokratischen Einbettung. »Das ›Kapital‹ erscheint (...) als eigensinniger und eigennütziger, interessierter und strategischer, kommunikationsfähiger, aber nur begrenzt berechenbarer kollektiver Akteur, der unzufrieden sein und seiner Unzufriedenheit Ausdruck verleihen kann.«

Mit der Sprengung des nationalstaatlichen Kontextes zugunsten von transnationalen, global operierenden Basen verselbstständigte sich das Kapitel zu einem Machtfaktor sui generis, der in zunehmendem Maße die soziale Gestaltungsfähigkeit des Staates ernsthaft schwächte. Die Ohnmacht der Demokratie fing zu wachsen an. Mit dieser Neubilanzierung des Verhältnisses von Ökonomie und Politik ging eine schwerwiegende Neugewichtung der Einkommensarten einher. Der Vorrang der Lohnabhängigkeit vor der Profitabhängigkeit ging rapide zurück. Die Kapitalinteressen setzten sich durch:

»Kapitalinteressen ergeben sich aus der Abhängigkeit der eigenen Einkommensposition von der Rendite auf eingesetztes Kapital; Kapitaleinkommen sind Residualeinkommen, die von den Eigentümern oder Verwaltern von Kapital erzielt werden, indem sie die Erträge des ihnen gehörenden oder anvertrauten, jedenfalls aber von ihnen disponierten

Kapitals zu maximieren suchen. Den in diesem Sinne ›Profitabhängigen‹ stehen ›Lohnabhängige‹ gegenüber, die statt über Kapital über Arbeitskraft verfügen.«[41]

Erstere, die Profitabhängigen, sind, wie der Name schon sagt, gewinnorientiert, denn ihre Einkommen hängen von den Kapitalerträgen auf den Finanzmärkten ab. Um diese Gewinne zu erzielen, ist ein hohes Maß an Risikobereitschaft und Risikokalkül erforderlich, beruhen die Gewinne doch nicht zuletzt auf dem Maß der Risikoakzeptanz. Risikofreudigkeit und Höhe des Kapitaleinkommens gehen nämlich Hand in Hand. Die zweiten, die Lohnabhängigen, werden dagegen als risikoavers tituliert. Ihre Risikoscheu impliziert ein niedriges, aber sicheres Arbeitseinkommen. Beide Risikotypen operieren nicht unabhängig voneinander, im Gegenteil. »Verteilungskonflikte ergeben sich unter anderem daraus, dass höhere Residualeinkommen für die Profitabhängigen unter sonst gleichen Bedingungen niedrigere Löhne für die Lohnabhängigen erfordern und umgekehrt.«[42]

Die expandierende Finanzwirtschaft der letzten Jahrzehnte geht auf diese Priorisierung der Profitabhängigkeit zurück. Finanzspekulative Herangehensweisen wurden geradezu zu einem neuen Modell der privaten Fürsorge deklariert, also demokratisiert (im schlechten Sinne): Wer vor dem Hintergrund des Abbaus sozialstaatlicher Vorkehrungen und im Laufe der privaten Bewirtschaftung einst öffentlicher Güter die eigenen Aussichten maximieren wollte, sollte gerade risikofreudiger handeln, will er oder sie nicht den Zug der Zeit verpassen. Es mag wenig überraschen, dass die Privatverschuldung entsprechend zugenommen hat. Aber der Glaube an den Markt im Allgemeinen und an die Segnungen der Finanzwirtschaft im Besonderen blieb für eine gewisse Dauer, jedenfalls bis zur Finanzkrise des Jahres 2008, relativ ungebrochen.

Der Vertrauensvorschuss zugunsten des Profitmodells ging einher mit einem politischen Misstrauen, also mit einer Legitimationskrise der Demokratie, die ihre einstige Fähigkeit zur Lenkung der lohnabhängigen Einkommenserzielung weitgehend eingebüßt hatte. In immer mehr Bereichen ihres Lebens wurden die Bürger zu Kleinunternehmern in eigener Sache. Zu einem Fetisch stieg deshalb der Begriff der »Eigenverantwortung« auf. Die Botschaft lautete: Wer Eigenverantwortung in die Tat umsetzt, wird den entsprechenden Erfolg ernten. Selbst schuld ist, wer auf den unteren Sprossen der Sozialleiter verharrt oder dort landet, denn er hat seine Eigenverantwortung brachliegen gelassen. Stephan Lessenich nennt diesen Vorgang den »Umbau zahlreicher sozialstaatlicher Institutionen zu Ermöglichungsagenturen aktiver Eigenverantwortung«[43].

Die neoliberale Revolution hatte zunächst obsiegt: »Ihr Ziel war es, die Staaten des Nachkriegskapitalismus möglichst weit zurückzuschneiden, sie funktional auf die Ermöglichung und Erweiterung von Märkten zu reduzieren und sie institutionell unfähig zu machen, in die selbstregulierende Durchsetzung von Marktgerechtigkeit korrigierend einzugreifen.«[44] Die sozialen Folgen des neuen Regimes waren unabsehbar: Die hochriskante Finanzwirtschaft hatte – zuungunsten der Realwirtschaft – einen enormen Zuwachs erhalten und nahm erhebliche Teile des gesamtwirtschaftlichen Aufkommens auf ihre Rechnung. Profitabhängige Einkommen sind den lohnabhängigen Einkommen seitdem davongelaufen und haben für eine enorme Schere in der Einkommensverteilung gesorgt. Auf der Stufenleiter der Sozialpositionen hat sich – global gesprochen – eine äußerst kleine Einkommensspitze, eine ökonomische Elite mit teils monströsen Reichtümern, von den ungezählten anderen abgesetzt. Die Abstände zu den unteren Schichten wuchsen ununterbrochen weiter. In der sogenannten Mitte der Gesellschaft verbreiteten sich überall Abstiegsängste.

Mit den Kapitalströmen, die in schwindelerregenden Tempi das Börsengeschehen bestimmten, ging eine totale Mobilmachung sämtlicher gesellschaftlicher Koordinate einher. Was sich nicht bewegte, geriet in einen Rückstand, der sich kaum mehr aufholen ließ. Seitdem wird bereits im universitären Studium auf das Marktgeschehen als Zielvorgabe geschielt. Der pädagogische Kosmos ist mittlerweile durchtränkt von wirtschaftlichen Rücksichten, deren Vernachlässigung dem Ranking der Lehranstalt einen Dämpfer zu verpassen vermag. In den Niederlanden nennt sich eine solche Einrichtung unverblümt oder gar im Sinne einer werbetechnischen Innovation »Die unternehmerische Universität«. Der Maxime lebenslangen Lernens geht es längst nicht mehr um Bildung, sondern um die bessere Positionierung des Betreffenden in einer von Hochkonkurrenz geprägten Umwelt.

Diese Situation hat zu einer umfassenden und ununterbrochenen Mobilisierung geführt: Alles und alle sind unablässig in Bewegung und das in pausenloser Akzeleration. Der flexible Kapitalismus verlangt nach ebenso flexiblen Subjekten, ortsungebundenen Existenzen, die ihre Biografie den wechselnden Umständen und Erfordernissen anzupassen bereit sind. Die Reparaturarbeiten am Leistungsprofil des eigenen Körpers machen da keinerlei Ausnahme. Der verbliebene Sozialstaat tut das seine, damit der Bewegungsdrang nicht nachlässt. Das Marktmodell, das vielen Lebensbezügen übergestülpt worden ist, hat dafür gesorgt, dass dieser Sozialstaat sich immer weniger als Fürsorge-Institution verstand, stattdessen vielmehr als Instanz, die ihre Bürger durch mehr oder weniger sanften Zwang dazu befähigt und anhält, im finanzwirtschaftlich dominierten Kapitalismus – eigenverantwortlich – zu überleben. Aus der staatlichen Fürsorge ist die private Vorsorge geworden. »Die gesellschaftliche Neuerfindung des Sozialen im flexiblen Kapitalismus lässt die subjektiven Wertbezüge sozialen Handelns – Aktivität und Mobilität, Produktivität und Autonomie – zu politischen Steuerungsformeln des individuellen Selbstzwangs in sozialer Absicht verkommen.«[45]

Alles, was in einer solchen Lage zur Verlangsamung der Abläufe führt, gilt nun als wirtschaftsschädliches Verhalten, es sei denn, Menschen steuern kurzfristig auf »Verlangsamungsinseln« (Hartmut Rosa) zu, die zur Regenerierung dienen, damit der Wettlauf im beweglichen und flexiblen Kapitalismus baldmöglichst wiederaufgenommen wird. Der Buddhismus ist managerkompatibel geworden. Klöster entdecken ihre Kapitalismusrelevanz. Auch sie eignen sich zu Auffrischungsstationen mit spirituellem Oberflächenglanz. Den Leitprinzipien der Geschwindigkeit und der Mobilisierung ist offenbar schwer zu entkommen.

Der Soziologe Ulrich Bröckling hat in diesem Zusammenhang darauf hingewiesen, in welch hohem Maße der sportliche Wettkampf und der ökonomische Wettbewerb aufeinander abgefärbt haben. Die Ökonomisierung des Sports – seine umfassende Kommodifizierung, der das Spiel und die Spieler gleichermaßen anheimfallen – hat ihr Pendant in der sprachlichen Aufrüstung der Ökonomie als Wettkampf. Die Firma oder die Hochschule sind »gut aufgestellt«, die Konkurrenz oder man selbst ist »aus dem Rennen« oder »weit abgeschlagen«, die Arbeitsagentur verpasst einem ein »Training«, weil womöglich »die Messlatte zu hoch hing«. Es gilt gegenüber der Konkurrenz, »Terrain« zu gewinnen, »Ziele« schneller zu erreichen und somit als »Gewinner« zu enden. Konkurrenz ist Trumpf, Kampf ist Alltag. Aber die Gewinner generieren logischerweise Verlierer, deren Enttäuschung neben mangelndem Talent hauptsächlich eigenverantworteten Trainingsdefiziten zugeschrieben werden müssen.

Die Apostrophierung des Wettbewerbs als Wettkampf befeuert nicht nur die ökonomischen Aktivitäten, indem sie Siege in Aussicht stellt und hohe Prämien verspricht. Sie legitimiert gleichzeitig die Vorgänge, indem diese als autorisiert durch exakt jene Spielregeln gelten, die Höchstleistungen als Vorbedingung des Gewinns honorieren. Es herrscht der Anschein der Gerechtigkeit – der Leistungsgerechtigkeit: »Sportlicher Wettkampf beziehungsweise ökonomischer Wettbewerb verteilen Positionen, Ressourcen und Ansehen nicht nach Maßgabe der Herkunft oder autoritativer Zuschreibung, sondern funktionieren nach dem Motto ›Jeder könnte, aber nicht alle können‹. Sie beruhen auf dem Prinzip oder wenigstens auf der Illusion von Leistungsgerechtigkeit. Beide produzieren Sieger und Verlierer, aber sie produzieren sie auf unterschiedliche Weise: Im Sport herrscht strikte Meritokratie, hier regiert das Prinzip des Leistungsvergleichs. Der Erfolg hängt ab von der eigenen Performance und jener Gegner. (…) Auch im ökonomischen Wettbewerb ist Leistung alles andere als gleichgültig, aber welche Leistung zählt (…), das liegt nicht vorab fest, sondern zeigt sich erst im Vollzug der Transaktionen. (…) Statt eines Schiedsrichters, der die Einhaltung der Spielregeln überwacht, statt eines Punktrichters, der die erbrachten Leistungen bewertet, fungiert der Markt als ein ›ständiges ökonomisches Tribunal‹. Ihm gegenüber haben die Wirtschaftsakteure letztlich ihr Handeln zu verantworten. Allerdings kennt dieses Tribunal weder eine definitive Verurteilung noch einen endgültigen Freispruch. Das macht die Urteilssprüche keineswegs weniger brutal, im Gegenteil: Was auch immer man tut, die Anschuldigung, nicht wettbewerbsfähig zu sein, wird man nicht los.«[46]

Das meritokratische Ideal ist also weit über den sportlichen Wettkampf hinausgewachsen. Ungleichheiten werden auch in zahllosen außersportlichen Bereichen als Folge von Leistungsunterschieden gerechtfertigt, nicht zuletzt im ökonomischen Wettbewerb, auch wenn dort von objektivierbaren Leistungskriterien gar keine Rede sein kann. Wenn Managergehälter im Einzelfall das Hundert- und Hundertvielfache eines Arbeiterlohns betragen, hat dies mit Leistungen vermutlich wenig oder gar nichts mehr zu tun. Die Unterschiede zwischen Wettkampf und Wettbewerb sind immer kleiner geworden.

Kaum zu übersehen ist der Umstand, dass die Verringerung des Abstands zwischen Wettkampf und Wettbewerb enorme Folgen hat. Der Unterschied zwischen dem Ausnahmefall des Sports als eines der Alltäglichkeit enthobenen Spiels und dem Normalfall ökonomischer Aktivitäten als eines Strukturelements des Alltags hat sich zunehmend aufgelöst. Aber während der Wettkampf spielregelbedingt irgendwann aufhört, geschieht dies im Falle des Wettbewerbs nicht. Dieser gehorcht keinen strengen Regeln, wodurch er, wie Bröckling zu Recht festgestellt hat, umso gnadenloser wird. Hier endet das Spiel nie, denn es handelt sich in Wirklichkeit auch nicht um ein solches, sondern um bitteren Ernst. Um den Wettbewerb herum hat sich jedoch eine Metaphorik des Spiels angesiedelt, welche die Härte des Wettbewerbs an der Oberfläche verharmlost. Es klingt wie ein Spiel, aber der Sieg ist hier immer nur vorläufig, die Niederlage allerdings auch nie endgültig. Es hört einfach nicht mehr auf.

Die Sportmetaphorik ist natürlich nicht zufällig gewählt. Vor dem Hintergrund großräumiger und zunehmend unübersichtlicher wirtschaftlicher Prozesse veranschaulicht diese Metaphorik Prozesse, die wir eben nicht direkt beobachten können. Die Netzwerke der globalisierten Wirtschaftsabläufe gleichen riesenhaften Abstraktionen, die ökonomischen Kalküle muten wie schwer nachvollziehbare Prophetien an, die Anforderungen an die Leistungsbereitschaft der Einzelnen lassen sich schwer quantifizieren. Die Sportmetaphorik verleiht diesen Sachverhalten jedoch eine gewisse lebensweltliche Nachvollziehbarkeit – eben die Bekanntheit des Spiels. Ihre reale Härte wird ihnen genommen, indem sie aufgeladen werden mit einer Bildersprache, die im Grunde aus dem Bereich der Regeneration und des Vergnügens, aus der Sphäre der Unterbrechung und des Außeralltäglichen stammt. So schlimm kann es also nicht sein! Gleichzeitig werden jene Prozesse mit einer agonalen Bedeutungssphäre aufgeladen, mit der eines Kampfes, der nur Kooperationen kennt, solange sie dazu dienen, den Gegner zu schlagen. Das Marktgeschehen erhält solchermaßen einen Sinn. Auch wenn Leistungen sich dort anders als im Sport nicht genau beurteilen lassen, wird die Illusion erzeugt, die sozialen Unterschiede, die ökonomisch geradezu produziert werden, seien durchaus leistungsangemessen und leistungsgerecht.

»Sportmetaphern reduzieren Komplexität, sie stellen konkrete Bilder für abstrakte Vorgänge bereit. Das ist die eine Seite. Wichtiger ist eine andere: Die Logik des Marktes erzeugt ein Rechtfertigungsproblem und damit erhöhten Metaphorisierungsbedarf. Eine Wettbewerbsgesellschaft ist keine Leistungsgesellschaft, und sie stiftet erst recht keine soziale Gerechtigkeit.«[47] Immerhin – sie stiftet Sportgerechtigkeit. Die Semantik des Sports wird im Laufe der Zeit internalisiert – in die Psyche des Einzelnen und in das Profil von Institutionen, die man völlig außerhalb des Sports vermutet hatte wie die Künste und die Universitäten. Die Metaphern des Sports mögen anfangs befremdlich gewirkt haben, gleichsam als Fiktionen, die weder in der Wirklichkeit des ökonomischen Alltags zutreffen noch das Strukturmuster des Marktgeschehens angemessen abbilden. Aber der ökonomische Wettbewerb ist über den Transmissionsriemen der fiktiven Sportmetaphorik als Wettkampfgeschehen legitimiert und akzeptiert worden. Die Fiktion wurde Realität – »Realfiktionen«[48] nennt man die Ergebnisse solcher Vorgänge.

Bis tief in die Seele der Akteure hat sich das Modell des Wettbewerbs und das Ideal des Wettkampfs, tief ineinander verschlungen, niedergelassen. Man hat sich an dieses Geschwisterpaar gewöhnt, dessen Botschaft scheinbar mit unseren wahren Bedürfnissen korrespondiert. Die an den wirtschaftlichen Wettbewerb angehefteten Sport- und Spielmetaphern statten die dort verlangte Konkurrenzbereitschaft mit dem Nimbus eines attraktiven anthropologischen Merkmals aus, mit dem Merkmal des spielenden Menschen, des *Homo ludens*. Die Mischung von Wettbewerb und Wettkampf wird zu einer Art natürlichen Verhaltens. Der Homo ludens ist nun unversehens zum Homo oeconomicus mutiert, zur Figur einer »Selbstökonomisierung«[49]. Diese verlangt ständige Aufmerksamkeit, eine nicht nachlassende Konzentration auf Beweglichkeit, Schnelligkeit und Flexibilität und das sowohl in mentaler als auch in physischer Hinsicht.

Traditions- und Ortsgebundenheit, Langsamkeit und Ablenkungsbereitschaft werden zu Entwicklungshemmnissen, zu Nachteilen und Makeln, die das Vorankommen im System behindern und auf Dauer verunmöglichen. Als »immobile Abwärtsmobilität«[50] hat Oliver Nachtwey dieses Phänomen bezeichnet. Wer gegen diesen Abwärtstrend allerdings ankämpfen will, muss eines vermeiden – Unbeweglichkeit. Geist und Körper sind nicht dazu da, über längere Zeit in einem Zustand der Zufriedenheit und der Sättigung zu verharren. Sie sind bewegliches Kapital, das auf neue Investitionsmöglichkeiten wartet, und dieses Kapital muss gewartet werden, auf Trab gebracht, der Trägheit entrissen und aus falschen Anlagen herausgeschält werden. Wer hier unbeteiligt bleibt, darf sich über die Konsequenzen nicht wundern. Man hätte es besser wissen und machen können.

»In der Gesellschaft des aktivierenden Sozialstaats«, sagt Stephan Lessenich, »wird der Dualismus von Mobilität und Immobilität zur gesellschaftlichen Metadifferenz, wird die Unterscheidung zwischen Beweglichen und Unbeweglichen zu einer zentralen Linie der Spaltung des Sozialen. Die Aktivgesellschaft und ihr Sozialstaat orten das Soziale – die Fähigkeit und Bereitschaft zur Bewegung im Interesse der Allgemeinheit – im Einzelnen selbst bzw. im einzelnen Selbst. Doch nicht jede und jeder findet dieses individuelle Soziale, den Antrieb und die Kraft zum gesellschaftlich gefragten aktiven und proaktiven Verhalten, auch in sich. (...) Wenn dem so ist, dann wird die aktivierungspolitische Anrufung für die Unvermögenden unversehens zum aktivgesellschaftlichen Anwurf, dann zeigt die freundliche Bewegungsprogrammatik unvermittelt ihr hässliches Gesicht. Er ist die permanente Überhöhung des Aktivischen, die penetrante Feier des Jungen, Mobilen und Schlanken, die gesellschaftlich spaltend wirkt.«[51]

Die Folgen dieser »Metadifferenz« sind nicht nur innerhalb unserer Gesellschaft zu spüren. Sie dürfen vielmehr als ein weltweiter Indikator für Ungleichheiten betrachtet werden. Die Daheim- und Sitzengebliebenen auf der einen Seite und die Bewegungs- und Veränderungstüchtigen auf der anderen Seite gleichen zwei Klassen, die sich immer weiter voneinander entfernt haben. Wer einmal in die falsche Klasse eingeschifft ist, wird diese nicht so schnell mehr wechseln können. Nicht jeder hat Zugang zu den Gleisen, die in die Ferne und in die sozialen Höhenlagen führen. Es gibt vielmehr »ungleiche (...) Berechtigungsstrukturen im globalen Mobilitätsgeschehen«[52].

Die sozialen Risse sind unübersehbar, aber im Regime des Neoliberalismus wurden sie nicht nur billigend in Kauf genommen, sondern geradezu radikalisiert. In nahezu allen Gesellschaften des Westens ist in den letzten Jahrzehnten das soziale Band zunehmend zerfleddert worden. Die Besitz- und Vermögensverhältnisse sind aus dem Ruder gelaufen. Diese Feststellung geht keineswegs von einer Idealisierung der Vergangenheit aus. Auch diese war gekennzeichnet von gravierenden Ungleichheiten, Benachteiligungen und Ungerechtigkeiten. Aber in den letzten Jahrzehnten sind die Unterschiede permanent gewachsen. Es ist ein Prekariat entstanden, eine Klasse der Abgehängten und der Überflüssigen, die sich in einem sozialen Dauerstress befindet. Das Freiheitsversprechen, das die politische Rhetorik lange Zeit beherrscht hatte, wirft mittlerweile einen gewaltigen Schatten. In dessen Reichweite haben das Projekt der liberalen Demokratie und das mit ihr verbundene Wohlfahrtsversprechen längst einen ernsten Schaden erlitten.

Man braucht einem strikten Egalitarismus keineswegs das Wort zu reden, um festzustellen, dass das Maß legitimer und legitimierbarer Unterschiede bei Weitem überschritten ist. Es ist keineswegs nötig, strenge Kriterien dessen, was an Verschiedenheit toleriert oder nicht ertragen werden kann, zu entwickeln, um auf die Notwendigkeit erheblicher sozialer Korrekturen hinzuweisen. Dabei müssen wir differenzieren zwischen kultureller Vielfalt und sozialer Spaltung. Wir sollten sorgsam darauf achten, dass die legitime Verteidigung der kulturellen Vielfalt nicht die illegitimen sozialen Spaltungen verdeckt. Liberalität drückt sich nicht zuletzt in der Akzeptanz unterschiedlicher Lebensentwürfe aus, die man im Einzelnen nicht gutheißen muss, aber tolerieren sollte. Da wird das eigene Maß durch die anderen manchmal überschritten. »Die Chance, Dinge zu übertreiben, ist nicht nur der Preis, sondern auch der Lohn der Freiheit, während die Forderung, sein Selbst nur sinnvoll, sozial oder moderat zu entwickeln, diese infrage stellt.«[53] Das schließt aber nicht aus, darüber nachzudenken, ab wann die Übertreibung in ökonomischen und sozialen Angelegenheiten rückgängig gemacht werden muss.

In die Sprache der politischen Philosophie übersetzt lautet dann die Frage: Wie lange sind soziale Ungleichheiten freiheitsbedingt und freiheitsrelevant – und ab wann sind sie unfreiheitsbedingt und freiheitszerstörend? Die Beantwortung dieser Frage wird jedoch misslingen, solange der gängige Freiheitsbegriff nicht in Augenschau genommen wird. Es wäre nicht ganz falsch, von einem »ausgedünnten« Freiheitsbegriff zu sprechen, an dem wir uns orientieren, oder gar mit Axel Honneth auf die »Armut unserer Freiheit«[54] zu zeigen. Freiheit ist zu einem trivialen Ideal geworden, das lediglich mit der Ungebundenheit des Individuums assoziiert wird, mit seiner essenziellen Ungebundenheit. Als wären wir mit dem Merkmal der Freiheit gleichsam geboren, hat diese Auffassung eine Freiheitseinschränkungsallergie entstehen lassen, die bereits auf das Ansinnen, einen gehaltvolleren (und realistischeren) Begriff von Freiheit zu entwickeln, empfindlich reagiert, so, als gehöre Ungebundenheit eben zu unserer Essenz.

Die Auffassung, »dass der Mensch von Natur aus frei ist«, schreibt Christoph Menke, »ist keine spekulative Extravaganz (...). Sie ist grundlegend für den modernen Freiheitsbegriff«[55]. Der Liberalismus in ökonomischen Angelegenheiten ist mit dieser Auffassung, also mit der

These, Freiheit sei eine natürliche Eigenschaft, eng verknüpft. Hier wird davon ausgegangen, es sei geradezu unsere Natur, frei zu sein.[56] Dieser Freiheitsbegriff ist jedoch ein Abstraktum. Er ignoriert den im Grunde schlichten Sachverhalt, dass die Freiheit des Einzelnen mindestens zweifach konditioniert ist: Sie ist ihm ermöglicht durch zahllose andere, nämlich durch deren Freiheitseinschränkungen – seien diese nun selbst auferlegt oder fremd auferlegt. Und die Freiheit des Einzelnen wiederum stößt auf die Freiheitsäußerungen anderer, weshalb sie ihrerseits dosiert werden muss. Es charakterisiert den Liberalismus, die Spielräume der Freiheit jedoch möglichst auszudehnen und infolgedessen ein erhebliches Maß an sozialen Unterschieden zu akzeptieren. Solche Unterschiede werden als freiheitsbedingt und freiheitsbedingend betrachtet: Freiheit führt zu Unterschieden und Unterschiede führen zu Freiheit, so lautet das orthodoxe Credo.

Mit diesem Freiheitsbegriff direkt verschwistert ist die Kategorie der Autonomie als Selbstbestimmung. Diese führt die Oberaufsicht über die Freiheit. Autonomie ist zu einer inzwischen geradezu populären Berufungsinstanz geworden, sobald der Einzelne den Radius seines Verhaltens zu verteidigen versucht. Ihre Popularität hängt mit einem gewandelten Verständnis ihres Gehaltes zusammen, mit ihrer Angleichung an den »armen« Freiheitsbegriff, der von Honneth so beklagt wird. Wann nennen wir denn eine Person autonom? Das tun wir, wenn wir davon überzeugt sind, dass sie nicht unter Zwang gehandelt hat, weder unter innerem noch unter äußerem Zwang, und ihre Handlung deshalb als freiwillig betrachtet werden kann. Selbstbestimmung als Autonomie ist dann realisiert.

Erneut haben wir es also mit einer zweifachen Bedingtheit zu tun. Innerer Zwang liegt nicht vor, wenn die betreffende Person nicht abhängig ist von ihren Wünschen, Motiven, Emotionen oder Verlangen. Sie ist von ihnen unabhängig, wenn sie über sie reflektiert hat, sie sich ihrer bewusst ist, ihnen also zugestimmt oder sie gegebenenfalls modifiziert hat. Das ist die erste Voraussetzung. Wirklich autonom kann man diese Person aber nur dann nennen, wenn sie darüber hinaus durch Zwänge, die ihr von außen auferlegt werden oder zustoßen, nicht zu ihren Handlungen oder zu Unterlassungen genötigt worden ist. Von Freiwilligkeit im Sinne von Autonomie ist also erst dann die Rede, sobald beide Bedingungen im Grundsatz erfüllt sind – die innere und die äußere Unabhängigkeit. Man muss aber noch einen Schritt weitergehen.

Freiwilligkeit bedeutet nämlich nicht nur, dass ich in freien, weil von Zwang weitestgehend verschonten Verhältnissen lebe und über meinen Bedürfnishaushalt aufgeklärt bin, so dass ich zwischen verschiedenen Optionen wählen kann. Ich muss aber auch nicht wählen können, denn das Leben besteht nicht nur aus Optionen, sondern auch aus Konflikten und Mehrdeutigkeiten. Zu Letzteren stehe ich nicht in einem Verhältnis der Wählbarkeit, sondern der Bewältigung. »Autonom ist eine Person also gerade dann«, meint Beate Rössler zu Recht, »wenn sie selbstbestimmt auch noch mit ihren Ambivalenzen umgehen kann.«[57] Ein solcher Umgang bedeutet, dass die Person diese Mehrdeutigkeiten aushält, sie gegebenenfalls akzeptiert und unter Umständen von bestimmten Optionen und Initiativen auch absieht. Wir sind nicht zuletzt dann wirklich autonom, wenn wir Dinge unterlassen, Menschen verschonen, unsere Bedürfnisse einschränken, unsere Vernunft befragen. Das ist uns aber in einer Gesellschaft fremdgeworden, die eine solche Haltung im Grunde nicht vorsieht. Weil sie nämlich das Leben als eine Aneinanderreihung von Optionen betrachtet, als ein ständiges Tun und nur äußerst selten als ein Lassen. Jener anspruchsvolle Begriff von Autonomie hat inzwischen das Feld räumen müssen. An seine Stelle ist eine dünne Freiheit getreten.

Autonomie wird nun vor allem mit Wahlfreiheit assoziiert und mit der größtmöglichen Abwesenheit von Faktoren, die diese Freiheit behindern. Was ich wählen möchte und dann auch will, sind die Mittel und Möglichkeiten zur Befriedigung meiner Bedürfnisse. Auch wenn diese von deinen Bedürfnissen abweichen, dürfen die meinen noch längst nicht in Abrede gestellt werden. Die Autonomie gehört zu mir, sie ist eben meine Autonomie. Niemand sollte, abgesehen von gravierenden Ausnahmesituationen, von mir verlangen, gute Gründe für meine Entscheidung vorzutragen. Zugespitzt formuliert: Meine Gründe sind nicht deshalb gut, weil sie gute Gründe, sondern weil sie meine Gründe sind.

»Privatautonomie«[58] nennt Menke diese Autonomie. Sie schmückt sich gern mit Rechten, aber ungern mit Pflichten. Sie ist rechte-euphorisch und tendenziell pflichtenavers. In ihrem Mittelpunkt steht nicht die Freiwilligkeit, sondern die Eigenwilligkeit der Person. Diese versteht ihre Rechte nicht zuletzt als jeweilige Garantien, die ihr die Wahl zwischen möglichst vielen Optionen freistellen. Rechte haben einen Bedürfnisindex, den Index meiner Bedürfnisse. Sie sind dazu da, die Reichweite meiner Präferenzen und Bestrebungen auszudehnen und diese nur in Grenzbereichen zu limitieren.

Im hyperkonsumistischen Milieu unserer Wirtschaftsform findet diese Autonomie einen fruchtbaren Boden. Die Eigenwilligkeit der Person kann sich hier nämlich austoben. Warum jemand hier wählt und konsumiert, muss lediglich im Ernstfall begründet werden, und dieser Ernstfall ist im Grunde ein Ausnahmefall. Im Multioptionsklima eines enthemmten Kapitalismus fühlen sich die Freiheitsliebhaber aus Eigennutz pudelwohl. Wachsende Ungleichheit scheint der Preis zu sein, der zu bezahlen ist, wenn man diesen Freiheits- und Autonomiehunger nicht ungestillt lassen möchte. Die Sensibilität für Ungleichheiten hat deshalb in einem beängstigenden Maß abgenommen.

Während sie bis in die Anfänge der 1970er-Jahre als Gegenstand einer Gerechtigkeitspolitik verstanden wurden, die sowohl im konservativen als auch im linksliberalen Lager verankert war, sind soziale Ungleichheiten in der Zeit danach einer wachsenden Akzeptanz gewichen. Entweder erhielten sie den Nimbus eines notwendigen Übels, das mit den wirtschaftlichen Erfordernissen der Globalisierung unvermeidbar einherging, oder sie wurden den Subjekten selbst zugeschrieben und als Folge von Leistungsschwäche sowie mangelnden Verdiensten gewertet. Ungleichheit wurde also als Geschick oder als selbst verschuldet interpretiert. Auf diesem Wege konnte sie gewissermaßen naturalisiert und depolitisiert werden.

Ungleichheit ist jedoch in Wahrheit nur bis zu einem gewissen Grad freiheitsbedingt und freiheitsbedingend. Dass Ungleichheit freiheitsbedingt sei, also Ausfluss und Ergebnis freier Entfaltungsmöglichkeiten des Einzelnen, gilt nur bis zu einer auszuhandelnden Grenze. Wer über diese Grenze hinausgeht, betritt das verminte Feld der Meritokratie, wie wir sogleich sehen werden. Dass Ungleichheit freiheitsbedingend sei, ist ebenfalls nur beschränkt richtig. Ihre freiheitslimitierenden Wirkungen sind unübersehbar. »Freiheit entsteht nur dort, wo bestimmte Ungleichheiten zulässig sind. Doch ist dabei nicht zu vergessen, dass die Grenze zwischen akzeptablen und inakzeptablen Formen der Ungleichheit sich permanent verschieben muss. Sie ist keine natürliche, sondern bedarf der Politisierung.«[59]

Was Christoph Möllers hier mit »Politisierung« meint, sollte man als Aufruf zu einer dringend notwendigen Problematisierung der bestehenden Ungleichheit verstehen. Eine solche Politisierung wäre der erste Akt des Ausbruchversuchs aus einem Defätismus, der aus der Mixtur von Globalisierung und Marktglauben meint ableiten zu müssen, Ungleichheiten seien hinzunehmen, da unsere naiven Gerechtigkeitsvorstellungen an der kalten Mauer der Realitäten ohnehin abprallen. Aber sind die eklatanten Ungleichheiten nicht das Ergebnis einer globalen Verwerfung oder – um mit Warren Buffett zu sprechen – eines »Klassenkriegs«, den seine Klasse, die der Reichen, führt, und, wie er beteuert, auch »gewinnen« wird? Kontrollieren nicht etwa 500 Konzerne mehr als die Hälfte des Weltbruttoinlandsprodukts? Besitzen nicht die 85 reichsten Weltbürger mehr als die ärmsten 50 Prozent der Weltbevölkerung? Wird nicht Schätzungen zufolge in absehbarer Zeit das reichste ein Prozent dieser Bevölkerung über mehr als die Hälfte des Gesamtreichtums verfügen? »Es ist eine Revolution der Reichen gegen die Armen«[60] im Gange, schlussfolgert Rainer Mausfeld zu Recht.

Die soziale Zerklüftung der Gesellschaft hat in den letzten Jahrzehnten unablässig zugenommen. Will man diesen Vorgang angemessen verstehen, kommt es darauf an, ihn adäquat zu beschreiben. Welche Kategorien sind hier angebracht? Das Amalgam von Wettkampf und Wettbewerb als Sprachbild erweist sich auch hier als ein gutes Modell. Zur weiteren Hilfe kommt uns zunächst eine eher simple Konstatierung, die dieses Modell bestätigt. Soziale Ungleichheit wird nämlich nicht primär mit Ungerechtigkeit verbunden, sondern seit Langem in der Sprache von »Gewinnern« und »Verlierern« ausgedrückt. Bereits mit der Wahl dieses Sprachspiels ist eine wichtige Entscheidung gefallen: Es führt nämlich eine heimtückische Legitimierung mit sich. Wie verhalten sich Gerechtigkeitsvorstellungen zu dieser – sportlichen und agonalen – Sicht der Dinge?

Das Prinzip der Gerechtigkeit stellt einen ethischen Gesichtspunkt dar, der als Maßstab für die Verteilung und Allokation von Gütern in einer gegebenen Gesellschaft dient. Leistungs- und Verteilungsgerechtigkeit sind die bekanntesten Kriterien zur Beurteilung der sozialen Verfasstheit eines Kollektivs. Diese Kriterien sind oberhalb oder außerhalb des sozialökonomischen Geschehens zum Zwecke seiner Beurteilung angesiedelt. Sie sind kein Bestandteil dieses Geschehens selbst, sondern Mittel zu dessen sozialen Bewertung. Das heißt: Wer Ungleichheiten beurteilen will, die marktbedingt entstehen, kann dazu nicht wiederum auf Marktkriterien zurückgreifen. Gerechtigkeit implementieren bedeutet vielmehr, das ökonomische Regelwerk notfalls entsprechend zu korrigieren und in die faktischen Verteilungsprozesse einzugreifen. Wenn die ökonomischen Abläufe zu keiner sozial angemessenen Verteilung führen, muss in sie interveniert werden. Sie benötigen dann eine sozialpolitische Korrektur.

Die Rede von Gewinnern und Verlierern dagegen suggeriert, dass die Beteiligten im Grunde an einem Spiel teilnehmen, bei dessen Ablauf man lediglich dem Regelwerk zu folgen hat. Die Ergebnisse sind dann die immanenten Folgen dieser Regeln. Die Spieler wissen doch, worauf sie sich eingelassen haben! Die Spielzüge lassen sich nicht von den vorab akzeptierten Regeln gesondert beurteilen. Es ergibt einfach keinen Sinn, an Gerechtigkeit zu appellieren, denn die pure Faktizität der Spielregeln sieht keine unabhängige Instanz vor, die ihren moralischen Gehalt beurteilen würde. Bestenfalls können Betrug und Gemauschel aufgedeckt werden. Eine Missachtung oder Übertretung der Regeln wird natürlich geahndet. Man darf das Regelwerk nicht hintergehen, aber dieses Verbot enthält keinerlei Information über sein moralisches Gewicht. Regelkonformität bedeutet noch längst keine Gerechtigkeitskonformität.

In der Sprache von Gewinnern und Verlierern ist Ungleichheit nicht nur zugelassen, sondern gehört zum Sinn des Spielgeschehens selbst.

Das Spiel verlöre seine Existenzberechtigung, wenn es nicht auf Ungleichheit im Ergebnis angelegt wäre und man nicht von vornherein von deren Akzeptanz ausginge. Begriffe wie Gerechtigkeit oder Gemeinwohl sind in dieser semantischen Umgebung einfach fehl am Platz. Wer sich auf sie bezöge, stünde außerhalb des Spielvorgangs. Chancengleichheit bedeutet hier lediglich, dass die Ausgangspositionen symmetrisch sein müssen. Niemand darf mit einem unerlaubten Vorsprung beginnen. Man kann zwar ein geübter Spieler sein, also über eine höhere Spielkompetenz als andere Teilnehmer verfügen, aber zu Beginn des Spiels sind alle eben vorläufige Anfänger.

Andere Restriktionen als diese Anfangssymmetrie und als die Einhaltung der Regeln sind jedoch überflüssig. Wer wirtschaftliche Vorgänge und Prozesse in diesen Kategorien beschreibt, hat demnach bereits ein hohes Maß an Ungleichheit akzeptiert, denn die starke Allianz zwischen Wettbewerb und Wettkampf lässt keinen anderen Gesichtspunkt zu. Der Markt verfügt angeblich über ein eigenes Regelwerk. Wer sich auf dieses einlässt, darf nicht an Interventionen von außerhalb appellieren oder auf diese hoffen. Das wäre Spielverderb und Wettbewerbsverzerrung. Natürlich sind politische Leitplanken wirtschaftlicher Vorgänge nicht gänzlich verschwunden. Aber die semantische Einhegung des Marktgeschehens als eines Spielplatzes, auf dem die Gewinner von den Verlierern getrennt werden, hat erhebliche Folgen: Wer gewinnt, hat es verdient, weil er oder sie cleverer und gewiefter ist. Wer sich im Marktgeschehen behauptet und das dortige Spiel beherrscht, hat seine Position nur deshalb errungen, weil er die dazu erforderliche Leistung erbracht hat. Verdienst und Leistung sind die Königskategorien, die über die soziale Positionierung des Einzelnen entscheiden. Spätestens jetzt befinden wir uns im Reich der Meritokratie.

Die Sozialpolitik der letzten Jahrzehnte ist eng mit dieser Ideologie liiert. Das meritokratische Ideal hat diese Politik in den 1980er-Jahren eher Mitte-rechts, in den 1990er Jahren auch Mitte-links durchdrungen. Und wir befinden uns in der Anfangsphase der Globalisierung. In diesem Zusammenhang manifestierte sich eine neue Auffassung über Gleichheit und Ungleichheit. Diese war, wie unlängst Michael J. Sandel in seinem wichtigen Traktat »Vom Ende des Gemeinwohls« dargelegt hat, von zwei Grundannahmen bestimmt. Die erste lautet: Wer über das Gemeinwohl spricht, sollte sich einer technokratischen Sprache bedienen. Die zweite lautet: Wer über soziale Differenzierung nachdenkt, tut dies vor dem Hintergrund des meritokratischen Ideals. Die erste Annahme geht davon aus, »dass Marktmechanismen die vorrangigen Werkzeuge zur Erlangung des Gemeinwohls sind«. Wie bereits vorher im Zusammenhang mit der Spielmetaphorik erwähnt, findet auch hier eine Marginalisierung moralischer Gesichtspunkte statt. »Dieser politische Denkansatz ist insofern technokratisch, als er zentrale moralische Erörterungen aus der öffentlichen Debatte abzieht und ideologisch strittige Fragen behandelt, als seien sie Angelegenheiten der wirtschaftlichen Effizienz.«[61]

Die Sprache der Märkte und die Marktlogik absorbierten also die Semantik der Gerechtigkeit und brachten deren Sprache zum Schweigen. Die Berufung auf Gerechtigkeit, mit der wirtschaftliche Prozesse und gesellschaftliche Ungleichheiten sich beschreiben und gewichten ließen, bekam einen antiquarischen bis sozialromantischen Anstrich. Gerechtigkeit schien ein nostalgisches Überbleibsel aus der jüngsten Vorzeit zu sein. In die normative Lücke, die solchermaßen entstanden war, rückte nun die Ideologie der Meritokratie vor. Jetzt sind wir bei der zweiten Annahme angekommen: Wer den Aufstieg schafft, hat dies nicht ohne gute Gründe erreicht, weshalb er die damit verbundene Wertschätzung und Anerkennung verdient. Die erforderliche Leistung ist nämlich erbracht worden. Gerechtigkeitskriterien sind darum nicht erforderlich. Wer die faktische Verteilung der Einkommen und Vermögen dennoch ankreidet, blickt gewissermaßen von außen, also aus einer fremden Perspektive, auf ein System, das ohne egalitären Input und ohne Gerechtigkeitskorrektur scheinbar bestens auskommt.

Wer im Namen der Gerechtigkeit, vor allem der Verteilungsgerechtigkeit, immer noch die Mechanismen der Distribution, der Entlohnung und der Vermögensbildung unter die Lupe nimmt und politische Maßnahmen anmahnt, welche die diagnostizierte Schieflage und die sozialen Asymmetrien korrigieren sollten, befindet sich offenbar in einer falschen Zeitrechnung und in einem veralteten Paradigma. Sobald aber Leistung und die an sie gekoppelten Verdienste ausschlaggebend geworden sind, müssen die sozialen Asymmetrien letztlich als selbst verursacht gelten. Sandel spricht in diesem Zusammenhang unverblümt von einer »Tyrannei der Leistung« und einer » Politik der Demütigung«[62].

Nun mag sich angesichts dieses harschen Urteils die Frage stellen, ob Leistung und Verdienst keine selbstverständlich positiven Kriterien sind. Besitzen diese im Hinblick auf die soziale Positionierung der Einzelnen keinen hohen Evidenzwert? Sollten wir Leistung denn nicht belohnen und die Verdienste diesbezüglicher Akteure nicht anerkennen? Ist auch dies keine Frage der Gerechtigkeit? Sind Systeme, die auf Leistung setzen und diese entsprechend belohnen, nicht effizienter und vor allem auch fairer als solche, die auf der Basis von Privilegien und Herkommen, von Statusunterschieden und Interessenallianzen funktionieren? Abstrakt betrachtet ist das natürlich der Fall. Wer hätte schon Einwände gegen das Erbringen von Leistungen und gegen die damit einhergehende Anerkennung von Verdiensten? Aber der Teufel steckt im konkreten Detail.

Leistung ist in unserer Gesellschaft außerordentlich positiv konnotiert. Als ein Begriff, mit dem wir uns selbst evaluieren und wertschätzen, ist er eher neueren Datums. Von Leistungsträgern war vor einigen Jahrzehnten noch kaum die Rede. Sein Gebrauch scheint auch keine Rechtfertigung zu benötigen, denn die Leistung wird den eigenen Anstrengungen und dem unermüdlichen Einsatz der eigenen Person zugeschrieben. Umso selbstverständlicher scheint damit auch der eigene Erfolg legitimiert zu sein. Wer sich als Leistungsträger bezeichnet, hat im Grunde immer recht. »Die Erfolgreichen schaffen es aus eigener Kraft, doch ihr Erfolg bescheinigt ihre Tugend. Diese Denkungsart erhöht die moralischen Einsätze des ökonomischen Wettbewerbs. Sie heiligt die Gewinner und verunglimpft die Verlierer.«[63] Und es sind die Märkte, die – im neoliberalen Credo – weitestgehend unbehelligt von sozialstaatlichen Interventionen und Restriktionen den Einzelnen die bestmöglichen Entfaltungsmöglichkeiten für ihre Leistungsbereitschaft bieten.

Natürlich lassen sich die ungleichen Ausgangsbedingungen nicht verschleiern. Unter denkbar verschiedenen Konditionen müssen die Einzelnen in den Leistungswettbewerb und Wettkampf eintreten. Um diesen unfairen, durch Geburt und soziale Herkunft bedingten Verzerrungen vorzubeugen und diese in Zukunft zu vermeiden, muss eine Korrektur implementiert werden. Das Gebot der Stunde lautet Herstellung von Chancengleichheit. Die Reformprogramme sozialdemokratischer Natur aus den bereits genannten Jahrzehnten konzentrierten sich auf diese Zielgröße. Mit ihr war das Versprechen verbunden, Gerechtigkeit gewissermaßen leistungsgeneriert zu realisieren. Wenn die Chancen wenigstens am Anfang gleich verteilt sind, werden die Menschen durch Talent und eben durch Leistung das als Resultat ernten, was sie verdient haben.

Das Mantra von Chancengleichheit, Leistung und Verdienst wurde nun gebetsmühlenartig wiederholt und nach Möglichkeit umfassend implementiert. Soziale Unterschiede galten fortan als das Ergebnis eigener Performanz, die Position auf der Sozialleiter ist auf eigenverantwortliches Handeln zurückzuführen. Der einstige Wohlfahrtsstaat hatte damit seine Schuldigkeit weitgehend getan. Er darf sich, entsprechend verschlankt und beweglich geworden, neu definieren als eine Instanz, deren Hauptaufgabe die Gewährleistung oder zumindest die Herbeiführung von Chancengleichheit darstellt. Der Staat wird zur moderierenden und stimulierenden Instanz des sozialen Ausgleichs, indem er Chancengleichheit gewährleistet und auf deren Grundlage die Eigenleistung belohnt.

Sandel nennt diesen »Sozial-«Staat einen »Verantwortungsbeobachter«[64], dessen Aufgabe hauptsächlich darin besteht, den Leistungswillen des Einzelnen und dessen Bereitschaft, sein Schicksal in die eigene Hand zu nehmen, zu kontrollieren und gegebenenfalls mittels mehr oder weniger sanfter Sanktionen zu erhöhen. Dieser abgemagerte Sozialstaat verwaltet die Risikobereitschaft seiner Bürger. Diese äußert sich nicht zuletzt in deren Beweglichkeit, also in der Bereitschaft, sich den Umständen flexibel anzupassen. Wenn in diesem Zusammenhang von Mobilität die Rede ist, dann meint diese zweierlei. Zunächst ist die buchstäbliche, also externe Bewegung zum jeweils nächsten Ort gemeint, sobald dies ökonomisch verlangt und sozial erwünscht ist. Aber auch an die innere Flexibilität wird appelliert als mentale Voraussetzung, das Leben eigenverantwortlich zu steuern, die Klippen zu umschiffen und den Flussverlauf nicht aus den Augen zu verlieren. Der Preis, der dafür zu entrichten ist, sollte aber nicht unterschätzt werden. Richard Sennett hat die Kosten dieser Flexibilisierung eingehend erforscht, und sein Fazit fiel beunruhigend aus: Das Regime der Flexibilisierung hält Menschen nämlich dazu an, sich nirgends zu fest zu binden. Örtlichkeiten und Tätigkeiten haben lediglich den Status des Vorläufigen.

Die Bewohner dieses Regimes leben im Status des permanenten Unterwegsseins. Ihr jeweiliger Aufenthaltsort ist das Ergebnis ihres Kampfes um Anerkennung in der Sozialhierarchie. Die Zeitspanne, die sie dort verbringen, ist der Tendenz nach immer nur »bis auf Weiteres«. Der Anziehungskraft in der Aufwärtsrichtung steht der Sog der Abwärtsrichtung gegenüber. Aber sowohl in der Ideologie der Chancengleichheit als auch im Modell des leistungsfixierten, verdienstvollen Aufsteigers wird die Schattenseite gern ausgeblendet. Es ist eine neue Persönlichkeit moduliert worden. Und das Versprechen, in Eigenverantwortung für eine gerechte Positionierung sorgen zu können, scheint sehr attraktiv zu sein. »Von Seiten des Neoliberalismus (wird) das Subjekt nicht primär als eingebettet in soziale und technische Regeln, sondern als souveränes Subjekt der Wahl, als Subjekt der eigeninteressierten Entscheidung zwischen Handlungsalternativen verstanden. Die entsprechende, natürlich erscheinende Form des Sozialen ist dann der Wettbewerb. Gleichzeitig wird dieses Subjekt als eine risikobereite, aktivistische Instanz vorgestellt; ihm entspricht auf der Organisationsebene das ›Unternehmen‹, das sich in beständiger, aktiver Reaktion auf die Wünsche von Kunden/Konsumenten auf dem Gütermarkt bewegt.«[65]

In dieser Umgebung spiegeln und interpretieren die Menschen sich in den Kategorien eines flexiblen Kapitalismus. Sie werden zu Kunden ihrer selbst, indem sie zu Wunschsubjekten werden, deren wechselnde Präferenzen als die eigenen detektiert werden, obwohl diese doch in einem Höchstmaß außengesteuert sind. Ihre Wünsche warten lediglich darauf, bestätigt und in schnellen Akten des Konsums erfüllt zu werden. In diesen Gefilden ist Stillstand nicht vorgesehen. Langsamkeit und Kontemplation sind marginalisiert. Diese werden lediglich aufgerufen, wenn sie zu »Entschleunigungsoasen«[66] umfunktioniert werden, die zur erfolgreichen Regeneration zwecks eines baldmöglichsten Wiedereinstiegs in den Wettbewerb taugen. Eine kapitalfreundliche Spiritualität kirchlicher und nicht kirchlicher Provenienz hat in dieser Umgebung eigene Verlangsamungsnischen kreiert.

In den letzten Jahrzehnten hat eine auf den ersten Blick nicht kriegerische Totalmobilmachung stattgefunden – eine globale Zirkulation von Menschen und Waren, die möglichst nie zum Stillstand kommen sollte. Auch wenn man sich nicht buchstäblich bewegt, muss die Mobilität wenigstens zu einem Habitus werden, zur grundsätzlichen Einwilligung, nicht zu verharren in Überkommenem und Erlerntem. Soziale Bänder müssen gelockert werden, denn sie stehen dem Willen zur Veränderung im Wege. Damit aber fallen auch die schützenden Funktionen der sozialen Einbettung weg und mit ihnen die Möglichkeit, das eigene Leben als Bestandteil eines größeren und verlässlicheren Gefüges zu führen. Alles könnte zu jeder Zeit anders werden, nichts ist sicher. Menschen befinden sich dann, so nennt es Sennett, »ständig im Zustand der Verletzlichkeit«[67]. Diese flexiblen Bürger werden dazu aufgefordert, Risiken einzugehen – diese werden aber als Chancen verklausuliert.

Es mag nicht überraschen, dass als Folge dieser umfassenden Mobilisierung ein um sich greifendes Gefühl der Haltlosigkeit entstanden ist. Die Umstände sind im Fluss. Instanzen, die Widerstand gegen diesen Impuls leisten und auf Beharrung setzen, fallen dem Verdacht einer Traditionsfixierung anheim. Die Gesellschaft, in der diese totale Dynamisierung nämlich stattfindet, ist eine, »die sowohl die Zeit als auch den Raum zu deregulieren sucht«[68]. Nichts bleibt längere Zeit, wo es ist. Wenn es noch eine Dauer gibt, auf die Verlass ist, dann ist es die der pausenlosen Bewegung. Alle sind – physisch oder mental – unterwegs. Ralf Konersmann spricht in diesem Zusammenhang von einem »Inquietätsfatalismus« und einem »Kulturprimat der Unruhe«[69]. Unser ganzes Selbst- und Weltverhältnis steht nun zur Disposition. Nichts und niemand hat ein Anrecht auf Ruhe und Langsamkeit.

Die Zauberformel, die am besten zur Beschreibung dieser Verwandlung taugt, ist die des Projekts. Die »Projekt«-Sprache hat sich wie eine Membran über alle Lebensvollzüge gelegt. Ihre Dynamik erfasst unser Tun und Lassen bis in die Intimitäten der Biografie. Im Rahmen dieser Semantik werden Mobilisierung und Flexibilisierung auf ihren harten Kern zurückgeführt – auf den des hyperaufmerksamen Aktivismus. Und nirgends kann dieser sich so entfalten wie im Rahmen von Projekten. Dem Projekt haftet nämlich der Status des Vorläufigen an. Es findet definitionsgemäß bis auf Weiteres statt, nämlich bis zum nächsten Projekt, das bereits ausgebrütet wird. Und das Projekt wird ausgeführt in Netzwerken, in denen wir ständig kursieren. Die französischen Soziologen Luc Boltanski und Ève Chiapello bringen das neue Regime genau auf den Punkt:

»Aktiv sein, bedeutet, Projekte ins Leben zu rufen oder sich den von anderen initiierten Projekten anzuschließen. Das Projekt allerdings hat ohne Begegnungen keinen Bestand. (…) Insofern bedeutet Aktivität charakteristischerweise, dass man sich in Netze eingliedert und sie erkundet, um so seine Isolation zu durchbrechen und Chancen zu haben, persönliche Kontakte zu knüpfen (…) Der Unternehmergeist zeigt sich in der Vielzahl der unterschiedlichsten Projekte, die parallel zueinander in Angriff genommen werden können und die – wie anzunehmen ist – nacheinander entwickelt werden müssen. So gesehen, handelt es sich bei dem Projekt um etwas Vorübergehendes. Das Leben wird dabei als eine Abfolge von Projekten aufgefasst, die umso wertvoller sind, je deutlicher sie sich voneinander unterscheiden.«[70]

Dieser unternehmerische Geist erstreckt sich also weit über das System des Wirtschaftens hinaus und kolonialisiert immer mehr Sphären des Lebens. Unternehmertum wird zu einer Metapher für die neue Haltung, die den unterschiedlichsten Bereichen unseres Daseins gegenüber einzunehmen ist – angesichts unserer ökonomischen Tätigkeiten, unserer wissenschaftlichen, freizeitlichen und kulturellen Ambitionen, unserer Sehnsucht nach Intimität. Man bewirtschaftet letztendlich sich selbst. Innerhalb dieses »Gouvernements seiner selbst« darf Langeweile natürlich nicht aufkommen. Die Projekte sollten sich deshalb nach Möglichkeit unterscheiden. Wer beispielsweise immer wieder an den gleichen Urlaubsort zurückkehrt, gilt als Einfaltspinsel in Freizeitangelegenheiten. Wenn es stimmt, wie Boltanski und Chiapello feststellen, dass die Unterschiedlichkeit der Projekte deren Werthaftigkeit bestimmt, dann kann die Schlussfolgerung nur lauten, dass der Wert des Lebens als eines Großprojekts an der Vielfalt und Vielzahl der dort realisierten Teilprojekte zu messen ist. Aus diesem Grund muss das Loblied der Diskontinuität angestimmt werden.

Zur Aufhebung eines Lebenstrotts darf dieses Lied natürlich gern gesungen werden, aber als Dauermaxime zerstört das Lob der Diskontinuität die Möglichkeit, das Leben anders als in Fragmenten zu führen. Wir brauchen aber, neben den nötigen Emanzipationen aus überkommenen Verhältnissen und aus der Eintönigkeit des Althergebrachten, auch ein Mindestmaß an Kontinuität und Kohärenz in unseren Biografien. Gewiss – Verknotungen in unserer Biografie sollten gelöst werden, aber ebenso müssen Verbindungen erhalten bleiben und hergestellt werden können. Wer sein Leben als eine Aneinanderreihung lose verknüpfter Fragmente führen muss, verheddert sich irgendwann im Knäuel der Fäden. Ein Muster ist dann immer weniger zu erkennen. Die Erzählung eines solchen Lebens wird diffus. Narrative Kohärenz ist jedoch ein Lebenserfordernis, das mit Krisenscheu und Harmoniebedürftigkeit nicht das Mindeste zu tun hat. Sie wird aber in den gegebenen Umständen wenig wertgeschätzt. Aber schauen wir noch einmal etwas genauer hin. Die Grammatik der Projekte entstammt bekanntlich der Welt des Managements. Wie werden dort die Managertugenden beschrieben, die wir auf unser Leben anwenden sollten?

Zu dessen Tugenden gehören – wenig überraschend – in erster Instanz die Initiierung, die Überwachung und die Finalisierung von Projekten. Diese Projektkompetenzen sind aber in einem hohen Maße formalisiert. Sie lassen sich anwenden in unterschiedlichsten Bereichen – in der Industrie, in den Wissenschaften, in der Politik, aber auch in den Künsten und in der privaten Lebensführung. Weil der Manager in der

Hauptsache eine moderierende und organisierende Funktion hat, ist für seine Tätigkeit im Grunde kein umfassendes fachliches Wissen bezüglich der jeweiligen Materie des fälligen Projekts nötig. Wer die Produktion von Backmaschinen industriellen Ausmaßes managt, muss kein Bäcker sein oder selbst Brot backen können. Marktbeobachtung und Organisationstalent dagegen sind wichtig, Steuerungskompetenz, Pragmatik und Zielbeobachtung ebenso. Das Managementwissen ist im Grunde wenig auf das Gedächtnis der jeweiligen Institution angewiesen, denn im Ernstfall, der auf den rotierenden Märkten gewissermaßen latent gegenwärtig ist, braucht es eher den Bruch mit der Vergangenheit als die Herbeiführung von Kontinuität. Für erfolgreiches Management ist es keineswegs nachteilig, ein gewisses Maß an Distanz und Unbeteiligtheit gegenüber der jeweiligen Institution und der jeweiligen Materie aufrechtzuerhalten.

Was jedoch sehr wohl verlangt wird, ist Kreativität. Boltanski und Chiapello konnten nachweisen, dass das Managermodell, das in den 1960er-Jahren das Licht der Unternehmenswelt erblickte, schon bald liierte mit der »Künstlerkritik«. Aus den alternativen Milieus der Gesellschaft stammend, im Besondern aber aus den Bereichen der Künste, wurden Haltungen wie Autonomie, Authentizität, Emanzipation und eben Kreativität propagiert. Mit Letzterer wurde die Fähigkeit der »Erfindungsgabe, Phantasie, Innovationsfreudigkeit«[71] assoziiert. Diese Fähigkeiten wurden aber alsbald in die Abläufe des flexiblen Kapitalismus eingeschleust und in das Managermodell integriert. Der Manager wurde zur kapitalismuskompatiblen Variante der Künstlerkritik. Es entwickelte sich im Laufe der Zeit eine neue Grammatik der Selbstbeschreibung und eine neue Syntax der Selbstentwicklung. Neue und positive Kategorien standen uns zur Verfügung, mit denen wir unser Leben in einer neuen Sprache zu beschreiben begannen: Wer will nicht autonom sein? Wer spürt nicht das Verlangen nach Authentizität? Wer möchte nicht emanzipieren? Wer legt auf Kreativität keinen Wert?

Wir fingen an, uns selbst als Manager in allen Lebensangelegenheiten zu betrachten und wurden zu Unternehmern in eigener Sache. Selbstmanagement geriet zur Vorbedingung einer erfolgreichen Lebensführung, denn die Biografie will geplant, organisiert und optimiert werden. Der Selbstoptimierung sind dabei kaum Grenzen gesetzt. Nach Möglichkeit darf nichts dem Zufall überlassen bleiben. Ein Blick in die Curricula von Studierenden offenbart, dass heutzutage viele bereits im Grundschulalter damit anfangen, Aktivitäten und Leistungsnachweise aufzustapeln, die sich später – buchstäblich – auszahlen sollen.

Diese Entwicklung hat sich inmitten eines geradezu gesamtkulturellen Wandels, einer paradigmatischen Veränderung vollzogen, die unsere Gesellschaft in allen Bereichen erfasst hat. Niemand hat diesen Paradigmenwechsel in letzter Zeit besser beschrieben als der Soziologe Andreas Reckwitz. In diesem Zusammenhang unterscheidet er drei Phasen der Modernisierung, also drei aufeinanderfolgende Gestalten der Moderne. Die erste Moderne ist die bürgerliche Moderne. Sie ist von der Aufklärung, der frühen Industrialisierung, dem Aufkommen der Wissenschaften, von der Entstehung von Demokratien und kapitalistischen Märkten geprägt. Die zweite Moderne ist die industrielle und organisierte Moderne, die bis in die 1970er-Jahre reicht. Reckwitz spricht in diesem Zusammenhang von einer »sozialen Logik des Allgemeinen«, die sich durchgesetzt hatte. Damit ist gemeint, dass Prinzipien der Standardisierung, der Generalisierung und der Formalisierung die Abläufe in Industrie und Gesellschaft zu bestimmen begannen. Es kam zu umfassenden Reformprogrammen, vorangetrieben durch mächtige Institutionen wie die Gewerkschaften, aber auch zu neuen Produktionsabläufen, die auf Effizienz und festes Regelwerk setzten. Der dritte Typus ist die sogenannte Spätmoderne, die mit den Organisationsprinzipien der vorangegangenen Phase gebrochen hat. Es etabliert sich eine »soziale (…) Logik der Singularitäten«[72]. Was sind das – Singularitäten?

Eine Singularität ist, trocken definiert, eine sozialkulturell fabrizierte Einzigartigkeit. Negativ formuliert: Nichtverallgemeinerbarkeit, Nichtaustauschbarkeit und Nichtvergleichbarkeit[73] sind die Merkmale einer Singularität. Diese abstrakt klingenden Formulierungen sind kein Zufall. Singulär oder unverwechselbar sind nämlich nicht nur Menschen, sondern auch Produkte, Abläufe, Institutionen, Orte und Organisationsformen. Alles will als einzigartig markiert werden, denn die

Unverwechselbarkeit ist zum Gütesiegel im Wettstreit um wirtschaftlichen Erfolg und soziale Positionierung geworden. Singularitäten sind deshalb auf Sichtbarkeit und Wahrnehmung angewiesen, das Buhlen um Aufmerksamkeit gehört zum Tagesgeschäft.

Im Kontext des Kampfes um Unverwechselbarkeit hängt alles davon ab, wie eine Person oder eine Ware exponiert und wahrgenommen wird. Das kann nur gelingen, wenn die jeweilige Entität – Mensch oder Ding – die Aufmerksamkeit geradezu provoziert. Es darf nichts unterlassen werden, die Blicke immer wieder neu auf sich zu lenken. Und das wiederum kann nur gelingen, wenn das Augenmerk auf das Aussehen, auf das Design gerichtet wird. Das ästhetische Erscheinungsbild hat folgerichtig eine überragende Bedeutung. Der Zwang zur Ästhetisierung ist allgegenwärtig da. Die Produktpräsentation triumphiert deshalb über den Inhalt. Aber auch Menschen werden dazu angehalten, sich in regelmäßigen Abständen einer ästhetischen Selbstprüfung zu unterwerfen und notfalls korrigierend einzugreifen.

Auf Menschen übt diese Logik des Sozialen einen permanenten Druck aus, denn Stillstand und das Nachlassen bei der Selbstpräsentation darf man sich nicht erlauben, wenn die eigene Position nicht in Gefahr geraten soll. Diesem Zirkel der Selbst- und Fremdbeobachtung ist kaum zu entkommen, es sei denn, man hat die Waffen gestreckt. »Singularisiert wird ein Subjekt dann, wenn seine Einzigartigkeit sozial wahrgenommen und geschätzt, wenn sie in bestimmten Techniken aktiv angestrebt und an ihr gearbeitet wird. In diesen Fällen bedeutet Subjektivierung Singularisierung: das Subjekt erlangt jenseits aller Typisierungen – die natürlich immer auch möglich sind und bleiben – eine anerkannte Eigenkomplexität.«[74] Ihre Skala umfasst sämtliche Lebensbereiche. Unsichtbar bleiben käme einem sozialen Todesurteil gleich. In allen Lebenslagen sollte man für diese Aufgabe der Sichtbarmachung gerüstet sein. *Performance* wird zum Charakterzug und zu einem Wettbewerbsvorteil.

Die Schattenseite dieser Subjektkonstitution ist jedoch unübersehbar: Die ständige Selbstmodulierung fordert ihren Preis. Da ist der individualpsychologische Preis, der sich in den sich häufenden Erschöpfungsklagen äußert. Auch wenn die hohen Zahlen einer eventuellen Konjunktur des Krankheitsbildes geschuldet wären, bliebe ihre Realität dennoch bedrückend. Burn-outs haben sich in Tätigkeitsbereiche hineingefräst, die bisher von ihnen so gut wie verschont geblieben waren, beispielsweise die Universitäten und die Ärzteschaft. Aber da ist auch der soziale Preis, der für den Singularisierungswillen und für dessen Kreativitätsstandards gezahlt wird. Längst nicht alle können nämlich mithalten. Längst nicht jedermann ist ein erfolgreicher Performer. Längst nicht jeder ist – gemessen an den Standards und Erwartungen – vorzeigbar. Eine gewaltige Paradoxie zeichnet sich ab: Integration wird hier durch Separation herbeigeführt. Wir werden in diese Gesellschaft inkludiert, indem wir uns unterscheiden. Die dunkle Seite dieser Unterscheidungspraxis ist die soziale Exklusion. Die sozialstaatlichen Vorkehrungen zur Abmilderung gerechtigkeitsgefährdender Asymmetrien sind aber seit Jahren weitgehend abgebaut worden. »Das negative Andere eines Kreativsubjekts, das sich über seine kreativen Leistungen geschickt soziale Anerkennung verschafft, ist das erfolglose kreative Selbst, dem die ideenunternehmerischen Kompetenzen fehlen.«[75] In diesem Falle steht sich die Person selbst im Wege. Sie hat zu wenig Durchsetzungswillen und Performanz gezeigt, sie ist deshalb nicht genügend beachtet worden oder ihre Leistung war einfach suboptimal. Das Misslingen hat sie sich selbst zuzuschreiben, da kann kein Sozialstaat helfen.

In dieser wettbewerblichen Lage, in der die Subjekte sich singularisieren müssen und gegeneinander in der Hoffnung antreten, ihre Unverwechselbarkeit versilbern zu können, sind Enttäuschungen also vorprogrammiert. Gratifikationskrisen sind eingepreist, denn die Spirale, auf der eine Aufwärtsbewegung angestrebt wird, kennt auch eine andere Richtung – die der Abwärtsbewegung. Leistungen sind im Falle eines Abstiegs offenbar nicht prämiert worden. Dafür stehen, wie gerade erwähnt, zwei Erklärungsmöglichkeiten bereit, und beide tun weh. Entweder ist man der Meinung, die eigene Leistung sei nicht angemessen oder überhaupt nicht gewürdigt worden. Diese Sichtweise äußert sich dann in Gefühlen der Frustration oder der Wut, die leicht in Aggressionen umschlagen können. Die Wut, die sich unter der Oberfläche unserer Gesellschaft aufgestaut hat, dürfte nicht zuletzt mit dieser Erfahrung zusammenhängen. Oder die Betreffenden sehen sich gezwungen, ihr Scheitern sich selbst zuzuschreiben. Ihre Leistungen waren einfach suboptimal, Suboptimalität ist jedoch zu wenig – gut ist nie gut genug. Diese Erfahrung wird dann in Gefühle der Trauer und der Scham kanalisiert, die auch einen autoaggressiven Charakter annehmen können, etwa in Depressionen.

Solche Gefühle kommen aber erst spät in Sicht. Um die Subjekte der Aufwärtsbewegung herum bewegen sich dichte Schwärme von Motivationstrainern, Therapeuten der positiven Psychologie und Sinnexperten, welche die sich optimierende Persönlichkeit mit Zusatzoptimismus ausstatten, falls es an diesem mangelt. Insofern stimmt die folgende Beobachtung von Reckwitz nicht ganz: »An die Unterseite der Positivkultur der Emotionen ist gewissermaßen eine Realität negativer Affekte geheftet, die es gar nicht geben dürfte, die aber umso hartnäckiger an ihr klebt. Für den Umgang mit diesen negativen Emotionen fehlt in der spätmodernen Kultur jedoch der legitime Ort.«[76] Solche Orte existieren vielmehr in Hülle und Fülle und sie gelten insofern als legitim, als der Therapiekultur schon längst der Nimbus des Pathologischen genommen ist.[77] Die Inanspruchnahme von leistungssteigernden Therapien ist weitgehend normalisiert, in bestimmten Milieus wurde die therapeutische Beratung, vor allem in ihren psychoanalytischen Varianten, sogar lange als soziales Distinktionsmerkmal betrachtet. Die Therapiekultur ist jedenfalls zu einem enormen Wirtschaftsfaktor geworden, der im hyperdynamischen Kapitalismus einen angestammten Platz besetzt hält, und sich zu einer Motivations- und Seelenreparaturinstanz allererster Güte entwickelt hat.[78]

Die Spaltung unserer Gesellschaft hat sich stetig fortgesetzt. Es führt kein Weg vorbei an der Empirie dieser Feststellung. Das politische Programm zur Herstellung von Chancengleichheit, das damit verbundene Ideal der Meritokratie und das kulturelle tief verankerte Modell der Singularisierung haben die Ungleichheiten nicht reduzieren können. Das Gegenteil ist der Fall. Der Verdacht ist nicht von der Hand zu weisen, dass die sozialen Asymmetrien inzwischen radikaler sind als zuvor. In jenem Triumvirat von Chancengleichheit, Meritokratie und Singularisierung sind nämlich keine substanziellen Korrekturmöglichkeiten enthalten, die zu einer Abmilderung der sozialen Asymmetrien führen könnten. Statt zu einer Verflüssigung der Verhältnisse beizutragen, haben sie diese vielmehr verhärtet und vertieft.

Die Logik der Singularisierung zielt nämlich explizit auf die Produktion von Distinktionen und stimuliert die vertikale Tugend der konkurrenzbefeuerten sozialen Distanzierung. Komplizierter ist der Fall des meritokratischen Ideals, denn es ist schwerer zu durchschauen. Es führt nämlich das Versprechen mit sich, für Gerechtigkeit mittels Chancengleichheit zu sorgen. Der Fokus auf Chancengleichheit unterschätzt jedoch die Macht und das Beharrungsvermögen bereits existierender Ungleichheiten. Auch wenn unsere Chancen durch Bildungsinvestitionen auf ein annähernd gleiches Niveau gehoben werden, bleiben wir Kinder unterschiedlichster Sozialisationen und entstammen wir unterschiedlichsten Besitzverhältnissen. Chancengleichheit führt keineswegs schnurgerade zum Abschmelzen von sozialen Höhenunterschieden.

Häufig wird dieses Ideal in Begriffen wie Fairness und angemessener Belohnung beschrieben. Wer leistet, hat eben verdient, war er bekommen hat. Die Realitäten widerspiegeln demnach Leistungsunterschiede. Das gilt in erster Instanz im Rückblick auf die Verhältnisse: Der Status quo in einer Gesellschaft kann im Spiegel dieses Ideals als legitim betrachtet werden, denn er stellt eben das Produkt erbrachter Leistungen dar. Zurückschauend lassen sich soziale Unterschiede als leistungsgeneriert und insofern auch als verdient bewerten. Aber es gibt nicht nur diese rückwärtige Legitimierung sozialer Verhältnisse. Auch im Vorausblick ist hier eine Rechtfertigung sozialer Unterschiede durch erworbene Verdienste am Werk. Im Treibhaus der Meritokratie werden Pflanzen gezogen, deren künftige Größenunterschiede auf die Verabreichung unterschiedlicher Mengen des Leistungsdüngers zurückzuführen sind. Über dessen Menge entscheidet jeder selbst.

Die Realität widerspricht jedoch dem Ideal. Sobald die Marktlogik mit ihrem dominanten Konkurrenzprinzip das Muster für die Soziallogik abgibt und politische Interventionen zur Pufferung der dadurch produzierten Ungleichheiten unerwünscht sind oder auf ein Minimum reduziert, wirkt das meritokratische Ideal geradezu verlogen. Leistung und Verdienst sind zutiefst in eine soziale Wirklichkeit eingebettet, die für die Einzelnen unterschiedlicher nicht sein kann. Genauso wenig wie Chancengleichheit gesellschaftliche Hierarchien wirklich abflachen lässt, führt die Meritokratie zu mehr Gerechtigkeit. Beide Ideale treffen auf eine gesellschaftliche Realität, die von Klüften zwischen Sozialmilieus, von gravierenden herkunftsbedingten Mobilitätsunterschieden und von radikal verschiedenen Eigentums- und Vermögensverhältnissen geprägt ist. Dagegen kommen diese Ideale einfach nicht an. Ihre Schwäche hängt damit zusammen, dass sie das ökonomische Basisprinzip der Konkurrenz nicht nur unangetastet lassen, sondern es sogar stimulieren. »Wettbewerb führt zu sozialer Versteinerung, weil die Gewinner ihren Kindern auch nichtmaterielle Vorteile vererben und weil sie untereinander zu eng und erfolgreich vernetzt sind. Diese Krise der Gleichheit ist eine Krise der Meritokratie.«[79]

Darüber hinaus leidet das meritokratische Ansinnen an einer spezifischen Blindheit, die bereits in seiner Semantik enthalten ist. Verdienste können nun einmal nur positiv bewertet werden. Aus dem Begriff Verdienst geht analytisch hervor, dass es etwas Gutes ist. Verdienste sind verdienstvoll. Aber es bleibt dabei im Dunkeln, was wir als verdienstvoll werten. Woher wissen wir, dass etwas verdienstvoll ist? Aufgrund welchen Kriteriums wird eine Tätigkeit als verdienstvoll angesehen? Ist Leistung ein solches Kriterium, so dass alle Leistungen, egal worauf sie sich beziehen, verdienstvoll sind?

Möllers spricht in diesem Zusammenhang von einem »meritokratischen Fehlschluss«. »Eine Meritokratie belohnt Verdienst mit Erfolg. Wir wissen aber nicht genau, was Verdienst bedeutet. Hat das begabte Kind es verdient, in der Schule zu glänzen? Viel schneller werden wir uns darüber einig, was Erfolg ist. So neigen Gemeinschaften dazu, von Erfolg auf Verdienst zu schließen, statt zu fragen, ob und in welcher Hinsicht Erfolg verdient wurde. Dies liegt auch daran, dass diejenigen, die Erfolg haben, mehr Einfluss darauf nehmen können, was als Verdienst anerkannt wird.«[80] Man kann den ersten Satz dieses Zitats auch anders formulieren: Eine Meritokratie bewertet Erfolg als Verdienst. Erfolg wiederum wird als Belohnung für erbrachte Leistungen betrachtet. Und die Gewährleistung dafür, dass diese Leistungen unter fairen und gerechten Bedingungen erbracht worden sind, soll durch das Programm der Chancengleichheit bewerkstelligt werden.

Hier ist aber ein armer Begriff von Gerechtigkeit am Werk, der in einem hohen Maße formalisiert ist, reduziert auf die formale Bestimmung gleicher Anfangsbedingungen. Und gleiche Anfangsbedingungen werden lediglich als Chancengleichheit betrachtet, nicht aber als die faire Ausgewogenheit materieller Ausgangsbedingungen. Chancen sind nämlich bloße Potenzialitäten, Möglichkeiten. Deren Gleichheit ist abstrakt, denn hier werden die realen Ungleichheiten ausgeblendet. Aber es bleibt eine weitere Schwäche. Denn welche Leistungen und welche daran geknüpften Verdienste zu Recht als positive Resultate gewertet werden dürfen, bleibt in der Schwebe. Faktisch gilt als Maßstab der finanzielle Erfolg. So gesehen sind Pflegende weniger erfolgreich als Fußballer und ihre Verdienste geringer zu veranschlagen als die von professionellen Darts-Spielern. Ihre soziale Position ist demnach die Folge ihres verdienten Erfolgs, die Konsequenz ihres relativen Misserfolgs. Die entscheidende Frage aber ist die soeben von Möllers gestellte, »was als Verdienst anerkannt wird«. Wer solches Fragen als lästig empfindet, antwortet gern mit dem Hinweis, dass die Gesetze des Marktes im Grunde alternativlos seien. Diese Haltung kommt einer totalen Kapitulation gleich.

Dass eine solche Alternativlosigkeit von vielen Menschen als Ausweglosigkeit erfahren wird, kommt einem solchen Standpunkt nicht in den Sinn. Gerade dieses Gefühl, in eine soziale Sackgasse geraten zu sein, hat verstörende Folgen. Auch von diesen Menschen werden Leistungen erbracht, aber nicht hinreichend gewürdigt. Viele Tätigkeiten in unserer Gesellschaft sind kein Bestandteil des Kanons des Verdienstvollen. Menschen erfahren ihre Arbeit und ihre Tätigkeit dann als ein vergebliches Strampeln auf dem glitschigen Weg nach oben. Sie fühlen sich verkannt und zu wenig oder nicht wertgeschätzt. Ihnen fehlt die

Anerkennung, die sie eigentlich verdienen. Angesichts des meritokratischen Ideals werden sie letztendlich gezwungen, ihren Misserfolg sich selbst zuzuschreiben. Der Erfolg der anderen ist allzu sichtbar und wer möchte bezweifeln, dass dieser zu Recht errungen wurde? Nicht ohne Bitterkeit fällt das Urteil des sonst so bedächtigen Sandel aus: »Das war der Sinn hinter dem Gerede vom Aufstieg. Wenn es gelang, die Hindernisse für Erfolg aus dem Weg zu räumen, hätten alle die gleichen Chancen; unabhängig von Hautfarbe oder Klasse oder Geschlechtsidentität könnten die Menschen so weit aufsteigen, wie ihre Fähigkeiten und Anstrengungen sie trügen. Und wenn die Chancen wirklich gleich wären, könnte man von denen, die am weitesten aufstiegen, auch sagen, sie hätten ihren Erfolg verdient, die damit einhergehenden Belohnungen stünden ihnen folglich zu. Das war das Versprechen der Leistungsgesellschaft – kein Versprechen größerer Gleichheit, sondern größerer und fairerer sozialer Mobilität. Es wurde akzeptiert, dass die Sprossen der Einkommensleiter weiter auseinanderrückten, und lediglich angeboten, den Menschen zu helfen, sich unter faireren Voraussetzungen am Wettstreit um einen Rang auf einer höheren Sprosse beteiligen zu können.«[81]

Das Programm hat sich im Modus des Konjunktivs verstrickt. Von den Ankündigungen sind kaum welche realisiert worden. Chancengleichheit ist zwar ein ehrenwertes Ideal, aber Letzteres bleibt es auch, solange die realen Ungleichheiten nicht gleichzeitig angegangen werden. Chancengleichheit allein ist nicht in der Lage, Ungleichheiten zu temperieren, solange die Einebnung der nicht zu rechtfertigenden Asymmetrien nicht in Angriff genommen wird. Die Ideologie der Chancengleichheit lässt das System zügellosen Wettbewerbs und nicht enden wollenden Wettkampfs unangetastet. Es bereitet deren Teilnehmer nur besser auf diese Strapazen vor, indem es Fitnessprogramme für die Arena anbietet. Schlimmer noch, es lässt den Schein entstehen, die Verhältnisse seien gerecht, weil sie doch das Spiegelbild von Leistung, Erfolg und Verdienst seien.

Auf diese Gesellschaft stieß das Virus. Der große Lockdown bremste ihre Hyperdynamik ab. Abgesehen von den digitalen Netzwerken implodierten das Mobilitäts- und das Schnelligkeitsideal wenigstens eine Zeit lang. Wir waren buchstäblich in einer anderen Welt gelandet. Sie kam uns fremd und außergewöhnlich gewöhnungsbedürftig vor. Von einigen wurde der Zustand als wohltuende Ruhephase gefeiert, von eher wenigen als Anlass zur Reflexion über unsere Lebensweise und deren Zukunft, als Unterbrechung unserer Besinnungslosigkeit. Aber bald wuchsen bereits die Irritationen. Die Ungeduld nahm rapide zu, die Neigung zur Bildung von neuen Feindbildern, eine seltsame und plötzliche Aggressionsbereitschaft, der rücksichtslose Wunsch nach einer sofortigen Wiederherstellung der einstigen Normalität ebenso.

Teil II

Im Auseinanderdriften

Das kränkende Virus

»*Zunächst einmal glaube ich keine halbe Sekunde an Aussagen wie ›Nichts wird je wieder so sein‹. im Gegenteil, alles wird genauso bleiben, wie es war. Der Ablauf der Epidemie ist sogar bemerkenswert normal. (...) Das Hauptresultat des Coronavirus dürfte ganz im Gegenteil sein, dass es gewisse bereits angestoßene Veränderungen beschleunigt.*«
Michel Houellebecq[82]

In einem berühmten, erstmals im Jahre 1903 erschienenen Essay »Die Großstädte und das Geistesleben« hat Georg Simmel auf ein interessantes Kennzeichen großstädtischen Lebens hingewiesen. Im Vergleich zur Kleinstadt, deren Leben sich in vergleichsweise deutlich markierten Grenzen vollzieht, sei die Großstadt immer schon über sich hinausgewachsen. Ihr »Innenleben«, so Simmel, vollziehe sich in einer Größenordnung, die nationale und internationale Parameter besitzt. Großstädte seien »die Sitze des Kosmopolitismus gewesen«. Dies ist nicht bloß eine empirische Feststellung, die auf die grenzsprengenden Kommunikations- und Wirtschaftsbeziehungen der Großstädte hinweist, sondern ebenso ein Hinweis auf das Selbstverständnis ihrer Bewohner. »Das bedeutsamste Wesen der Großstadt liegt in dieser funktionellen Größe jenseits ihrer physischen Grenzen.«[83] Im Bewusstsein der Großstädter ist ihr Raumbezug nur teilweise mit ihrem Aufenthaltsort identisch. Ihr Raumbezug sprengt die Grenzen der tatsächlichen Topografie ihrer Stadt. Solche Großstädte sind demnach gewissermaßen größer, als sie sind. Das Kleine, erst recht das Allerkleinste, hat in der modernen Großstadt im Grunde keinen legitimen Platz.

Städte waren allerdings seit jeher Orte, wo Seuchen sich am heftigsten und am opferreichsten manifestierten. Modernisierungsprozesse zeigten sich nicht zuletzt in den gewaltigen Umbaumaßnahmen, mit denen Reste mittelalterlicher Bezirke als Brutstätte jener Seuchen liquidiert wurden. Diese Eingriffe in die Bausubstanz glichen oftmals einer regelrechten Hygieneoffensive. Das Aussehen der alten innerstädtischen Bereiche wurde gravierend verändert. Fortan wurde das Mikrobenleben zum intimsten Feind. Die große Hygienefeier der Moderne, die sich heute in ein Hygienefieber gesteigert hat, begann in einer großstädtischen Umgebung. Wenn man sich mit Simmel in diesem Milieu auf die Suche nach Signaturen der Moderne begibt, dann gehört die Verbannung der Kleinstpartikel aller Lebewesen zweifelsohne dazu. Bakterien und Viren verschwanden aufgrund der medizinischen Erfolge bei ihrer Bekämpfung mit der Zeit weitgehend aus der alltäglichen Aufmerksamkeit. Wir Spätmodernen hatten gelegentlich etwas über die wachsende Antibiotikaresistenz gehört, und anlässlich einiger Ausbrüche mit pandemischer Tendenz zeigten wir uns kurzfristig besorgt. Aber das Mikrobenleben beschäftigte uns allerdings seit längerer Zeit nicht mehr ernsthaft.

Aus der Städtesoziologie war es bis vor Kurzem nahezu gänzlich verschwunden. Eine Ausnahme bildeten die Studien des US-amerikanischen Soziologen Robert E. Park (1864–1944), Haupt der berühmten Chicago School of Sociology und Schüler von Simmel in Berlin. Park warnte vor einem knappen Jahrhundert bereits davor, dass Mikroben mit Flugzeugen reisen und die entstehenden Netzwerke der neuen Mobilität für eine wachsende biotische Nähe aller Lebewesen sorgen. Für diesen Soziologen gehörten Bakterien und Viren zum Gegenstandsbereich seiner Disziplin, weshalb er dem Begriff des Sozialen den von ihm geprägten Begriff des Symbiotischen an die Seite stellte – die Biologie hatte für ihn einen festen Platz im Kernbereich der Soziologie.

Epi- und Pandemien gehören zu den großen Heimsuchungen, die eine Gesellschaft treffen. Sie zerrütten das Alltagsleben bis ins Mark. Institutionen kommen ins Wanken, machtvolle Gebilde politischer Herrschaft geraten in einen Strudel, der sie nicht selten in einen Abgrund zu reißen vermag. Ordnungen zerfallen im Eiltempo und Panik breitet sich aus. Der französische Historiker Jean Delumeau hat in seinem berühmten Werk »Angst im Abendland« eine europäische Kultur des Schreckens und der Furcht beschrieben, die von Kriegen und Aufständen, von Hungersnöten und Pestzeiten, und damit zusammenhängend von kirchlich geschürten Ängsten für das Jüngste Gericht geprägt war. Vom 14. bis weit in das 18. Jahrhundert erfasste dieses Angstsyndrom wiederholt ganze Landschaften. Diese Zeiten waren von einem Trauerflor umrandet. Die Toten der fürchterlichen Ereignisse waren allgegenwärtig, die Drohung des bevorstehenden Sterbens ließ sich kaum abschütteln und wenn, dann nur für kurze Zeit.

Eine besondere Furcht geht von den unsichtbaren Ursachen solcher Unglücke aus und im Besonderen war es die Pest, die Panik auslöste. Wegen ihrer unbekannten realen Kausalität musste die Fantasie das Handwerk der Erklärungsarbeit auf sich nehmen. In der Lücke der Empirie walteten die imaginären Ursachen ihres Amtes. Der Einbildungskraft sind in einer solchen Situation kaum Grenzen gesetzt. Wahlweise wurden Ketzer, Hexen und Außenseiter, die scheinbar mit dem Teufel im Bunde standen, zur Erklärung herangezogen. Die Unsichtbarkeit des Feindes rief tiefe Gefühle der Ohnmacht hervor, die man nur abschütteln konnte, wenn man auf Ersatz für dieses Fehlen sann und seinen Projektionen dabei freien Lauf ließ.

Wenn wir den Blick auf große historische Umbrüche richten, fällt auf, wie gering allerdings der Einfluss natürlicher Prozesse und erst recht die Rolle mikrobiologischer Faktoren veranschlagt werden.[84] Die Gefahr zoonotisch verursachter Krankheiten, also solcher Krankheiten, die von Tieren auf Menschen übertragen werden, ist fast völlig aus dem Blickfeld der Geschichtsschreibung verschwunden. Die geografische Ökologie als wichtiger Geschichtsfaktor wird nur wenig berücksichtigt. Aber es gibt Ausnahmen. Der amerikanische Altertumsforscher Kyle Harper hat unlängst in seiner großen Untersuchung über den Untergang des Römischen Reiches eine Koppelung von Klimageschichte, Seuchengeschichte und Reichsgeschichte vorgelegt. Sie bietet eine wichtige Ergänzung zu den üblichen Erklärungsmustern dieses Untergangs.

Normalerweise werden für diesen Untergang Bürgerkriege, religiöse und soziale Umbrüche, »spätrömische Dekadenz« oder der Druck auf die Reichsgrenzen durch Germanen, Hunnen und Perser aufgeboten. Harper zufolge waren es dagegen große Pestwellen und Dürren, die das römische System durch unvermittelte Schläge so lange schwächten, bis »seine Resilienzschwelle überschritten«[85] worden war. Ökologische Veränderungen und biologische Keimallianzen waren demzufolge von überragender Bedeutung. Klima und Tiere befanden sich während des langsamen Untergangs des Reiches an vorderster Front. Die folgenden Bemerkungen Harpers treffen aber sowohl auf das spätrömische Reich als auch auf unsere Gegenwart zu:

»Die entscheidende Schnittstelle zwischen den Menschen und den neuen Krankheiten ist nicht der Bauernhof, sondern das gesamte Spektrum der Vögel, Säugetiere und anderer Geschöpfe, die die nächsten potenziellen Humanpathologien ausbrüten. So boten allein schon die zunehmende Anzahl von Menschen und die Vernetzung einst getrennt lebender Gruppen ideale Voraussetzungen für Erreger, die in der Lage waren, Menschen zu infizieren. (…) Und die Verbindungen, die wir im Lauf der Zeit zwischen menschlichen Gesellschaften hergestellt haben, bringen nicht nur alte Keimpools zusammen, sondern machen auch bislang voneinander getrennte Gruppen zu einer Metapopulation, in der sich umherschweifende Killerviren ausbreiten konnten. Das große Drama der Geschichte der Krankheiten war das ständige Auftauchen unbekannter Keime tierischen Ursprungs, die auf Menschengruppen trafen, die sich, in immer größeren Verbänden lebend, gegenseitig ansteckten.«[86]

Der Untergang des Römerreichs ist also nur ein prominentes Beispiel für die humanpathologische Verfasstheit großer, städtischer Agglomerationen. Aufgrund ihrer ausgedehnten komplexen Netzwerke der Kommunikation sind sie hochanfällig für mikrobiologische und klimatische Veränderungen. In Ernstfall sind ungeheure Menschenmengen einer solchen Bedrohung so gut wie schutzlos ausgeliefert. Wenn man historisch noch tiefer schürfen möchte, würde sich zeigen, dass dieses Problem noch viel weiter zurückreicht. Der Politikwissenschaftler James C. Scott, dessen Forschungen eng mit agrarwissenschaftlichen Überlegungen verbunden sind, hat in einer bahnbrechenden Studie darauf aufmerksam gemacht, wie überaus wichtig die Einbeziehung zoologischer und mikrobiologischer Gesichtspunkte sogar in die Zivilisationsgeschichte als ganze ist.

Die Anfänge unserer Zivilisation werden herkömmlicherweise in der neolithischen Revolution datiert, als die Jäger und Sammler ihre nomadische Existenz allerorts hinter sich ließen und sesshaft wurden. Es entstanden bäuerliche Siedlungen und in deren Folge Kleinstaaten, in denen Ackerbau und Viehzucht dominierten. Entgegen der landläufigen Meinung, damit sei ein entscheidender zivilisatorischer Fortschritt gelungen, hat Scott auf die im Vergleich zur nomadischen Existenzweise problematischen Folgen dieses Wechsels aufmerksam gemacht. Während die Nomaden auf eine flexible Weise mit ihrer Umwelt interagierten und sich aufgrund ihrer beweglichen Daseinsform den Wild- und Witterungsbedingungen jeweils anpassten, war dies in dem stabilen, weil ortsgebundenen Lebensmodell der neolithischen Revolution nicht länger möglich.

Man könnte diesen Wechsel im Vokabular der Gegenwart als einen Übergang von der Resilienz in die Permanenz bezeichnen. Eine Anpassung an die veränderlichen Bedingungen der Umgebung, indem man einfach weiterzog und neue, bis auf Weiteres günstige Lebenszonen aufsuchte, war nun keine Option mehr. Das Umgekehrte war vielmehr erforderlich: Das Kollektiv muss sich seine Umwelt gewissermaßen untertan machen. Das Schlagwort lautet Domestizierung. Diejenigen, die sich ihr entzogen, galten fortan als Barbaren. Unter den Stressbedingungen der neuen Subsistenzweise war ein Regime erforderlich, das die für die Domestizierung erforderliche Ordnung aufrechterhielt. Nach Außen wurden die Barbaren auf Abstand gehalten, nach Innen musste eine Kontrolle über die Reproduktion des Kollektivs errichtet werden. Diese Kontrolle bezog alle zur Gruppe gehörigen Personen, aber genauso die Tiere und Pflanzen, die bewirtschaftet wurden, in ihren Wirkungsbereich mit ein:

»Die Getreidebauern und Unfreien in der staatlichen Kernzone waren domestizierte Untertanen, Sammler, Jäger und Nomaden dagegen wilde, primitive, undomestizierte Völker: Barbaren. Barbaren stehen zu domestizierten Untertanen im selben Verhältnis wie wildlebende Tiere,

Parasiten und Schädlinge zu domestiziertem Vieh. Sie stehen im besten Fall nicht unter Kontrolle und stellen schlimmstenfalls eine Beeinträchtigung und Bedrohung dar, die vernichtet werden muss. Umgekehrt verhalten sich Unkräuter auf bebautem Feld zu domestizierten Feldfrüchten wie Barbaren zum zivilisierten Leben. Sie sind ein Ärgernis und bedeuten ebenso wie die Vögel, Mäuse und Ratten, die als ungebetene Gäste zum Essen auf den Feldern erscheinen, eine Gefahr für Staat und Zivilisation.«[87]

Während wir normalerweise mit der Sesshaftigkeit einen bedeutenden zivilisatorischen Fortschritt assoziieren, zeigt Scott dagegen auf die hohen Kosten, die sie verursachte – auf die biologischen und humanen Kosten. In erster Instanz muss auf die ungemeine Konzentration und Dichte aller Lebewesen hingewiesen werden, welche die Sesshaftigkeit zur Folge hatte. Alle Lebewesen – Menschen, Tiere und Pflanzen – befanden sich in permanenter Nähe zueinander als Folge der Ansiedlung an einen festen Ort. Dadurch traten bereits in den Anfängen der Zivilisation bis dahin unbekannte Krankheiten auf, die den gesamten Bestand der Gemeinschaft bedrohten. Scott geht davon aus, dass schon im Neolithikum Epidemien immer wieder zu einer schnellen und plötzlichen Auslöschung ganzer Siedlungsbereiche führten. Um solche Einbrüche zu verhindern, war alsbald eine staatliche Agrarökologie erforderlich, die auf einer Politik der Züchtung und der Siedlungskontrolle beruhte. Die Reproduktion in allen Teilbereichen dieses Zusammenlebens musste gesteuert, überwacht und, insofern das möglich war, optimiert werden. Zu diesem Zwecke wurden Trennungen vorgenommen. Eine fundamentale Spaltung musste geschaffen werden, eine Unterscheidung zwischen zwei elementaren Zonen. Die elementare Opposition zwischen domestiziert und undomestiziert wurde installiert.

Die Zone der Barbaren war eine »der physischen Mobilität, der gemischten und veränderlichen Subsistenzstrategien«, ein Gebiet »der Diversität und Komplexität«, während das der staatlichen Agrarökologie »von relativer Einfachheit«[88] war. Letztere Zone war Scott zufolge aber nicht nur von Vorteil, im Gegenteil. Die buchstäbliche Statik der neuen Gemeinschaft – ihre Permanenz – machte sie anfällig und verletzlich.

Im Vergleich zu der Beweglichkeit der nomadischen Existenz, die diese an lokale Umstände anpassungsfähig machte und zu Kreativität und Flexibilität im Hinblick auf die wechselnden Erfordernisse des Überlebens nötigte, führte die Sesshaftigkeit zu repetitiven Abläufen, zu Sicherungsmaßnahmen und Grenzziehungen nach Innen und Außen. Das Leben der Nomaden, das der Barbaren, vollzog sich im Horizontalen. Sie mäanderten buchstäblich durch die weiten Horizonte ihrer Wanderungen und Beutezüge. Aber darüber hinaus waren sie horizontal in einem protopolitischen Sinne. Diese »barbarischen« Populationen waren gekennzeichnet durch flache Hierarchien, die es ihnen ermöglichten, sich den wechselnden Umständen durch große Beweglichkeit, also durch verhältnismäßig geringe Transaktionskosten der Kommunikation, anzupassen.

In den sesshaften Kollektiven dagegen waren vertikale Strukturen notwendig, um ihre gefährdete Stabilität zu sichern. Die »systematische Intensivierung des Landschafts- und Ressourcenmanagements«, welche die eingemeindeten Wirtschaftsflächen und die Tierzucht erforderlichen machten, die Verteidigung der Anlage gegen Kriegs- und Beutezüge, die Bereithaltung der Bevölkerung für diese Tätigkeiten – dies alles konnte nur gelingen, wenn elementare Herrschaftsformen etabliert waren. Radikaler und folgenschwerer als dieser Übergang waren in der Zivilisationsgeschichte vermutlich nur wenige Umbrüche.

Die Gegenüberstellung von Domestizierung und nomadischer Existenz hat nicht den Sinn, ein quasiromantisches Gegennarrativ zur gewöhnlichen Zivilisationserzählung zu entwerfen. Eine solche Retroperspektive sollten wir uns ersparen. Dennoch ist dieser Vergleich fruchtbar, denn er zeigt auf zwei Muster des Weltverhältnisses, die auch in unserer eigenen Gegenwart relevant sind. Um das zu veranschaulichen, kehren wir noch einmal zu Scott zurück, dessen Augenmerk immer wieder auf die ökologischen Voraussetzungen und Implikationen der beiden Muster, vor allem aber auf die Agrarökologie der Sesshaften gerichtet ist:

»Im Unterschied zu der Theorie der optimalen Nahrungssuche, die die Verfügbarkeit der natürlichen Welt als gegeben ansieht und danach fragt, wie ein rational Handelnder seine Anstrengungen zur Nahrungsbeschaffung verteilen würde, haben wir es hier mit einer Störungsökologie, einer Ökologie der vorsätzlichen Störung, zu tun, in der die Hominiden im Laufe der Zeit ein Mosaik an Biodiversität und eine Verteilung begehrter Ressourcen schaffen, die ihren Wünschen besser entsprechen. Evolutionsbiologen bezeichnen eine solche Tätigkeit, die Lokalisierung, Neupositionierung von Ressourcen und physische Sicherheit kombiniert, als Nischenbau: man denke an die Biber. Betrachtet man die Ressourcenkonzentration unter diesem Aspekt, so zeigen sich die Meilensteine des klassischen Zivilisationsnarrativs – die Züchtung und Zähmung von Pflanzen und Tieren – in einem neuen Licht, nämlich als (einige) Elemente eines langandauernden, kontinuierlichen und immer elaborierteren Nischenbaus.«[89]

Mit dem Prädikat »elaboriert« wird auf die Künstlichkeit der Nische hingewiesen – mit ihrem elaborierten Charakter wächst ihre Fragilität. Je weiter die Arbeit an der Nische gedeiht, umso verletzungsanfälliger wird sie. Nischen bekleiden definitionsgemäß Sonderpositionen in ihrer Umgebung. Sie haben nur Bestand, solange sie sich erfolgreich von dieser Umgebung unterscheiden, aber auch einen überaus vorsichtigen Umgang mit ihren Ressourcen pflegen. Während in natürlichen Nischen die verhältnismäßig konstanten Bedürfnisse ihrer Bewohner eine hochgradige Umweltverträglichkeit ermöglichen, ist dies im Milieu kultureller Nischen kaum mehr möglich. Der Bedürfnisplastizität des Menschen sind in dieser künstlichen Umgebung kaum Grenzen gesetzt. In den natürlichen Nischen sieht man sich gezwungen, sich der Außenwelt anzupassen. In den künstlichen Nischen dagegen wird die Außenwelt den Erfordernissen ihrer Bewohner angepasst.

Angesichts dieser sich stets verändernden Bedürfnisse macht die Nischenexistenz ausgefeilte technische Strategien erforderlich, damit die Stabilität des besiedelten Raums erhalten bleibt. Und die Technik verändert ihrerseits die Bedürfnisse. Die nomadische Existenz dagegen war gezwungen, ein Fließgleichgewicht zwischen In- und Außenwelt herzustellen. Auf die Unwägbarkeit und Instabilität der Umgebung konnte nur antizipiert werden, indem die Bedürfnisse mehr oder weniger konstant gehalten wurden. Die Umwelt hielt das Bedürfnisprofil relativ gleichmäßig. Sie bildete zur Not dessen Korrektiv. In der Sesshaftigkeit ist dieses Improvisieren nicht mehr nötig und alsbald auch nicht mehr möglich. Es muss nämlich alles in die Aufrechterhaltung der inneren Ordnung der Nische investiert werden. Dazu gehört eine relative Abschottung von der Außenwelt, insoweit diese nicht länger die Überlebensbedingungen des Kollektivs diktieren darf. Das sesshafte Kollektiv setzt sich selbst die Maßstäbe. Dazu gehört die Zucht von Tieren und Pflanzen im Hinblick auf den veränderlichen Bedürfnishaushalt der Bewohner, aber ebenso die Kontrolle und Lenkung des Kollektivs zum Zwecke seiner Stabilität. Die Sesshaftigkeit hat demnach einen Preis, einen folgenreichen Preis.

Dieser Vorgang hatte nämlich tiefgreifende politische und ökologische Konsequenzen. Auf sie werden wir im dritten Teil dieses Essays zurückkommen. An dieser Stelle sei lediglich darauf hingewiesen, dass der neue Gesellschaftstypus für erhebliche Störungen seines prekären ökologischen Gleichgewichts, nicht zuletzt für mikrobiologische Invasionen, überaus anfällig war. Epidemien waren unter den agrarökologischen Bedingungen der Sesshaftigkeit, wegen der mit der forcierten Nischenbildung einhergehenden Ressourcenkonzentration, erheblich wahrscheinlicher, als dies in den Zonen der Wanderschaft, also in den Zonen der Barbaren, der Fall war. Durch die Zivilisationsgeschichte zieht sich seitdem eine dunkle Spur viraler Übergriffe.

Es sei wiederholt, dass die von Scott angewandte Gegenüberstellung von Barbaren und Domestizierten, von nomadischer und sedimentärer Lebensform, sich nicht eignet für eine romantisierende Verklärung der nomadischen Existenzweise. Bei dieser Gegenüberstellung handelt es sich nicht um eine Retro-Utopie, sondern um einen Vergleich, der unsere Sicht auf die Zivilisationsgeschichte komplexer macht und diese in ein neues Licht rückt. Wir haben mit einem Modell zu tun, das dazu dient, die Verletzbarkeit, den prekären Status eines auf den ersten Blick zivilisationsgeschichtlich überaus erfolgreichen Experiments aufzuzeigen. Im Sinne Max Webers sollten die beiden Pole demnach als idealtypische Beschreibungen betrachtet werden, die uns dabei helfen zu verstehen, wie im Laufe der Zivilisationsgeschichte womöglich eine Sackgasse entstanden ist, die wir rechtzeitig verlassen sollten.

Die horizontale Lebensweise der Nomaden ist nämlich geprägt von der Bereitschaft, den Status quo immer als vorläufig zu betrachten, als eine bloße Phase der Stabilität in einem Universum beweglicher Kontexte und permanenter Varianz. In diesem Sinne haben wir es hier mit einer Kultur der Provisorien zu tun, die sich ihren Umweltbedingungen anpasst und diese nicht sich anpasst. Ihre Praktiken haben eine konviviale Signatur und lassen eine Art ökologisches Bewusstsein *avant la lettre* erkennen. Wir begegnen hier der Frühform einer Gesellschaft der Resilienz, einer anpassungsfähigen und an Flexibilität gewöhnten Lebensweise, die ein Gleichgewicht mit ihrer Umwelt anstrebt. Zu diesem Zwecke verzichtet sie auf die ständige Expansion ihrer Eingriffe und auf die monotone Steigerung ihrer Bedürfnisse. Reichweitenvergrößerung gehört nicht zu ihren Idealen. Der Schock einer plötzlichen Zerstörung des Gleichgewichts einer Gesellschaft, die von einer Epidemie heimgesucht wird, blieb ihr weitgehend erspart.

Was Epidemien dagegen zu bewerkstelligen vermögen, hat Elias Canetti in einem kurzen Abschnitt von »Masse und Macht«, seinem philosophischen Hauptwerk aus dem Jahre 1960, eindrucksvoll dargelegt. Canetti benutzt das Beispiel der Pest. Es lohnt sich ungemein, die wichtigsten Passagen aus seinen Überlegungen genauer anzuschauen, denn sie sind mit gewissen Abstrichen auf die Gegenwart verhältnismäßig leicht übertragbar. Dabei sind es vor allem die Unterschiede zur gegenwärtigen Pandemie, welche die Relevanz dieses Textes ausmachen:

»Unter allen Unglücksfällen, von denen die Menschheit seit jeher heimgesucht worden ist, haben die großen Epidemien eine besonders lebendige Erinnerung hinterlassen. Sie setzen mit der Plötzlichkeit von Naturkatastrophen ein, aber während ein Erdbeben sich meist in wenigen, kurzen Stößen erschöpft, hat die Epidemie eine Dauer, die sich über Monate und Jahre erstrecken kann. Das Erdbeben richtet mit einem Schlage das Schrecklichste an, seine Opfer gehen alle zugleich zugrunde. (…) Das Ergebnis der Epidemie mag schließlich dasselbe sein wie das eines Erdbebens. Aber die Menschen sind Zeugen des großen Sterbens, es spielt sich zunehmend vor ihren Augen ab. Sie sind wie die Teilnehmer an einer Schlacht, die länger dauert als alle bekannten Schlachten. Aber der Feind ist geheim, er ist nirgends zu sehen; ihn kann man nicht treffen. Man wartet nur darauf, von ihm getroffen zu werden. Der Kampf wird von der gegnerischen Seite allein geführt. Sie schlägt, wen sie will. Sie schlägt so viele, dass man bald fürchten muss, sie werde alle schlagen.«

Da ist zunächst die Dauer der Epidemie. Anders als im Falle eines Erdbebens oder eines Vulkanausbruchs dominiert nicht der Schrecken über die plötzlich eingetretene Katastrophe, sondern die Furcht vor dem weiteren, unabsehbaren Verlauf. Das Unheil der beiden ersten Unglücke kam mit einer brutalen Plötzlichkeit über die Bewohner, die epi- oder pandemische Katastrophe dagegen ist gleichsam angekündigt, denn sie hat sich langsam herangeschlichen, hatte ihre Nachrichtenüberbringer und traf das jeweilige Kollektiv deshalb nicht ohne Vorwissen. Die Furcht ist in diesem Fall langlebiger, denn sie geht dem Eintreffen des Unglücks bereits voraus und das Ende des Elends bleibt ungewiss.

Im Schrecken, der auf den plötzlichen Eintritt des Unglücks reagiert, ist die Emotion am heftigsten im Augenblick des Geschehens. Das Leid, das hervorgerufen wird, folgt unmittelbar und dessen Ausmaß steht allen vor Augen. In der Furcht dagegen, welche die mikrobiologische Invasion verursacht, ist auf das Eintreffen des Leids bereits antizipiert worden. Das Unheil hat sich herumgesprochen. Man erwartet das Unglück. Die Reichweite der Furcht ist also ungleich größer als die des Schreckens. Angesichts der zeitlichen Ungewissheit des Eintreffens der Epidemie, angesichts der Undeutlichkeit ihres Ausmaßes und der Folgen der durch sie verursachten Krankheit, verfügt die Fantasie hier über ein freies Betätigungsfeld. Die Furcht wird nicht durch die Plötzlichkeit des Ereignisses begrenzt, ihre Intensität wird nicht durch die bereits sichtbaren Schäden empirisch belehrt. Sie kann sich ungebremst entfalten, sich vor allem auf die unsichtbaren Ursachen konzentrieren und sich auf die Schuldigen richten, die noch nicht identifiziert sind.

Der zweite Gesichtspunkt ist der der Zeugenschaft. Natürlich sehen die Menschen bei Erdbeben, Überschwemmungen und vulkanischen

Eruptionen das Sterben. Im Moment des Ereignisses sind sie jedoch in erster Instanz selbst die potenziellen Opfer, die entkommen müssen. Hier regiert der Impuls der Flucht vor dem Geschehen und vor dem Gesehenen. Um aber Zeugnis ablegen zu können, genügt das bloße Gesehen-Haben nicht. Zeugen sind nicht nur Betroffene, sondern auch Betrachtende oder Beobachter der schrecklichen Ereignisse, und zwar gleichzeitig. Dies ist bei einer Epidemie der Fall. Die Epidemie lässt ihnen die Zeit zuzuschauen, was geschieht und darüber nachzudenken, was mit ihnen eventuell geschehen wird. Dabei ist es wiederum die Dauer der Epidemie, welche diese Zeugenschaft ermöglicht oder gar erzwingt. Man ist potenziell Betroffener und befindet sich in Erwartung des Kommenden inmitten des Geschehens. Weglaufen geht nicht. Man wird bezeugen können und müssen, was geschah, was geschieht und noch geschehen wird. Die Dauer des Geschehens versetzt die Betroffenen in eine Haltung der Erwartung, der Beobachtung und der Betrachtung. Es fällt äußerst schwer, sich aus diesem Zustand zu befreien.

Diese Situation führt allerdings auch zur Steigerung der Ohnmacht. Man kann zunächst buchstäblich nichts tun und muss abwarten. Selbstverständlich sind auch die Opfer von plötzlichen Naturkatastrophen im Moment des Ereignisses ohnmächtig. Aber dieses Gefühl bezieht sich auf den Moment. Vor dem Eintreffen des Unglücks ist Ohnmacht unmöglich. Nach dem Ereignis hat sie keinen Gegenstand mehr, denn nun besetzt das Leid ihren Platz, oder es dominiert das Gefühl der Erleichterung, mit dem Leben davongekommen zu sein. Das Gefühl der Ohnmacht oder der durch eine unsichtbare Bedrohung erzwungene Tatenlosigkeit veranlasst dagegen Resignation und Niedergeschlagenheit, aber ebenso Protest und Wut. Man hat seine Handlungsmacht oder, modern formuliert, seine Autonomie abtreten müssen. Diese gleicht dann einem befremdlichen Vermögen aus vergangenen, vorpandemischen Zeiten. Vor allem in aktivistischen Kulturen mit ihrem Bewegungszwang und ihrem Interventionsdrang wird temporäre Ohnmacht als Angriff auf die eigene Identität erfahren, als Demütigung durch einen gesichtslosen Feind.

Canetti hat ein gutes Gespür für diese Situation, wenn er davon spricht, dass der Feind »geheim« bleibt und »nirgends zu sehen« ist. Das steigert die Ohnmacht und verstärkt das Gefühl einer erzwungenen Passivität ungemein. Darüber hinaus ist der Feind gerade wegen seiner Unsichtbarkeit allgegenwärtig. Sein künftiges Opfer bleibt aber, anders als in den Kampfformationen der herkömmlichen Kriegsführung, isoliert. Diese Isolation teilen die Betroffenen mit zahllosen anderen, weshalb sie anonymisiert sind. Für heroisches Verhalten im Angesicht dieses Feindes bleibt kein Platz, es sei denn, man opfert sein Leben für das der anderen.

Der virale Angriff demütigt den Aktivisten und kränkt die Unermüdlichen. Und das Sterben wird auf eine eigenartige Weise gewöhnlich, sobald die Toten kaum mehr gezählt werden oder bestenfalls als bloße Zahl im Gedächtnis der Gemeinschaft gespeichert werden müssen. Der Tod als Zahl demütigt aber erneut. Wer will schon als Zahl sterben? In Kulturen der Performanz, der Selbstoptimierung und des umfassenden Unternehmertums in eigener Sache muss eine solche Pandemie wohl als schlechthinniger Affront erfahren werden. Jegliche Eigeninitiative hat man aufgeben müssen, das Maß an Passivität und die Intensität des Ausgeliefertseins waren irgendwann unerträglich geworden. Es lohnt sich, bei dieser Art des Sterbens noch einmal stehen zu bleiben. Dieses Massensterben unterscheidet sich jedenfalls erheblich von ihren Varianten:

»In der Schlacht hat man es auf den Leichenhaufen der Feinde abgesehen. Man will die Zahl der lebenden Feinde verringern, damit an ihr gemessen die Zahl der eigenen Leute umso größer sei. Dass auch eigene Leute dabei umkommen, ist unvermeidlich, aber es ist nicht, was man wünscht. Das Ziel ist der Haufen feindlicher Toter. Man bewirkt ihn aktiv, durch eigene Tätigkeit, die Kraft des Armes.

Im Massenselbstmord wendet sich diese Aktivität gegen die eigenen Leute. Mann, Weib. Kind, alles bringt einander gegenseitig um, bis nichts mehr da ist als der Haufen der eigenen Toten. Damit niemand in die Hände des Feindes gerate, damit die Zerstörung vollständig sei, wird Feuer zu Hilfe genommen.

In der Epidemie ist das Ergebnis dasselbe wie im Massenselbstmord, aber es ist nicht willkürlich und scheint durch eine unbekannte Macht von außen auferlegt. Es dauert länger, bis das Ziel erreicht ist; so lebt man in einer Gleichheit schrecklicher Erwartung, neben der alle üblichen Bindungen der Menschen sich lösen.«
Die Schlacht und der Massenselbstmord haben immerhin ein – wenn auch fürchterliches – Ziel vor Augen. Ihr Anfang liegt in eigenen blutigen Händen, ihre Durchführung und Vollstreckung tun das ebenso. Sie sind intendierte Massaker. Hinter der Epidemie jedoch versteckt sich keine Handlungsinstanz und sie wurde von niemandem bezweckt. Das Wissen um die Ziellosigkeit ihres Auftretens macht sie erst recht unerträglich. Diesem Gefühl zu entkommen, ist allerdings möglich. Man kann eine solche intendierende Instanz herbeiimaginieren: Man ersinnt dann eine fantastische Kausalität, nach dem Motto: besser eine solche als keinerlei Kausalität. Natürliche Gründe sind für die vielen Ungeduldigen und Unduldsamen nämlich keine Lösung, denn von ihnen ist nicht jene Entlastung zu erwarten, welche die Identifizierung eines Feindes mit menschlichem Antlitz bietet. In letzterem Falle finden Schuldzuweisungen eine Adresse. Die Natur als Schuldsubjekt kann dies nicht leisten, weswegen wissenschaftliche Erklärungen, die sich auf sie beziehen, als unbefriedigend, defizitär oder schlimmstenfalls als erlogen und fingiert gelten.

Selbstverständlich wiegt die Last der Vereinzelung schwer, aber in epi- oder pandemischen Zeiten, deren pathologische Qualität erheblich ist, gibt es zunächst kein probateres Mittel als die Isolation. Das Leben zieht sich zurück in die (eigenen) vier Wände. Je größer der Bewegungsradius einer Kultur ist und je ausgeprägter ihr Aktivitätshabitus, umso vehementer wird sie vermutlich auf eine solche Lage mit Intoleranz reagieren. In den Anfängen der Corona-Pandemie unterschied sich unser Verhalten kaum von dem unserer Vorfahren, sobald die Gemeinschaft von Infektionskrankheiten größeren Ausmaßes heimgesucht wurde. Was Canetti über die Pest schreibt, trifft deshalb auf die damalige Lage ebenso zu:
»Das Element der Ansteckung, das in der Epidemie von solcher Wichtigkeit ist, hat die Wirkung, dass die Menschen sich voneinander

absondern. Das Sicherste ist, niemand zu nahe zu kommen, denn er könnte die Ansteckung schon in sich haben. Manche fliehen aus der Stadt und zerstreuen sich auf ihre Güter. Andere schließen sich in ihre Häuser ein und lassen niemand zu. Einer vermeidet den anderen. Das Einhalten von Distanz wird zur letzten Hoffnung. Die Aussicht auf Leben, das Leben selbst drückt sich sozusagen in der Distanz zu den Kranken aus. (…) Es ist merkwürdig, wie die Hoffnung, zu überleben, den Menschen hier zu einem Einzelnen macht, ihm gegenüber steht die Masse aller Opfer.«[90]

Die strikte Absonderung wird jedoch nicht lange ertragen. Übersteigt die Isolation eine gewisse Dauer, nimmt der Pegel der Toleranz ab und es wird nach Auswegen Ausschau gehalten. Eine Möglichkeit, der Pandemie zu entkommen, ist, die Absonderung zu verlassen. Oder man schmiedet Allianzen und Bündnisse spekulativer Art, indem man nach den Gründen der Katastrophe fahndet. Letztere werden nicht dem anonymen und abstrakt bleibenden Subjekt der Natur zugeschrieben, sondern Personen oder Instanzen, die dann als die heimtückischen Auslöser des Unglücks gelten dürfen. Die Identifizierung des Schuldigen schafft Erleichterung, denn sie löst aus der Isolation. Die Behauptung, man wisse, wer die Schuld trägt, teilt man nämlich mit Mitwissenden. Infolgedessen entsteht eine Verbundenheit aufklärerischer und womöglich konspirativer Gesinnung. Auch wenn man das buchstäbliche Abstandhalten und die Distanzierung von den üblichen Bindungen noch aufrechterhält, hat man sich in Gedanken schon längst von diesen Rücksichten entbunden. Man hält dann Ausschau nach Bestätigungen des Alternativwissens und stolziert mit der Gewissheit herum, den Feind identifiziert zu haben.

Der Schritt von der Identifikation des Feindes zur Leugnung der Faktizität der Krise ist dann nicht mehr weit. Dem Feind traut man zu, das Ganze zu perversen Eigenzwecken erfunden zu haben. Ab diesem Moment gehört man einer Avantgarde der Mehrwissenden an und bewegt sich in einer Solidargemeinschaft, die sich um einen moralischen Feind scharen darf. Besser einen imaginierten Bösewicht als keinen besitzen, lautet hier das Motto. Die moralische Ohnmacht ist jedenfalls bis auf Weiteres aufgehoben. Man kann für sich in Anspruch nehmen, die Initiative wiederum ergriffen zu haben, weil die Hellsicht gesiegt habe. Die anderen dürfen wahlweise als verblendet bemitleidet oder verachtet werden. Aus dieser Masse eines fast universalen Verblendungszusammenhangs »in viralen Angelegenheiten« ragt man als Seher nicht ohne Eigenstolz und mit neuer Siegesgewissheit heraus. Die Rebellion gegen die Maßnahmen hat sich auf diesem Wege ihr gutes Gewissen verschafft. Man legt sich selbst einen alternativen Opferstatus zu, der aus der bloßen Abhängigkeit von der Natur herauslöst. War man nicht zunächst Opfer einer aufwendig und langzeitig vorbereiteten Machtergreifung gewesen, hatte diese aber noch rechtzeitig durchschauen können? So wurden jetzt die Verantwortlichen identifiziert, die irgendwann Rechenschaft werden ablegen müssen. Allein schon dieses Gefühl hat eine befreiende Wirkung. Man ist nicht länger passiv und ausgeliefert, sondern hat die Handlungsinitiative an sich gerissen. Zu allen Zeiten haben solche Inquisitionen stattgefunden, und man hat sich um Schuldige bemüht. Zu diesen Schuldigen können auch die Infizierten selbst gehören. Wer eine Epidemie als die Strafaktion einer höheren Instanz betrachtet, welche für eigene Sünden oder die Untaten Fremder Rechenschaft verlangt, sorgt auf diese perverse Art und Weise für Entlastung. Man hat den Grund für das Leid gefunden, die Absichten eines zornigen Gottes erkannt und eine Teleologie – eine schwarze moralische Pädagogik – entdeckt.

Abgesehen von fundamentalistischen Spiritualitätsmilieus sind uns heute solche Auswege nicht mehr vergönnt. Stattdessen findet eine Fahndung nach den heimlichen Komplizen statt, die als die Bewohner einer Zentrale der Außensteuerung des Geschehens gelten dürfen. Man will dem Zufall nicht das letzte Wort überlassen. Vielleicht ist das Coronavirus doch ein Laborprodukt, seine Verbreitung die Folge eines fehlgeschlagenen Experiments oder gar das Resultat einer beabsichtigten Verseuchung. Und wenn das Virus auf natürlichem Weg entstanden ist, müssen jedenfalls seine Bekämpfung und die deswegen ergriffenen Maßnahmen mit langfristig geplanten, aber bisher im Dunkeln gebliebenen Machenschaften assoziiert werden. Auf diese Weise findet eine

Externalisierung statt, die entlastende Projektion auf eine Instanz außerhalb. Die Natur eignet sich für diese Operation nur sehr eingeschränkt. Sie verharrt in ihrer erhabenen Stummheit. Als Schuldsubjekt eignet sie sich kaum noch, seitdem Wissenschaft und Technik sie entzaubert haben.

Auch wenn die Virusmutation, die zu Covid-19 geführt hat, einer Zoonose zuzuschreiben ist, die mit unseren gravierenden Übergriffen in die Natur zu tun hat und somit zivilisatorisch mitverursacht wurde, haben wir letztlich mit einer blanken Naturkausalität zu tun. Diese aber stellt, wie gesagt, viele Zeitgenossen offenbar nicht zufrieden. Die wissenschaftliche Erklärung, die sich auf diese Naturkausalität richtet, genügt nicht, denn sie ist nicht in der Lage, der Katastrophe einen Sinn zu verleihen. Fakten und Zahlen sind nämlich sinnresistent, weshalb nach einer Sinngebung Ausschau gehalten wird. Fallen die transzendenten Urheber aus, müssen Stellvertreter bemüht werden. Die Bewegung, die dabei gemacht wird, ist eine nach außen. Selbst will man mit den Ursachen der Pandemie nicht in Verbindung gebracht werden, so als sei man kein Passagier des Zivilisationsdampfers, der in die Wildnis vorgestoßen das Unglück mitverschuldet hat. Diese Externalisierung schafft Entlastung, denn sie lenkt von den wahren Ursachen ab. Der Kälte der Pandemie wird eine heiße Erklärung entgegengehalten.

In einer Kultur, die bis in ihr Innerstes auf Aktivismus und »Reichweitenvergrößerung« (Hartmut Rosa) eingestellt ist, muss die Passivität, zu der das Virus uns nötigt, baldmöglichst rückgängig gemacht werden. Das Virus wird als eine Kränkung erlebt, weil wir gleichsam von Winzlingen überwältigt worden sind, die das ganze Gefüge der Zivilisation ins Wanken brachten. Unsere Handlungsmacht ist in die Schranken gewiesen worden, unser Bewegungszwang in Fesseln gelegt. Hatten wir die Natur nicht erfolgreich in das Korsett unserer Daseinsweise eingeschnürt? War sie nicht zu einer Kulisse geworden, zu einem Sehnsuchtsort für unsere Erholungsbedürfnisse, gegebenenfalls aber auch zur Halde für die Ablagerung unseres Zivilisationsschrotts?

Im Grunde ahnten wir, dass dieser Praxis der Externalisierung längst Grenzen gesetzt waren, aber wir taten »als ob«. Im Blick auf die Klimaproblematik war es uns bisher halbwegs gelungen, auch sie zu externalisieren. Das geschah auf zweierlei Weise: Wir hielten sie mental auf Abstand, indem wir vorgaben, sie beträfe eine noch ferne Zukunft und entfernte Gegenden. Die kognitive Dissonanz, die uns immer wieder befällt, also das ungemütliche Wissen, dass die Erderwärmung schon längst bis tief in die Gegenwart greift, wurde so lange bearbeitet, bis sie zu einer falschen Selbstberuhigung umgebogen war. Bis vor Kurzem befanden wir uns offenbar in einer Art »Schweigespirale« (Stephan Lessenich)[91]. Die Zerstörung wurde aber auch buchstäblich ausgelagert und unsichtbar gemacht, verbannt auf die Schutthalden unseres Wohlstands und das wiederum möglichst weit entfernt. Das Unheil solle sich anderswo vollziehen.

Das Virus hielt sich jedoch nicht an diese Verabredung. Es respektierte unsere Projektionen nicht, es durchbrach die Mauer der Verdrängung, es brachte die Dissonanz unüberhörbar zum schrillen Klingen. Es offenbarte sich als Natur in uns. Sein pandemisches Ausmaß und die tiefen Verwerfungen, die es verursachte, zeigten auf die Natur in uns allen. Unsere Zivilisation ist nämlich bis in ihre intimsten Gefilde hinein infiltriert von Natur, und zwar von einer solchen, die nicht daran denkt, sich uns zu unterwerfen. Die Klimanatur konnten wir bis vor nicht allzu langer Zeit noch in Abstraktionen einschließen wie die soeben geschilderten. Das Virus als Natur in uns versperrte diesen Ausweg. Es zeigte auf die Grenzen unserer Verleugnungstechniken, auf die Risse in unseren Illusionswelten und auf die Fragilität unserer Wohlstandsfassaden. Die Ungeduld, die Pandemie möge bald ein Ende haben, war in psychosozialer Hinsicht und mit Blick auf ihre wirtschaftlichen und politischen Effekte nachvollziehbar. Aber sie galt wohl zuerst dem Versuch, die Kränkung ungeschehen zu machen und von der Kontamination mit Selbstzweifeln befreit zu werden.

Verstrickt in Metaphern

Katastrophen verlangen nach griffigen Deutungen. Der Schock ihres Auftretens lässt sich nicht ungeschehen machen, die durch sie ausgelösten Emotionen verlangen jedoch nach Kanalisierung. Das Entsetzen will gebannt, das Unglück irgendwann verstanden, dem Zorn eine Richtung gegeben, der Verzweiflung Abhilfe geboten werden. Das gelingt nur sehr schwer in der nüchternen, auf Normalität getrimmten Sprache des Alltags und noch viel weniger in der eher kühlen Terminologie der Wissenschaft. Inmitten einer dramatischen Lage wird nicht gewartet auf komplexe Argumentationsketten, auf Zeit und Muße zur Interpretation, auf das ungestörte, von keinem Druck gesteuerte Gespräch oder auf Erklärungen, deren Zugänglichkeit für alle nicht gewährleistet ist.

Die Schwierigkeit wird gesteigert durch die Vielfalt von Auffassungen und Meinungen, die im Umlauf sind. Die Corona-Epidemie hat dies bis zur bitteren Neige vor Augen geführt. Das Spektrum der Einstellungen reichte von vorsichtiger Bescheidenheit hinsichtlich des erworbenen Wissens bis zu schamlosester Vermessenheit der lancierten Behauptungen mit Gewissheitsindex. Der leichte Zugang zu einer nahezu unbegrenzten Zahl von Medien und die dort massendemokratisch verbreiteten Informationen haben die Bedingungen, die an verlässliches Wissen geknüpft werden, offensichtlich radikal herabsinken lassen. Eine Pandemie lässt aber nicht nur die Menge an Deutungen, sondern auch die Intensität und die Emotionalität der Äußerungen anwachsen. Das eher bedächtige wissenschaftliche Für und Wider, also das Sich-Vortasten der Forschung, aber auch die sich pragmatisch und abwägend verhaltende Politik sehen sich einer unübersichtlichen Heterogenität von Meinungen und weltanschaulich motivierten Spekulationen gegenüber. Zögern gilt in den Augen vieler Bürger als Zeichen von Schwäche. Man will nichts ohne Sinn und Bedeutung lassen und schon gar nicht warten auf später. Gleichzeitig fehlen die einstigen Autoritäten der Interpretation. Weder Kirche noch Wissenschaft gelten noch als solche. Ihre Auffassungen werden lediglich als Standpunkte unter vielen gewertet.

Krisen zwingen zu starken Bildern. Von ihnen erhofft man sich einen Griff auf das Geschehen. Ist die Katastrophe in ein sprachliches Bild gefasst, scheint sie wenigstens identifiziert und einer mehr oder weniger verlässlichen Wertung unterworfen werden zu können. Wie oft wurde in der Anfangszeit der Covid-19-Pandemie nicht beschworen, wir befänden uns »im Krieg«, wie der französische Präsident Emmanuel Macron verlauten ließ? Donald Trump bezeichnete sich selbst im Zusammenhang mit Corona als »Präsident in Kriegszeiten«, der Gouverneur von New York, Andrew Cuomo, nannte Beatmungsgeräte »Raketen«. Der Militärjargon trat einen neuartigen Siegeszug an: Die Pandemie glich einem »Ausbruch«. Es wurde zum »Kampf« aufgerufen. Dem Virus musste eine »Stärkung der Abwehrkräfte« entgegengehalten werden, die »Invasion« der Viren gestoppt, die »Eindringlinge« zurückgedrängt. Es wurde ein »Hygienewall« in Aussicht gestellt, ein »Anti-Corona-Schutzwall«, eine »Virenfront«. »Virenbomber« waren in Entwicklung, »Quarantänefestungen« wurden gebaut und »Virenschleudern« konstruiert, »Krisenzonen« und »Sperrzonen« ausgewiesen. Etliche Bilder erwiesen sich als wenig hilfreich: Gegen das Eindringen des Virus fand eine »Generalmobilmachung« statt, aber diese hatte einen paradoxalen Zuschnitt: Sie zeichnete sich vor allem durch radikale Immobilität, also durch buchstäblichen Stillstand ganzer Regionen unserer Gesellschaft aus.

Neben Kriegsmetaphern waren auch Anleihen aus der Natur beliebt. Es wurden »Virenwellen« und »Wellenbrecher« erfunden und ein »Viren-Tsunami« gesichtet. »Virenwolken« bevölkerten den düsteren Himmel. Es fanden sich »Glutnester« und »Brandnester«, die bald »gelöscht« werden sollten. Es tauchten »Seuchensheriffs« auf, die scheinbar auf »Maskenflickenteppichen« unterwegs waren. Eingedenk der Tatsache, dass die Pockenbekämpfung einst mit der Verabreichung von Kuhblattern begonnen hatte, sann man auch jetzt auf »Herdenimmunität«. Nicht zuletzt wurde das Virus auch gesellschaftstheoretisch nobilitiert, indem es als »Brennglas« und als »Lupe« galt, die einen besseren Blick auf den Zustand von Demokratie und Kultur erlaubten. Der Einsatz solcher Metaphern lässt sich wohl kaum vermeiden. Ein genereller Verdacht gegen sie ist unnötig. Der Versuch ihrer Umgehung bliebe vergeblich, denn unsere Sprache ist gleichsam durchsetzt von Metaphern, wobei diese Formulierung selbst einen hohen metaphorischen Gehalt hat und somit ihrerseits die Unhintergehbarkeit von Sprachbildern bekräftigt.

Gleichwohl sind Metaphern nicht unschuldig, vor allem sind das die Gesundheits- und Krankheitsmetaphern nicht. Das Maß der Metaphernschuld variiert. Juden wurden im Dritten Reich bekanntlich als »Ungeziefer«, als »Ratten« und »Parasiten« bezeichnet, weshalb ihre Ausrottung bereits in der Anlage und Konsequenz der Metaphorik enthalten war. Die »Volksgesundung« verlangte geradezu nach einer Radikalhygiene zur »Reinhaltung« der eigenen Rasse. Ohnehin scheint das medizinische Bilderreservoir zur Qualifikation und Disqualifikation von Menschen und Sachverhalten längst nicht ausgeschöpft. Auch die »Schulmedizin« ist eine nicht ungefährliche Metapher, weil sie zu Ausbruchsversuchen aus der Zwangsjacke jener Disziplin aufruft und die dort Bleibenden als Gefangene ihrer Kurzsicht betrachtet. Eskapismus wird dann zu einer Mutprobe, die belohnt werden sollte.

Sprachbilder bringen Geschehnisse in Reichweite. Eine Pandemie ist zunächst unsichtbar, so dass sie zumindest sprachlich in bekannten und sinnfälligen Bildern aufgearbeitet werden muss. Dann erst erreicht sie unsere Wahrnehmung. Solche Bilder teilen wir in aller Regel mit anderen, sie sind Bestandteil eines Metaphernrepertoires, eines Bildervorrats, dessen wir uns bedienen. Sobald wir miteinander ein Bild teilen, scharen wir uns, näher zusammengerückt, unter den Schutzschirm seiner Bedeutung. Vor allem das, was uns fremd ist, benötigt eine Näherbringung durch Bilder. Sie dienen der Vermenschlichung, also der Anthropomorphisierung. Wir rücken das Phänomen in den semantischen Innenraum unserer Kultur. Wenn wir beispielsweise mit Blick auf die Entwicklung der Corona-Infektionsraten von einer dynamischen Beschleunigung sprechen, benutzen wir eine technische Kategorie, die mit der uns vertrauten Benutzung eines Fahrzeugs zu tun hat. Der Kriegsmetaphorik gebührt, wie wir gerade gesehen haben, ein besonderer Stellenwert für die sprachliche Eindämmung einer Katastrophe, der wir nicht gänzlich hilflos ausgeliefert sein möchten.

Vermenschlichung ist aber nicht gleichlautend mit Humanisierung. Im Gegenteil, viele Metaphern besitzen einen geradezu entmenschlichenden Ton und eine ebensolche Wirkung. Der Vergleich von Menschen und Tieren im metaphorischen Sprachgebrauch kann komplimentierend gemeint sein, wenn beispielsweise eine Läuferin als Reh bezeichnet wird. Ihre Schnelligkeit, vor allem aber ihre Eleganz wird damit hervorgehoben. Nicht selten dienen Metaphern jedoch der Herabsetzung oder gar der Bestialisierung anderer Menschen. Ein tierischer Umgang mit ihnen ist dann nicht länger ausgeschlossen. So wie wir zwischen höheren und niederen Tiergattungen unterscheiden, schaffen Tiermetaphern Höhenunterschiede in unserer Spezies. Die Tierhierarchie enthält Wertungen, die wir zwar selbst geschaffen haben, die wir aber als eine Taxonomie, also als eine Klassifikation gattungsinterner Unterscheidungen, wie sie angeblich in der Realität vorkommen, verwenden. Metaphern sind also nicht unschuldig. Aber warum sind sie das nicht?

Um diese Frage beantworten zu können, müssen wir einen kurzen Blick auf ihre Funktionsweise werfen. Zuvor sei jedoch hervorgehoben, dass Metaphern sich bis ins Innerste unserer Sprache eingefunden haben, sogar dort, wo wir sie gar nicht vermuten. Wenn wir beispielsweise »argumentieren«, stoßen wir an allen Ecken und Kanten unserer Sprache erneut auf Kriegstermini[92]: Eine Behauptung ist »unhaltbar geworden«, eine Kritik »traf ins Schwarze«, jemand hat meine Argumente

»niedergemacht« oder sie »abgeschmettert«, weshalb ich die Auseinandersetzung nicht »gewinnen« konnte. Ich habe im Laufe der Debatte »das Terrain räumen müssen«.

Georg Lakoff und Mark Johnson haben dieser Allgegenwart der Metapher eine berühmt gewordene Untersuchung gewidmet, dem etliche der soeben verwendeten Beispiele entnommen sind. Die Funktionsweise der Metapher ist zunächst denkbar einfach: »Das Wesen der Metapher«, so die beiden Sprachwissenschaftler, »besteht darin, dass wir durch sie eine Sache oder einen Vorgang in Begriffen einer anderen Sache bzw. eines anderen Vorgangs verstehen und erfahren.«[93] Im Falle des prominenten Beispiels »Argumentieren ist Krieg« entnehmen wir dem Kriegsgeschehen Begriffe, die wir anschließend für Vorgänge im Bereich des Argumentierens verwenden. Die Kriegsbegriffe werden zu Bildern für den Argumentationsprozess. Die Verbindung, die solchermaßen zwischen diese beiden Bereiche gelegt wird, transportiert das Wesen des Krieges in die Konzeption dessen, was wir als »Argumentation« betrachten. Infolgedessen wird der Argumentationsprozess aufgeladen mit einer Atmosphäre, die keineswegs selbstverständlich ist. Im Grunde hindert uns niemand daran, Argumentieren nicht als Krieg, sondern als Spiel oder als Austausch zu betrachten. Dann »schießen« wir nicht los, wenn wir anderer Meinung sind, sondern »geben« und »empfangen« wir Argumente. Die Bilder, die wir verwenden, konstituieren also eine bestimmte Argumentationspraxis, und sie fungieren als Transmissionsriemen für Atmosphären und Wertungen.

Der Bilderreichtum unserer Sprache ist grenzenlos. Und Bilder sind unvermeidbar. Sie hängen nämlich unmittelbar mit der Position unseres Körpers im Raum zusammen. Die Unterscheidung von »oben« und »unten« ist dabei grundlegend: Wer glücklich ist, ist in »Hochstimmung«, wer traurig ist, fühlt sich »niedergedrückt«. Wer gesund ist, befindet sich in »Höchstform«, eine Krankheit dagegen hat jemanden »in die Knie« gezwungen oder schlimmstenfalls ist die Person ihr »erlegen«. Auch die Gegenüberstellung von gut und böse bedient sich der Oben-unten-Opposition: Wir haben kürzlich eine »Spitzenleistung« erbracht, aber heute befinden wir uns an einem »Tiefpunkt«. Jemand zeigt eine »hohe« Gesinnung und hat einen »aufrechten« Charakter. Eine andere Person dagegen verhält sich »niederträchtig« und ihr Verhalten wäre »unter meiner Würde«.[94] Die Bildersprache, die sich der Opposition von oben und unten bedient, hat eine enorme Verbreitung. Solche Metaphern nennt man auch Orientierungsmetaphern oder Raummetaphern. Wenn man fragt, wo sich ihr Ursprung befindet, muss man auf unseren Körper zeigen – sie haben also in ihm eine physische Grundlage. Aber auch unsere Emotionen wandern in den metaphorischen Haushalt der Sprache ein. Wenn wir von der »unangenehmen Seite einer Persönlichkeit« sprechen oder jemanden »mit Vorsicht anfassen« sollten, werden emotionale Qualitäten verwendet. Offenbar ist unser Körper in quantitativer und qualitativer Hinsicht bis in die feinmaserigsten Zonen der Sprache anwesend, unser Sprechen ist mit körperbezogenen Resonanzen geradezu gefüllt.

Diese einfachen Beispiele illustrieren also die Allgegenwart von Metaphern. Wollte man diese Bilder vermeiden, fiele die Sprache in sich zusammen, wobei auch diese Formulierung wiederum einen hohen metaphorischen Gehalt besitzt. Dennoch sind nicht alle Metaphern gleich wichtig. Es existiert vielmehr eine Metaphernhierarchie. Manche sind, wenn man so will, ordinär, weil sie zum gewöhnlichen Repertoire der Sprache gehören. Andere dagegen haben einen extraordinären Status, sie sind einflussreich und herausgehoben. Sie strukturieren einen ganzen Bereich unseres Lebens, sie setzen uns in ein bestimmtes Verhältnis zur Welt und zu uns selbst.

Im Bereich des Wissens hat man die Wahrheit jahrhundertelang als Licht bezeichnet. Wissen ist demnach mit dem Sehen oder der Schau der Wahrheit verknüpft. In der Neuzeit dagegen nannte Francis Bacon (1561–1626) Wissen »Macht«, so dass die Wahrheit sich bewährt in der Umgestaltung der Welt. Diese Metaphern sind außerordentlich bestimmend, sie positionieren ein ganzes Zeitalter fundamental in seinem Umgang mit der Welt und lenken die Verhältnisse der Subjekte zueinander.

Der Philosoph Hans Blumenberg sprach in diesem Zusammenhang von »absoluten« Metaphern. Damit meinte er, dass wir bestimmte Sprachbilder nicht einfach wählen können. Sie sind mächtig und drängen sich uns auf. Sie sind – in einer bestimmten Kultur – nahezu vorgegeben. Wir leben im Einflussbereich solcher Bilder und nur in seltenen Umbruchzeiten wechseln wir – wie am Beispiel von Francis Bacon gezeigt – die Metapherumgebung.»Ihre Wahrheit ist«, so Blumenberg,»in einem sehr weiten Verstande pragmatisch. Ihr Gehalt bestimmt als Anhalt von Orientierungen ein Verhalten, sie geben einer Welt Struktur, repräsentieren das nie erfahrbare, nie übersehbare Ganze der Realität. Dem historisch verstehenden Blick indizieren sie also die fundamentalen, tragenden Gewissheiten, Vermutungen, Wertungen, aus denen sich die Haltungen, Erwartungen, Tätigkeiten und Untätigkeiten, Sehnsüchte und Enttäuschungen, Interessen und Gleichgültigkeiten einer Epoche regulierten.«[95]

Im Einflussbereich absoluter Metaphern gewinnt das Ganze unserer Wirklichkeitswahrnehmung somit eine bestimmte Färbung. Wir sehen die Welt und uns selbst, abhängig von der jeweils dominierenden Metapher, anders. Wer die Wahrheit im Licht vermutet, vermeidet das Dunkel, während die Quellen der Wissensmacht womöglich gerade im Unsichtbaren zu finden sind. Irgendwann sind auch absolute Metaphern verbraucht und sie sinken hinab auf die unteren Stufen der Bilderhierarchie. Wer heute im Wissenschaftsdiskurs vom Licht der Wahrheit spräche, erntete vermutlich eher Gelächter. Gleichwohl lässt sich – natürlich *en passant* – von einer bestimmten Person sagen, sie sei wohl »keine große Leuchte«. Es existieren jedoch einige Metaphern, die sich geradezu aufdrängen und die sich kaum ablegen lassen. Auch sie hängen wiederum mit unserem Körper zusammen, mit den Oppositionen von gesund/krank und rein/schmutzig. Weshalb ist das so?

Diese beiden Oppositionspaare haben eine unmittelbare lebensweltliche Evidenz, sie sind ein essenzieller Bestandteil unserer leiblichen Existenz. Gesund/krank verweist auf eine elementare Verfasstheit unseres Körpers, auf einen Zustand, den wir unmittelbar empfinden. Rein/schmutzig hat eine ebensolche Evidenz. Wir sehen und spüren Schmutz sofort. Beide Oppositionen sind deshalb aufdringlich, weil wir Krankheit und Schmutz – bildlich gesprochen – nicht davonlaufen oder von uns abschütteln können. Metaphern, die mit diesen beiden Oppositionen zu tun haben, sind allgegenwärtig. Und sie sind leicht kombinierbar. Gesundheit und Reinheit auf der einen Seite, Krankheit und Schmutz auf der anderen Seite lassen ein Raster entstehen, das nahezu überall einsetzbar ist.

Dieses Raster verfügt über ein ganzes Register von Anwendungsgebieten: Glaube und Ketzerei, Moral und Verbrechen, Ästhetisches und Unästhetisches, Freund und Feind, Bekanntes und Fremdes, Neues und Altes. Indem wir von diesen Oppositionen einen metaphorischen Gebrauch machen, versuchen wir Menschen oder Sachverhalte, wie Lakoff und Johnson aufgezeigt haben, einzuordnen und in Reichweite unserer Erfahrung zu bringen. Wir benutzen ein Bild, um etwas anderes zu verstehen. Wir deuten einen bestimmten Sachverhalt, beispielsweise die Sünde als Schmutz oder eine Bevölkerungsgruppe als Bedrohung der Reinheit des eigenen Volkes. Anschließend nehmen wir das Phänomen – die Sünde – oder die jeweilige Ethnie dann auch so wahr. Wo Schmutz ist, ist Sünde und umgekehrt. Wo jenes Volk ist, ist Unreinheit. Wir erfahren die solchermaßen inkriminierte Entität dann auch gemäß den Suggestionen, die die Bilder wecken. Und handeln dann auch irgendwann konform diesen Bildern.

Dass wir unter dem Einfluss von Metaphern die Welt jeweils anders wahrnehmen, ist also nicht bloß eine Redeweise, eine *façon de parler*. Die ganze Angelegenheit ist viel buchstäblicher zu nehmen, als wir vermuten. Gehen wir noch einmal zurück zu Lakoff und Johnson, denen zufolge wir im Falle einer Metapher »eine Sache oder einen Vorgang in Begriffen einer anderen Sache bzw. eines anderen Vorgangs verstehen und erfahren«. Wir gehen von einem einfachen und instruktiven Beispiel aus: In den letzten Jahrzehnten hat die Gehirnforschung enorme Fortschritte gemacht. In der gleichen Periode haben Computer angefangen, unseren Alltag zu prägen. Das Gehirn wurde in diesem Zusammenhang häufig mit einem Computer verglichen. Das Gehirn wird solchermaßen metaphorisiert, also ins Bild setzt. Die Computermetapher ist ein Hilfsmittel, um in diesem Falle das Gehirn zu verstehen.

Wenn wir aber lange genug von dieser Metapher Gebrauch machen, geschieht etwas Seltsames: Metapher (Computer) und metaphorisierter

Sachverhalt (Gehirn) wechseln irgendwann die Positionen. Zunächst wurde das Gehirn als Computer verstanden, aber irgendwann wurde der Computer als Gehirn verstanden. Das Gehirn ist nun zu einer Metapher für den Computer geworden. Zunächst hatte die Botschaft noch gelautet: Wollen wir die Realität des Gehirns verstehen, müssen wir auf die Computermetapher zurückgreifen. Nun aber lautet die Devise: Wollen wir die Realität des Computers verstehen, müssen wir auf die Gehirnmetapher zurückgreifen. Der Maßstab ist natürlich in beiden Fällen die Realität und nicht die Metapher: Im ersten Fall wollten wir die Realität des Gehirns mittels der Computermetapher verstehen, im zweiten Fall die Realität des Computers mittels der Gehirnmetapher. In letzterem Fall aber setzt nicht länger das Gehirn den Maßstab der Realität. Der Computer erfüllt nunmehr diese Aufgabe. Die Funktionsweise des Computers und die digitalen Operationen, die er tätigt, bestimmen nun unsere Sicht auf das Gehirn, auf die Art unseres Denkens und also am Ende auch auf uns selbst. Computer denken nicht länger wie unsere Gehirne, sondern unser Gehirn denkt, wie Computer das tun. Menschen sind demnach auch nur Computer, in aller Regel die schlechteren.

Irgendwann sind wir kaum mehr in der Lage, die Welt und uns selbst noch anders zu sehen. Paul Ricœur sprach in diesem Zusammenhang von der »Kumulationsfähigkeit« von Metaphern, von ihrem Vermögen, immer mehr Sinn aufzustapeln und neue »Assoziationsfelder«[96] entstehen zu lassen. Die Reichweite der Metapher wächst, sie lässt keinen Lebensbereich mehr aus. Dominante Metaphern sind in der Lage, zu »Erfahrungskonzepten«[97] zu werden. Wir verhalten uns irgendwann gemäß den Sprachbildern und unsere Welt wird zu deren Abziehbild.

Wenn wir auf die momentane Prominenz des Virus und der Impfung schauen, stoßen wir auf eine Gesellschaft im Bannkreis von Metaphern. Das Virus ist längst »mutiert« – zu einem Sprachbild mit Zwangscharakter. Covid-19 wurde zu einer gefragten Metapher für den Zustand unserer Gesellschaft. Das Urteil, das darin enthalten ist, kann nur noch der Pathologie entstammen. Wir sind allesamt »infiziert«, der »kranke« Zustand der Politik ist nicht zu übersehen, als »toxisch« werden manche Verhaltensweisen und Äußerungen betrachtet, unsere

»Abwehrkräfte« müssen gestärkt werden. Das Virus wird – solchermaßen metaphorisch ambitioniert – zum Vehikel einer umfassenden Kulturkritik und einer zum Teil gnadenlosen Politikkritik. Die Proteste gegen die Lockdown-Maßnahmen speisten sich aus diesem Reservoir, damit sich die Pandemie, die Generalpräsenz des Virus, zum Muster einer Generalabrechnung, zu einer Pankritik des Ganzen umbiegen ließ.

Ebenso verhält es sich mit der Impfung. Die Impfskepsis war in den letzten Jahren hauptsächlich in einer Opposition gegen die sogenannte Schulmedizin verankert. Im Laufe der Pandemie wurde die Impfung zu einer Metapher für die Gewalt, die von dieser Medizin, von den sie flankierenden Wissenschaften und von der pharmazeutischen Großindustrie ausgeübt werde. Manche Zeitgenossen hegten sogar den Verdacht, die anstehende Impfung versinnbildliche geradezu prädiktatorische Gelüste in Bereichen der Politik. Die Impfung geriet zu einer Spaltungsmetapher, denn mit ihr verbanden sich Zwänge und Versagen, Übergriffe und Geiselhaft, politico-virologische Kriminalität und Herrschaftsgelüste. Die an sie geknüpfte Hoffnung auf Immunisierung wurde gleichermaßen von Kritikern und Befürwortern mit dem fragwürdigen Bild einer Herdenimmunität in Zusammenhang gebracht. Deren technische Bedeutung, die mit den Kuhpocken aus der Anfangsphase der Immunisierungspraxis in Verbindung steht, war gekapert worden und bei den Impfkritikern in eine Metapher für die angebliche Unmündigkeit des impfwilligen Kollektivs verwandelt.

Die früheren, vor allem religiös inspirierten negativen Assoziationen sind weitgehend verschwunden. Die Impfung gilt nicht länger als Mal des Satans. Aber mit einer Injektion der Sünde wird sie auch in säkularisierten Milieus weiterhin gern assoziiert. Vor einer Infusion mit Chips finsterer Herkunft wird gewarnt, denn Bill Gates wandert offenbar in humanistischem Tarnanzug auf Spuren luziferischen Ursprungs. Auch im saturiert-kirchlichen Milieu tauchten hin und wieder warnende Propheten in heikler Aufklärungsmission auf. Hochwürdenträger wie der Apostolische Nuntius in den USA, Carlos Maria Viganò, und der gefeuerte Präfekt der Kongregation für die Glaubenslehre, der deutsche Kardinal Gerhard Ludwig Müller, bliesen in ein verschwörungstheoretisch gestimmtes Horn, dessen Notentext einer wissenschaftsfernen Komposition entstammte.

Im Bannkreis der Virus- und der Impfmetapher werden große Emotionen geweckt, wenn beispielsweise von einer viruskonformen Demokratie oder von einer Impfdiktatur die Rede ist. Die Impfung ruft die Vorstellung hervor, es sei ein politisches Gemeinwesen mittels Zwänge zu einer Herde umgestaltet worden, die sich willenlos auf dem Weg zur Schlachtbank befinde, deren erstes Opfer die Freiheit sei. Für Menschen, »die ihren Körper als grundsätzlich getrennt von den Körpern der anderen wahrnehmen«[98], kommt die beabsichtigte Herdenimmunität offenbar einem Affront gleich, weshalb sie auf so fundamentale Verdächtigung und so harsche Ablehnung stößt. Mein Körper gehört mir, hier bin ich Souverän und Grenzwächter. Für die Körper anderer bin ich nicht zuständig. Es wird eine heimtückische Grenzüberschreitung in die Richtung eines totalitären Staats befürchtet.

Als Metaphern haben das Virus und die Impfung die Aufgabe übernommen, den pathologischen Zustand unserer Gesellschaft aufzudecken. Wahlweise sind sie avanciert zu Indikatoren einer Weltverschwörung, deren Protagonisten unmittelbar vor einer Machtergreifung stehen, zu deren Zweck die Politik nachhaltig korrumpiert worden sei. Die Kraft dieser beiden Metaphern ist augenfällig. Sie sind zum Trägermedium mannigfaltiger Vorstellungen und Fantasien geworden. Sie bündeln diverse und teils diffuse Kritiken, artikulieren in gewollter Überspitzung eine verbreitete Unzufriedenheit. Man fühlt sich berufen und ermächtigt, zum Widerstand aufzurufen, solange es noch nicht zu spät sei. Dies alles führt die Kumulationsfähigkeit von Metaphern, also deren permanente Sinnanreicherung, deutlich vor Augen. Um das Virus und die Impfung herum siedeln sich große »Assoziationsfelder« (Ricœur) an. Aber noch einmal, warum ist das so? Was macht diese Metaphern so attraktiv?

Das Virus und die Impfung wecken, wie bereits gezeigt, unmittelbar körperliche Assoziationen. Das Virus bedroht den Körper, die Impfung stellt einen Eingriff dar, das Eindringen einer fremden Substanz in die intime Vertrautheit unseres Leibes. Beide sind Interventionen, wobei das Virus natürlichen Ursprungs, die Impfung künstlicher, wissenschaftlicher Herkunft ist. Die Integrität unseres Körpers wird durch beide Interventionen gefährdet. Im Falle des Virus sind wir einem unsichtbaren Gegner ausgeliefert. Im Falle der Impfung ist die verabreichende Instanz konkret und mit Gesichtern und Institutionen verbunden. Mit beiden wird Unheil assoziiert. Sie wecken scheinbar tief sitzende Ängste.

Diese Angst bezieht sich auf die eigene Gesundheit, die zum Opfer einer Intervention zu werden droht, gegen die Widerstand zu leisten schwierig ist. Das Virus macht uns ohnmächtig, nicht zuletzt wegen seiner unfassbaren Winzigkeit, die Impfung dagegen scheint uns mittels ihrer machtvollen Lenkung zu überrollen. Der Feind, der uns hier bedrängt, tastet das basale Vertrauensverhältnis zum eigenen Körper an und das Vertrauen in die politischen Instanzen, welche die Impfung veranlassen. Das Selbstverständnis, mit dem mein Körper mir gehört, wird angegriffen. Die Angst und der Vertrauensverlust, die das Virus und die Impfung auslösen, übertragen sich natürlich auch auf die Metaphern, die mit ihnen gebildet werden. Sobald Virus und Impfung unseren Alltag nahezu monothematisch zu bestimmen beginnen und sie metaphorisch mobilisiert werden, sickern Angst und Vertrauensverlust ins alltägliche Leben ein.

Die unvermeidbare Prominenz dieser Metaphern während der Pandemie überzieht unsere Weltwahrnehmung dann mit einem Negativismus, dem schwer zu entkommen ist. Wir können uns kaum mehr befreien aus dem Sog, den die Gewalt dieser dominanten Metaphern auf uns ausübt. Wie in einer Obsession gefangen, sehen wir dann überall virusbedingte Verwerfungen und Zerwürfnisse. Die von der Impfung initiierten Gefahrenzonen sind allgegenwärtig. Die Kumulationsfähigkeit jener Metaphern zieht immer mehr Bereiche unseres Lebens in ihren Angstradius hinein, die »Assoziationsfelder« blühen. Alles gerät nun in ihren Bann. Seitens der Natur bedrängt uns das Virus, seitens der Gesellschaft die Impfung. Wir sind eingeschlossen.

Auf der Suche nach einem Auszug aus der Angstspirale und aus der Bedrohungskulisse fahnden wir dann nach Personen und Institutionen, denen wir die Entwicklung moralisch zurechnen dürfen. Die Identifizierung des moralischen Feindes sorgt für Entlastung, denn nun wechseln wir das Register der Abstraktion in das der Konkretion. Wir kennen fortan den Verursacher unserer Angst. Ihre Gründe sind nicht länger diffus. Ob wir diesen mit einem Gesicht oder mit einem Phantom verbinden, mit einer Realität oder mit einer Einbildung, ist dabei vergleichsweise gleichgültig. Die moralische Zurechnung bietet nämlich enorme Vorteile. Sobald ein angeblich Schuldiger gestellt ist, verdichtet sich die Gewissheit, die Tat, die als Beleg des Vergehens heranzuziehen ist, werde alsbald aufgespürt und gefunden werden. Auch wenn sich die Tat jedoch wider Erwartung nicht belegen lässt, spricht dieser Sachverhalt umso mehr für die Verschlagenheit des Schuldigen. Darüber hinaus ist die moralische Empörung tendenziell maßlos, solange wir es bei bloßen Vermutungen und Projektionen bewenden lassen können. Hier greift keine Tatrealität korrigierend und temperierend ein. Die Empörung darf sich selbst feiern, was geradewegs zu ihrer abermaligen Steigerung führt. Irgendwann ist die Siegesgewissheit so über sich selbst berauscht, dass die Suche nach realen Ursachen für die Schuldzuweisungen bereits als Ausdruck der Komplizenschaft mit dem Gegner empfunden wird.

Im Fall der Corona-Pandemie konnte man den Eindruck gewinnen, dass in Teilen der Bevölkerung die Realität der Katastrophe im Laufe der Zeit einem imaginierten Schlachtfeld gewichen war, auf dem sich die Kriegsparteien trafen. Das Impfbesteck erhielt den Status einer illegitimen Waffe, mit der Unschuldige und Verführte in einer von Pharmaindustrie, Wissenschaft und Großkapital kontrollierten Zone eingesperrt worden seien. Ein durch Paranoia inspirierter christlicher Widerstand berief sich ungeniert auf Dietrich Bonhoeffer und Sofie Scholl, um die moralische Unantastbarkeit der eigenen Position nachdrücklich und schamfrei zu demonstrieren. Aus den Metaphern hatten sich Erzählungen gesponnen, unter deren Schutz Bündnisse geschmiedet wurden zwischen Protagonisten, die auf den ersten Blick sich nicht fremder hätten sein können. Weil der Feind meines Feindes bekanntlich mein Freund ist, begegneten sich Regenbogenfahnen und Reichskriegsflaggen in demonstrativer Einmütigkeit auf einem neu zu bestellenden Feld der Ehre.

Not tut in dieser Situation eine Metaphernaskese. Wir müssen uns aus der Verstrickung in die genannten Metaphern lösen. Damit ist nicht gemeint, dass Rhetorik und Bildsprache radikal zu drosseln seien. Dies wäre ebenso unmöglich wie auch unnötig. Aber es ist Vorsicht im Umgang mit Metaphern angemahnt, in deren Bann das Freund-Feind-Verhältnis bestens gedeihen kann und die Realitätsverweigerung einen fröhlichen Urstand feiert. »Das Virus ist ein Virus ist ein Virus« müsste die Devise lauten, die uns zurück zu den Fakten bringt. Das Virus ist kein Menetekel am Horizont unserer Zivilisation. Es eignet sich nicht als Vorbote einer bevorstehenden Apokalypse, als schwarzes Fazit einer richtungslos gewordenen Moderne.

»Die Krankheit ist eine Krankheit ist eine Krankheit« lautet die zweite Fassung jener Devise. Es lohnt sich deshalb ungemein, noch einmal auf diesen berühmten Warnruf von Susan Sontag zu hören, denn verklingen darf ihre Stimme nicht. »Nichts ist strafender«, so die große Essayistin, »als einer Krankheit eine Bedeutung zu verleihen – da diese Bedeutung unausweichlich eine moralische ist. (…) Zunächst einmal werden die Gegenstände der tiefsten Furcht (Fäulnis, Verfall, Beschmutzung, Regellosigkeit, Schwäche) mit der Krankheit identifiziert. Die Krankheit selbst wird zur Metapher. Dann wird im Namen der Krankheit (das heißt, indem man sie als Metapher gebraucht) dieses Entsetzen auf andere Dinge übertragen.«[99] Es wird nicht gelingen, auf die Virus- und Impfmetaphern gänzlich zu verzichten. Aber wir müssen mit ihnen einen vorsichtigen Umgang pflegen. Denn gerade diese Metaphern sind in der Lage, uns nachhaltig zu infizieren.

Der Ausnahmezustand als Alltag

Seit Mitte März des Jahres 2020 gingen die Bürger gebückt unter gravierenden Freiheitseinschränkungen. Die Wellen des Virus korrespondierten mit Lockdown-Zeiten, in denen die jeweils ergriffenen Maßnahmen das Leben phasenweise nahezu zum Stillstand brachten. Die Gefühlsökonomie der Bürger wurde auf eine harte Probe gestellt. Allerdings sollte man die Härte dieser Anfechtung nicht leichtsinnig als Kennzeichen einer allgemeinen Befindlichkeit betrachten. Neben Altersdifferenzen und zusätzlich zur psychischen Widerstandsfähigkeit des Einzelnen sorgte die soziale Position der Bürger für gravierende Härteunterschiede. Nicht alle Bürger waren gleich vulnerabel, nicht alle waren gleich betroffen. Die untere Klasse der Gesellschaft trug das höchste Risiko. Hier waren die Infektionsraten am höchsten, die Folgen für den Alltag und für die Zukunft der Betroffenen am schwersten.

Gemeinsam befanden wir uns in einer Situation, die man mit Vorsicht als einen Ausnahmezustand charakterisieren darf, der alle Verrichtungen des Alltags plötzlich als Ausnahmehandlungen erscheinen ließ. Alles, was wir taten, stand plötzlich unter dem Vorbehalt, dass die Spielräume, die uns zur Verfügung standen, nicht verlässlich markiert werden konnten. Ihre Grenzen mäanderten, am jeweiligen Stand der Infektionen und an den diesbezüglichen Prognosen orientiert. Alsbald schossen die Diskussionen über Sinn und Unsinn der erlassenen Regeln ins Kraut. Noch viel kontroverser wurden die Exitstrategien empfangen, längst bevor an einen wirklichen Exit zu denken war. Der Ruf, es müsse die Politik eine Langzeitperspektive aufzeigen, wurde anlässlich jeder zusätzlichen Maßnahme immer lauter, als ob das turbulente Infektionsgeschehen einem solchen Ausblick nicht lange Zeit im Wege stand. Mancherorts wurde ein bis dato latentes Gewaltpotenzial unserer Gesellschaft manifest.

Nachdem der anfängliche Schock über das Hereinbrechen der Pandemie der Frage »Wie weiter?« gewichen war, wuchsen die Dissense, vermehrten sich die Wutdiskurse und zeichnete sich eine überraschend deutliche Konfliktbereitschaft ab. Unter der Haube von Verschwörungstheorien versammelten sich Rechts- und Linksextreme, religiöse Fundamentalisten und Esoteriker unterschiedlicher Provenienz, Impfgegner und ökologisch Radikalisierte. Es wurden krude Bündnisse geschmiedet, die über dem offenbaren Minimalkonsens brüteten, die Zeit zum effektiven Widerstand sei längst angebrochen.

Davon zu unterscheiden sind allerdings die ernsten Bedenken, die angesichts der erheblichen Freiheitseinschränkungen, die man zur Bewältigung des Ausbruchs tätigte, artikuliert wurden. In diesem Zusammenhang sollte man die Covid-19-Situation als ein Szenario betrachten, das uns hoffentlich darüber belehrt, wie wir in Zukunft gesellschaftlich und politisch mit einer schwerwiegenden Krise umgehen und uns – angesichts vermutlich viel gravierenderer Krisensituationen – angemessener vorbereiten sollten. Wir müssen ein bisschen auf Vorrat denken, weil wir sehr wahrscheinlich nicht zum letzten Mal mit einer Konfliktlage konfrontiert sind, die einen fast totalen Zuschnitt hat.

Der Begriff des Ausnahmezustands ist außerordentlich beladen und juristisch komplex.[100] Wer allzu schnell und ohne Differenzierung über einen Ausnahmezustand redet, befindet sich alsbald in einem trüben Fahrwasser. Der Begriff kurvt – schwer bestimmbar – durch die politische Landschaft. Erfahren wurde dieser Zustand zunächst als ein äußerst seltsames Gefühl, bedingt durch das befremdliche Leben in einer Gesellschaft, die plötzlich von Angst erfasst wurde und aufgrund der Maßnahmen der Exekutive zum Stehen gekommen war. Unsere sozialen Koordinaten, auf die sonst Verlass war, hatten sich nahezu aufgelöst.

Die Familie war Arbeitsplatz und Bildungsort zugleich geworden. Die Zonen der Erholung waren geschlossen, das Reisen tabu. Längst bevor juridische und rechtsphilosophische Termen in das Kommunikationsnetz eingespeist wurden, machte die Implosion jenes sozialen Koordinatensystems den Ausnahmecharakter der Situation überdeutlich. Denn wir befanden uns tatsächlich in einer politischen Ausnahmesituation, die in der jüngeren Geschichte westlicher Demokratien ihresgleichen suchte. Von einem Ausnahmezustand spricht man – in der trockenen Sprache der Juristen –, wenn eine zeitlich befristete, rechtlich erlaubte Entrechtung stattfindet, also eine legale Suspension der Freiheitsrechte. Die zeitweilige Aufhebung solcher Rechte ist demnach ihrerseits rechtlich verbürgt und sanktioniert, in der Regel zum Schutz der Rechtsordnung als solcher und somit des Staates als Ganzen, also zur Abwehr von Gefahren, die das Gemeinwesen zu zerstören vermögen. »Steht die Nation auf dem Spiel, steht das Recht nicht im Wege. (...) Not kennt kein Gebot«[101] (Andreas Zielcke), so lautet die klassische, aber nicht unproblematische Formel des Notstandsrechts.[102]

Elementare Freiheitsrechte waren in den verschiedenen Phasen der Pandemie außer Kraft gesetzt worden. Die Bewegungs- und Versammlungsfreiheit wurde bis in die Intimsphäre der Familien hinein gravierenden Einschränkungen unterworfen. Aus Bayern stammte damals eine Nachricht, der zufolge ein Polizist einem Mann untersagte, draußen auf einer Bank ein Buch zu lesen. Allerdings sollte man Vorsicht walten lassen, wenn man diesem Zustand attestiert, ein Notstand gewesen zu sein. Traditionell wird ein Notstand in Verbindung mit der Abwehr einer kriegerischen Invasion oder eines Aufruhrs im Inneren gebracht, also mit einem Belagerungszustand, der verhindert oder beendet werden muss.

Die Ratio hinter einem Ausnahmezustand kann allerdings auch eine andere sein als die aus den gerade genannten Gründen. Die Weimarer Verfassung kannte bereits die Formel einer »Gefahr für die öffentliche Sicherheit und Ordnung« (Artikel 48, 2) als Grund einer Notverordnung, in der eine gesetzesvertretende Anordnung der Exekutivgewalt zum Ausdruck kommt. Diese Formel ist in einem hohen Maße vage und interpretationsbedürftig. Heutzutage ist der Begriff des Notstandes im Grunde durch den der Krise ersetzt worden. Das klingt allerdings erheblich harmloser, als es ist. Während das Notstandsrecht sich auf die Gefährdung des Staates richtet, bezieht sich der Begriff der Krise auf die Gesellschaft als Ganze – auf das Gemeinwohl. Letzteres ist abermals ein vager und dehnbarer Begriff.

Im Falle der Pandemie war und ist der Begriff der Krise zweifelsohne einschlägig. In den befremdlichen Koalitionen zwischen Virusleugnern, Quarantäneverweigern und Impfgegnern wurde jedoch beharrlich ein anderes Narrativ vorgetragen, das da lautete: Wir befinden uns in einem Notstand, der nicht durch eine kriegerische Invasion oder einem inneren Aufruhr ausgelöst worden ist, sondern gleichsam von den staatlichen Organen selbst, vor allem von der Exekutive provoziert wird. Das Ziel ist die Abschaffung der Demokratie zugunsten einer Diktatur, die durch eine Allianz von bereitwilligen Politikern, Drahtziehern des Großkapitals, Verschwörungszirkeln und einer Nomenklatura der Medienkonzerne vorbereitet wird. In der politischen Elite des eigenen Landes befinden sich die bereitwilligen Vollstrecker dieses Vorhabens. Es ist ein Putsch des demokratischen Staates gegen sich selbst in Vorbereitung. Solchermaßen lautete das Gegennarrativ.

Zunächst gilt es, einen Blick auf die Genese dieses Zustandes zu werfen. Abgekürzt und also unter Vernachlässigung der jeweiligen Differenzen hat im Monat März 2020 eine rasche und weitgehend widerstandslos hingenommene Suspension erheblicher Freiheitsrechte stattgefunden. Diese war zweifelsohne nicht zuletzt auch das Ergebnis einer Angstkommunikation und einer Angstkumulation, die von zwei auf den ersten Blick durchaus konträren Faktoren bestimmt war: Da war zunächst die Bilderflut, vor allem die Szenen aus einigen Regionen Norditaliens mit Bergamo als Gipfeldrama, die bis ins Mark trafen. Die Bilder legten eine unmittelbar bevorstehende Implosion der intensivmedizinischen Versorgung vor der eigenen Haustüre nah, wenn nicht sofort in einen Krisenmodus geschaltet werde. Und da waren die Virologen und Epidemiologen, die uns mit Reproduktionsraten, mit steigenden Kurven, mit Infektionsszenarien und Todeszahlen versorgten und die wissenschaftliche Grundierung des politischen Maßnahmenkatalogs lieferten.

Die Emotion der Bilder verband sich mit der Kognition der Zahlen. Die Bilder wurden mit einer wissenschaftlichen Unterbauung ausgestattet, die Zahlen erhielten eine emotionale Farbe. Die Angst war medial und wissenschaftlich plausibilisiert. Vor diesem Hintergrund legten die europäischen Bürger, so hatte es den Anschein, ihre Grundrechte zunächst wie ein lästiges und außer Mode gekommenes Kleid ab, so als sei die Verfassung lediglich ein dekoratives und demnach verzichtbares Element des Rechtswesens. Vieles wies jedoch darauf hin, dass für die Maßnahmen gute Gründe sprachen. Das Modell des Lockdown, das in späteren Phasen der Pandemie wiederholt wurde, war aus medizinischer, speziell aus virologischer und epidemiologischer, aber auch aus politischer Sicht tatsächlich so gut wie alternativlos. Die politische Kommunikation über diese Maßnahmen blieb allerdings mangelhaft. Die schnelle Bereitschaft, Elementarrechte angesichts eines Gefahrenszenarios bereitwillig einschränken zu lassen, gibt allerdings grundsätzlich zu denken. Die Anhänglichkeit an die Grundrechte scheint nicht selbstverständlich vorhanden zu sein. Und aus der Warte der politischen Entscheidungsträger wurde die Notwendigkeit, die guten Gründe für die genannten Einschränkungen auch genauer kundzutun, offenbar als gering eingeschätzt.

Nun sind in außergewöhnlichen Notlagen teils extreme Interventionen erforderlich. Sie sind deshalb extrem, weil sie empfindliche Eingriffe in die Freiheitsrechte der Bürger implizieren. Solche Maßnahmen müssen konstitutionell gewährleistet und bewältigt werden. In freiheitlichen Demokratien dürfen sie den Rahmen des Grundgesetzes nicht verlassen. Dies stellt eine heikle Aufgabe dar, denn es sind in dieser Not nicht nur wichtige Güter wie die Gesundheit der Bevölkerung zu schützen, sondern es muss auch der Schutz ihrer Freiheit vor einer potenziell enthemmten Regierungsgewalt gewährleistet werden. Den klassischen Fall des Ausnahmerechts oder Notstandrechts stellt, wie gesagt, der Belagerungszustand, also die Bedrohung der Rechtsordnung als solche durch Krieg oder Aufruhr dar. Im Falle der Pandemie dagegen haben wir es mit einer Krise zu tun. Diese darf als ein Beispiel für die »modernen Notstände« benutzt werden, die weniger »gefährlich für den Staat als für die Gesellschaft«[103] (Zielcke) sind. Dennoch lohnt sich zunächst ein Rückblick auf den erwähnten klassischen Fall des Ausnahmezustands, denn im diffusen Widerstand gegen die Corona-Regeln wurde dieser gern in radikalisierter Fassung mobilisiert.

Der Kronjurist des Dritten Reiches, Carl Schmitt, hatte für diese Rechtsfigur bekanntlich eine radikale Fassung besorgt. Wer heute über den Ausnahmezustand redet, kommt deshalb an Schmitt nicht vorbei. »Souverän ist, wer über den Ausnahmezustand entscheidet«[104], lautet der wohl berühmteste Satz seines Œuvres. Die Situation, die diesem im Dritten Reich restlos kompromittierten Rechtsgelehrten vor Augen stand, ist die einer Implosion der Rechtsordnung als Ganzer. Schmitt dachte also an ein rechtliches Chaos, in dem es unmöglich geworden ist, Rechtssätze überhaupt anzuwenden und durchzusetzen. Der erste Eingriff des Souveräns gilt deshalb der Wiederherstellung der Ordnung: »In seiner absoluten Gestalt ist der Ausnahmefall dann eingetreten, wenn erst die Situation geschaffen werden muss, in der Rechtssätze gelten können.« Der Souverän wacht nämlich über die Stabilität des Raums, worin das Recht sich manifestiert, anerkannt und vollzogen wird. Er »schafft und garantiert die Situation als Ganzes in ihrer Totalität«.

Die Heilung einer potenziellen Zerrüttung der Rechtsgeltung im Falle des Ausnahmezustands ergibt das ebenso klassische Paradox der Souveränität. Weil die Rechtsordnung zerfallen und sich mit ihr die Geltung der Rechtssätze aufgelöst hat, befindet sich der Souverän bei der Wiedererrichtung der Ordnung außerhalb des Rechts: »Hier sondert sich die Entscheidung von der Rechtsnorm, und (um es paradox zu formulieren) die Autorität beweist, dass sie, um Recht zu schaffen, nicht Recht zu haben braucht.«[105]

Schmitt zufolge verfüge der moderne Rechtsstaat nicht länger über ein hinreichendes Bewusstsein hinsichtlich der Komplexität des Souveränitätsgedankens. Die ultimative Entscheidungskompetenz des Souveräns und somit auch der existenzielle Charakter seines Eingriffs in die Rechtsordnung anlässlich eines Notstandes seien durch die Auffassung

geschwächt worden, die Gesamtheit der Rechtsnormen repräsentiere die staatliche Gewalt und außerhalb ihres Geltungsbereichs könne von Souveränität keine Rede sein. In diesem Falle sei der Souverän gewissermaßen mit der Rechtsordnung identisch:
»Die Schwierigkeit liegt hier darin, dass der bürgerliche Rechtsstaat von der Vorstellung ausgeht, die gesamte Ausübung aller staatlichen Gewalt restlos in geschriebenen Gesetzen erfassen und umgrenzen zu können, so dass kein politisches Handeln irgendeines Subjekts – sei es der absolute Monarch oder das politisch zum Selbstbewusstsein gekommene Volk –, keine Souveränität mehr möglich ist, sondern verschiedenartige Fiktionen aufgestellt werden müssen: dass es überhaupt keine Souveränität mehr gebe, oder, was das gleiche ist, dass die ›Verfassung‹, genauer: die verfassungsgesetzlichen Normierungen, souverän seien usw. (...) In Wirklichkeit sind es gerade die wesentlich politischen Entscheidungen, welche der normativen Entscheidung entgehen.«[106]

Wie man unschwer erkennt, reduziert Schmitt Souveränität auf ein politisches Handeln *in extremis*, das außerhalb der Normativität des Rechts vollzogen wird. Und er scheut sich nicht, solches Handeln sogar als »wesentlich politisch« zu betrachten. Die Normen des Rechts haben demnach im Ernstfall nur einen zweitrangigen Status. Sie repräsentieren die normierte Wirklichkeit des Politischen. Letzteres kommt aber erst im existenziellen Entscheidungsakt des Souveräns, also außerhalb der Normalität der Gesetze, »wesentlich« zu sich. Vor diesem Hintergrund mutet der Ausnahmezustand geradezu wie die reine Verkörperung der Souveränität an. Nirgendwo anders als im Ausnahmezustand manifestiert sich die Souveränität in ihrer ganzen Fülle, in ihrer ganzen existenziellen Gewalt, endlich befreit von den Schlacken der Rechtsordnung unter normalen Umständen.

In dieser Rechtsphilosophie steht die Verfassung genau genommen unter dem permanenten Vorbehalt, dass sie als das Herzstück der geltenden Rechtsnormen im Grunde unwesentlich politisch bleibt. Ernst und Autorität der Verfassung sind nur geliehen, denn erst im Ausnahmezustand als Inkarnation der Souveränität manifestiert sich die Essenz des Politischen. Schmitt liebäugelte deshalb mit der Figur der »Ver-

fassungsdurchbrechung«, die zwar nicht auf einen Ausnahmezustand fixiert ist, aber sich immerhin auf eine analoge Situation richtet:
»Bei einer Durchbrechung wird die verfassungsgesetzliche Normierung nicht geändert, sondern nur im Einzelfall – unter Aufrechterhaltung ihrer Geltung im Übrigen und im allgemeinen – eine abweichende Anordnung getroffen. Es wird hier also nicht nur keine Änderung des Verfassungsgesetzes vorgenommen, sondern gerade vorausgesetzt, dass das Verfassungsgesetz unverändert weiter gilt. Solche Durchbrechungen sind ihrer Natur nach Maßnahmen, keine Normen, daher keine Gesetze im rechtsstaatlichen Sinne des Wortes und infolgedessen auch keine Verfassungsgesetze. Ihre Notwendigkeit ergibt sich aus der besonderen Lage eines Einzelfalls, aus einer unvorhergesehenen abnormen Situation. Wenn im Interesse der politischen Existenz des Ganzen solche Durchbrechungen und Maßnahmen vorgenommen werden, so zeigt sich darin die Überlegenheit des Existenziellen über die bloße Normativität. Wer zu solchen Handlungen befugt ist und imstande ist, handelt souverän.«[107]

Die »Verfassungsdurchbrechung«, von der Schmitt hier spricht, ist eine Rechtsfigur, die beispielsweise in den Ermächtigungsgesetzen aus der Weimarer Republik, als der Deutsche Reichstag einige seiner Rechte an die Reichsregierung übertrug, eine wichtige Rolle gespielt hat. Bei einer Verfassungsdurchbrechung wird ein Gesetz beschlossen, das mit der Verfassung nicht zu vereinbaren ist, diese also durchbrochen wird. Deshalb heißt ein solches Gesetz »Ausnahmegesetz«. Mit dem Argument, das betreffende Gesetz habe eine qualifizierte Mehrheit erhalten, mit der eine Verfassungsänderung möglich gewesen wäre, wird ein solches »Ausnahmegesetz« gerechtfertigt. Infolge dessen ist eine verfassungsrechtliche Kontrolle natürlich unmöglich. Ein solches Gesetz gilt bereits als verfassungskonform ohne Verfassungsprüfung. Das Grundgesetz der Bundesrepublik aus dem Jahre 1948 betrachtet solche Ausnahmegesetze als eine Aushöhlung der Verfassung, weshalb Verfassungsänderungen nur dann erlaubt sind, wenn sie sich im Verfassungstext niederschlagen. Solange der Wortlaut der Verfassung also nicht verändert wird, bleibt ein solches Gesetz mit ihr unvereinbar.[108]

Wie im vorherigen Zitat deutlich wurde, wird auch im Falle der Verfassungsdurchbrechung die existenzielle gegen die normative Komponente des Politischen ausgespielt. Es ist von der »Überlegenheit des Existenziellen über die bloße Normativität« die Rede. Für Schmitt ist die Verfassungsdurchbrechung deshalb so interessant, weil sie sich im Grunde als die Vorstufe der Rechtsfigur des Ausnahmezustands betrachten lässt. In der Verfassungsdurchbrechung wird die Aufhebung der Verfassung und mit ihr der Ausnahmezustand gleichsam eingeübt. Dennoch lohnt es sich, bei dem Anlass einer solchen Durchbrechung etwas länger stehen zu bleiben. Diese ergibt sich »aus der besonderen Lage eines Einzelfalls, aus einer unvorhergesehenen abnormen Situation«. Von einer solchen Situation kann im Falle der Pandemiekrise aber tatsächlich die Rede sein. Im Folgenden soll Schmitt gleichsam gegen den Strich gelesen werden.

Im Falle der Pandemie hatten wir zweifelsohne mit völlig außergewöhnlichen Herausforderungen zu tun. Wir waren mit »der besonderen Lage eines Einzelfalls« konfrontiert, mit einer Situation, die ihrerseits einen existenziellen Charakter besaß. Dabei befanden wir uns nicht in einem Notstand, sondern in einer ernsten gesellschaftlichen Krise, die einen totalisierenden Charakter besaß: Aus dem medizinisch indizierten Notfall erwuchs eine Notlage, die sämtliche Teile der Gesellschaft erfasste. Wir befanden uns faktisch in einer Ausnahmesituation, die niemand ausgerufen noch herbeigeführt hatte. Angesichts des Normenbestands des Rechts hatten wir – der Souverän – uns in eine existenzielle Zwangslage manövriert, die Regelungen erforderlich machte, die der Abnormität der Umstände Rechnung tragen sollten.

Nun war der Souverän nicht dazu aufgefordert, sich mittels einer existenziellen Entscheidung über den Normenbestand hinwegzusetzen und durch die Ausrufung eines Ausnahmezustands die Rechtsordnung wiederherzustellen. Von einer solchen Überlegenheit des Existenziellen konnte keine Rede sein, denn der Souverän war selbst in seiner Existenz bedroht. Es lag eine existenzielle Notlage vor, in der der Souverän den eigenen Fortbestand sichern und die Gesetzesnormen an diese Notlage heranführen musste.

Das »Gesetz zum Schutz der Bevölkerung bei einer epidemischen Lage von nationaler Tragweite«, welches der Deutsche Bundestag am 18. November 2020 verabschiedete, enthielt gesetzliche Präzisierungen hinsichtlich der Eingriffe in die grundrechtlichen Freiheiten der Bürger. Solche Eingriffe verlangen nach genauen Begründungen im Hinblick auf ihren Anlass, ihre Dauer und ihre Reichweite. Selbstverständlich sind Einschränkungen der Bewegungs-, der Demonstrations- oder der Gottesdienstfreiheit substanzieller Natur. Und in dieser Stunde der Exekutive war die Mitwirkung der Legislative de facto eingeschränkt worden, nicht zuletzt angesichts der Knappheit der Zeit im Hinblick auf die rapide steigenden Infektionszahlen. Unproblematisch war diese Einschränkung gewiss nicht.

Von einer Verfassungsdurchbrechung, wie sie Schmitt vor Augen stand, konnte keine Rede sein, von der Vorbereitung einer Machtergreifung durch ein Ermächtigungsgesetz, wie sie in esoterischen und rechtsradikalen Kreisen herbeifabuliert wurde, noch sehr viel weniger. Das Grundgesetz kennt nämlich keinen Ausnahmezustand klassischer Provenienz, wohl aber temporäre Grundrechtseinschränkungen, also im Einzelfall durchaus gravierende Ausnahmeregeln, die aber von einem Notstandsrecht weit entfernt sind. Bekanntlich werden diese Einschränkungen ihrerseits eingeschränkt – durch das Grundgesetz. Dieses kennt zwei solcher Restriktionen: die Ewigkeitsklausel von Artikel 79, Absatz 3, die Verfassungsänderungen verbietet, welche die Substanz des Rechtsstaats antasten, und den Artikel 1, in dem die Menschenwürde für unantastbar erklärt wird.

Die Krise, die durch die Pandemie entstanden war, hatte die Normalität, in der wir lebten, durch die *Große Unterbrechung*, die sie initiierte, aufgehoben. Vielleicht war es diese Unterbrechung, die uns auf die Rechtsordnung, vor allem auf die Freiheitsrechte überhaupt aufmerksam gemacht hatte. Normaliter sind diese so selbstverständlich, dass sie aus unserer Wahrnehmung zu entschwinden drohen. Die Abnormität der Situation rief die Freiheitsrechte jedoch mit aller Schärfe ins Bewusstsein zurück. Abnormität bedeutet in unserem Fall, dass die Pandemie die Normalität des Lebens faktisch aufgehoben hatte. Aber sie bedeutet auch, dass das Recht eben in einer solch abnormen Situation kreativ angewandt werden muss.

Bei dem niederländischen Rechtsphilosophen Hans Lindahl findet sich ein interessantes Äquivalent für die Rede von der Abnormität. Lindahl spricht von der »A-Legalität«[109] einer Situation. Wie der Begriff bereits andeutet, befinden wir uns in einer solchen Situation in einem Zwischenbereich – in einem Bereich zwischen Legalität und Illegalität. Außergewöhnliche Lagen entziehen sich der einfachen Zuordnung zu einem dieser beiden Pole. Die Flüchtlingskrise des Jahres 2015 wäre ein Beispiel für eine solche Lage: Im Mittelmeer fanden Rettungsaktionen statt, die weder legal noch illegal waren, weshalb sowohl die Beurteilung der einzelnen Aktionen und auch die Verurteilung der einzelnen Akteure große Kontroversen verursachten.

In solchen Momenten von A-Legalität rückt die bestehende Rechtsordnung in den Fokus der Aufmerksamkeit. Sie ist plötzlich fragwürdig im doppelten Sinne des Wortes. Wir befragen die Rechtsordnung und stellen sie womöglich infrage. Lindahl zufolge ist der Moment der A-Legalität genau genommen auch ein Moment der Abnormität. Die Lage ist so außergewöhnlich, die Herausforderungen sind so neuartig, dass die Selbstverständlichkeit der Rechtsordnung und der konstitutionell verbürgten Grundrechte Zweifeln ausgesetzt sind. In solchen Ausnahmesituationen wird die Rechtsordnung als Ganze sichtbar, während sie in der Normalität unseres Lebens im Grunde unsichtbar bleibt. Hier – in der Sphäre der Normalität – sind die Rechtsordnung und die Grundrechte uns hoffentlich zur zweiten Natur geworden. Dort – in der Sphäre der Abnormität – ist ihre Selbstverständlichkeit plötzlich aufgehoben. Die Rechtsordnung ist fundamental herausgefordert.

Aber was geschieht mit der Rechtsordnung in dieser Phase der A-Legalität? Das hängt natürlich von den jeweiligen Akteuren ab. Da gibt es eine destruktive Reaktion. Diese arbeitet mit dem generellen Verdacht, in der Krise zeige sich der korrupte Habitus der politischen Elite, weshalb die gegen sie gerichtete Devise lautet: Entlarvung! Die Abnormität der Lage wird auf die Rechtsordnung als solche projiziert. Der existenzielle Ernst der Situation, in der wir uns inmitten der Pandemie befanden, der außergewöhnliche Fall der medizinischen Lage, wurde bagatellisiert und stattdessen die Verfasstheit der Rechtsordnung dramatisiert und der Charakter ihrer Repräsentanten ins bodenlos Negative gewendet. Die pandemische Krise wurde umgedeutet als eine Krise des Politischen. Nicht die Infektionslage war ernst, sondern der Zustand des Rechtsstaats. Die Pandemie wurde zum Anlass der Pandämonisierung der politischen Nomenklatura, die sich – am Willen des Volkes vorbei – auf das undurchsichtige Bündnis mit einer medizinischen, aber demokratisch nicht legitimierten Wortführerschaft und einer ebenso demokratiefeindlichen Avantgarde von Großkapital, Pharmazie und Medien eingelassen hätte.

Die Pandemie war in diesem Lager zum willkommenen und im Grunde herbeigesehnten Anlass geworden, ein finales und niederschmetterndes Urteil über den Status quo der politischen Ordnung zu fällen. Die Stunde der Populisten und der Verschwörungspraktiker, die aus der Krise Profit schlagen wollten, brach an. Es wurde mit dem Untergang des Systems geflirtet. Nicht selten hatte man den Eindruck, der Kollaps werde geradezu herbeigewünscht. Es wurde gezündelt mit Verdächtigungen, die teils dem Dritten Reich entliehen waren. Antisemitische und andere Verschwörungsfantasien wurden in den Brutkästen der Paranoia ausgebrütet. Auf der Klaviatur großer Emotionen ließen sich düstere Gesänge anstimmen, welche die Bevölkerung animieren sollten, endlich Widerstand gegen die demaskierten Feinde zu leisten, die sich in den Parlamenten und in anderweitigen Zentren der Macht verschanzt hatten: Die Pandemie war zum willkommenen Anlass geworden, einen Angst- und Bedrohungszustand zu beschwören, den es ohne die Agitationstätigkeit dieser Propheten des Negativismus allerdings nicht gegeben hätte.

In seiner berühmten und auch heute noch gültigen Rede über Aspekte des neuen Rechtsradikalismus aus dem Jahre 1967 hatte Theodor W. Adorno auf eine besondere Taktik der neuen extremen Rechte, damals in der NPD gebündelt, aufmerksam gemacht. Adorno nannte diese Taktik das »Antizipieren des Schreckens«. Gemeint war die Vorgehensweise der alten und der neuen Nationalsozialisten, einen Schrecken in solch grellen Farben an die Wand zu malen, bis sich der Zustand, vor dem gewarnt wurde, auch realisiert: »Sie haben gleichsam eine Angst und einen Schrecken vorweggenommen, wenn man so sagen soll, der dann erst ganz akut geworden ist.« Adorno betrachtete es als eine unterschätzte und wenig berücksichtige Komponente des Rechtsradikalismus, ein »Gefühl der sozialen Katastrophe« zu evozieren und dieses so lange zu bearbeiten, bis die Realität des Unglücks fast zum Greifen nahe ist. Für ihn war es ein wichtiges »sozialpsychologisches Symptom« solcher Bewegungen, »dass sie nämlich in gewisser Weise die Katastrophe wollen, dass sie von Weltuntergangsphantasien sich nähren«[110]. So viel zur destruktiven Reaktion.

Die produktive Reaktion sieht anders aus. Die tiefe existenzielle Krise, in welche die Pandemie unsere Gesellschaft gestürzt hatte, konfrontierte uns in der Tat mit dem Normengefüge der politischen Ordnung. Der Ausnahmefall – die Abnormität der Menge an Angst und Leid, welche die Krise verursacht – versetzte uns in einen Schock und konfrontierte die Aufmerksamen mit der Realität der Verhältnisse, in denen wir leben. Für eine Weile waren die Ablenkungen, die wir uns ansonsten zur Eigenberuhigung gönnen, nicht mehr ganz so einfach abrufbar. Wir konnten den Realitäten nicht länger davonlaufen. Die *Große Unterbrechung* hielt uns davon ab. In der existenziellen Not, die von der Pandemie verursacht wurde, und im unfreiwilligen Stillstand, die sie erzwang, wurden wir dazu veranlasst, uns zu einem ernsten Nachdenken über den Zustand unseres Zusammenlebens aufzuschwingen. Der Ausnahmefall der Pandemie war ein Aufklärungsfall, der uns darüber belehrte, dass wir uns schon längst in einem anhaltenden Ausnahmefall befinden. Wir mussten den Ausnahmefall also nicht – wie es die populistischen, extremistischen und esoterischen Fraktionen tun – herbeibeschwören und falsch adressieren, denn er ist schon längst da und seine Akteure sind bekannt: Wir sind nämlich die Ausnahme.

Verschwenderischer als wir war noch keine Generation in der Menschheitsgeschichte. Maßloser hat noch keine gelebt. Meine Generation verkörpert geradezu einen Exzeptionalismus zivilisatorischen Ausmaßes. Noch nie war die Aggression gegen die Natur so total wie in unserer Gegenwart, und erst langsam beginnen wir zu begreifen, dass diese Aggression sich bereits zu einem Angriff gegen uns selbst weiterentwickelt hat. Wer meint, es ginge in nächster Zeit darum, Schadensbegrenzung zu betreiben, hat nicht verstanden, was auf dem Spiel steht. Von Philipp Blom stammt die Formulierung, wir müssten die Grundlagen unseres Lebens entgiften. Wir würden die Pandemie immer noch verharmlosen, wenn wir sie als ein medizinisches Großereignis auffassten, welches in hoffentlich absehbarer Zeit bewältigt werde. Das Virus zeigte vielmehr, dass dieser Krieg gegen uns selbst in vollem Gange ist.

Die Erderwärmung führt zu Wanderungen von Tierpopulationen und mit ihnen auch von Viren dorthin, wo diese nie gewesen sind. Die grenzenlose Mobilisierung von Menschen und Waren beschleunigt unsere Schutzlosigkeit, denn wirksame Grenzziehungen sind unmöglich geworden. Verdichtete Wohngebiete rücken vor in Gebiete, die noch unlängst nur von Tieren bevölkert wurden, wodurch sich das Risiko gefährlicher Virenübertragungen erheblich erhöht hat. Im Windschatten der Pandemie schreitet die Gewalt gegen die Natur weltweit ungebremst voran und stürzt ganze Zonen auf dem Globus ins Unglück. Die Auslöschung von Flora und Fauna hat an Tempo kaum abgenommen.

Wer heute über einen Ausnahmezustand nachdenkt, darf über die Realität jenes Ausnahmezustands also nicht schweigen. Unser Ausnahmezustand ist weder eine Rechtsfigur noch eine politische Wirklichkeit, sondern ein globaler Fall medizinischer und ökologischer Signatur. Es ist nicht der Souverän, der à la Schmitt im Ernstfall die Überlegenheit der existenziellen Entscheidungsgewalt über das Normengefüge demonstriert, damit die Rechtsordnung repariert wird. Der Souverän befindet sich nämlich selbst in einem Ausnahmezustand und ist gezwungen, sich selbst zu reparieren. Der Souverän bedarf selbst der Heilung.

In seiner Studie über den Ausnahmezustand hat Giorgio Agamben auf eine mittlerweile so gut wie vergessene Bedeutung des lateinischen Begriffs „*iustitium*" aus der Rechtsgeschichte Roms hingewiesen. Es ist in unserem Zusammenhang lohnenswert, bei dieser scheinbar antiquierten Rechtsfigur kurz anzuhalten. Agambens Übersetzung dieses *iustitium* lautet: »Stillstand des Rechts« oder »das Sperren des Rechts«. Gemeint ist damit die zwischenzeitliche Neutralisierung des Rechts, also die Aufhebung der Rechtsordnung in einer Krise, die sich mit den normalen Mitteln des Rechts nicht mehr bewältigen lässt. An eine solche Krise wurde beispielsweise gedacht, sobald das Recht nicht mehr in der Lage war, das Gemeinwohl zu fördern. Es wurde dann sistiert. Vorangegangen war ein ultimativer, also letztgültiger Ratsbeschluss (*senatus consultum ultimum*), der den tumultartigen Zustand des Staats (*tumultus*) feststellen musste. War das der Fall, durfte das *iustitium*, also die Aufhebung des Rechts, abgekündigt werden.[111] Was uns aber vor allem interessiert, ist der Umstand, dass *iustitium* auch noch eine andere Bedeutung als die des Stillstands des Rechts besaß, nämlich die der Trauer.

Die Trauer, die hier gemeint ist, betraf den Tod des Souveräns. Die Trauer über dessen Ableben wurde in der Öffentlichkeit bekundet. Diese Trauer brauchte keineswegs der konkreten Person des Souveräns zu gelten, sondern bezog sich auf die Lage, die mit dessen Tod symbolisch entstanden war. Weil der Garant der Rechtsordnung abwesend war, trat an die Stelle des Rechts ein anomischer Zustand, ein Zustand der Gesetzesabwesenheit. In der Sprache der antiken Philosophie formuliert: Wo vorher noch die Ordnung des Kosmos herrschte, war nun Chaos vorhanden. Dieser Zustand wurde betrauert. Der Begriff Trauer konnte deshalb angewandt werden, weil die Trauer angesichts der überragenden Bedeutung der Familienbande in der Antike niemals nur der toten Person allein galt. Ihr Tod löste einen anomischen Zustand des Sozialgefüges aus, dem die Person entstammte. Der Tote hinterließ nicht nur eine Lücke im Familienverband, sondern seine Abwesenheit tangierte das ganze Gefüge der Familienordnung. Es war ein Riss entstanden, der baldmöglichst gekittet werden musste. Natürlich galt die Trauer auch dem Verstorbenen selbst, aber sie richtete sich vor allem auf die anomische Situation, in der die Familie, also der Sozialverband, sich befand. Die Abwesenheit der Person war von der Abwesenheit der Ordnung, die durch ihren Tod verursacht worden war, nicht wesentlich zu trennen.

Diese Figur des *iustitium* in seiner doppelten Bedeutung von Stillstand des Gesetzes und der Trauer hängt natürlich damit zusammen, dass die Person des Souveräns als das »lebendige Gesetz« (*nómos émpsychos*) betrachtet wurde. Der Souverän stellte die Verkörperung des Gesetzes dar. Dieses wurde mit der Person des Souveräns symbolisch gleichgestellt. Das Symbol im antiken Wortsinn – und noch lange über die Antike hinaus – besaß aber einen viel stärkeren Realitätsgehalt, als dies in unserer Sprache der Fall ist. Das Symbol enthielt dort die Realität, die es symbolisierte. Der Souverän symbolisierte das Gesetz, indem er dessen Realität darstellte. Der Tod des Souveräns als Garant des Gesetzes (*nómos*) löste deshalb tatsächlich einen Zustand der Anomie aus, einen veritablen Zustand der Gesetzesabwesenheit. Der lebende Souverän war das Gesetz, der tote Souverän wird einen Zustand der Gesetzesabwesenheit hervorrufen:

»Die Entsprechung von iustitium und Trauer zeigt hier ihre wahre Bedeutung. Wenn der Souverän ein lebender nómos ist, wenn deshalb Anomie und nómos in derselben Person restlos zusammenfallen, dann muss die Anarchie (die bei seinem Tod – also wenn der Zusammenhang, der sie mit dem Gesetz vereint, durchschnitten wird – in der Bürgerschaft um sich zu greifen droht) Riten unterworfen und kontrolliert werden, indem der Ausnahmezustand in öffentlicher Trauer und die Trauer in iustitium verwandelt wird. Der Ununterscheidbarkeit von nómos und Anomie im lebendigen Körper des Souveräns entspricht die Ununterscheidbarkeit zwischen Ausnahmezustand und öffentlicher Trauer der Bürgerschaft.«[112]

Natürlich ist diese Rechtsfigur stark ritualisiert, aber sie ist nicht gänzlich formalisiert. Die Bekundung der öffentlichen Trauer dient der Wiederherstellung, um nicht zu sagen der Genesung des Bandes, das die Gemeinschaft zusammenhält. Eine solche Überlegung lässt sich auch auf die Situation während der Corona-Pandemie übertragen. In demokratischen Gesellschaften ist die Rechtsordnung nicht länger personenrelativ wie im antiken Vorbild. Nun sind keine Personen mehr vorhanden, die die Rechtsordnung verkörpern. Die Volkssouveränität lässt eine solche Rechtsfigur nicht zu. Aber auch wir – das Volk als Souverän – haben uns in einer Ausnahmesituation befunden. Die zeitweilige Einschränkung von Grundrechten durch die Exekutive und durch eine periodisch zurückgestellte Legislative korrespondierte mit einem grassierenden Tod im Körper des Souveräns. Die Suspendierung von Teilen der Rechtsordnung, also der Zustand einer partiellen Anomie, wurde ausgelöst durch das faktische Unvermögen des Staates, die Gesundheit des Souveräns im Rahmen der Normalität der Gesetzesordnung zu gewährleisten.

Der Begriff der Genesung des Bandes, das die Gemeinschaft zusammenhält, ist nicht bloß eine Redensart, sondern hat im Falle der Pandemie eine unmittelbare Evidenz: Während des Ausnahmezustands befand sich der Souverän im Zustand der Anomie, denn er war buchstäblich erkrankt. Der Körper des Souveräns war infiziert, seine Normalität war einem pathologischen Zustand gewichen. Der Souverän litt, denn er war das Opfer einer schweren Infektion geworden, und indem getrauert wurde, trauerte der Souverän auch um sich selbst. Deshalb war es so wichtig, dass in vielen Ländern zu einem späteren Zeitpunkt eine öffentliche Trauerbekundung stattfand. Sie hatte eine heilende Funktion. Es wurde der Abertausenden Verluste gedacht, die von der Pandemie verursacht worden waren. Aber mit diesem Gedenken zusammen wurde auch die Trauer um den verletzten Souverän bekundet, um die schwer zu ertragende Situation, die zu einer zeitweiligen Aufhebung von Freiheitsrechten geführt hatte und ihm – dem Volk – eine politische Zumutung aufgebürdet hatte, die ihresgleichen in der Nachkriegszeit suchte. Mit ihr waren psychische, soziale und wirtschaftliche Zumutungen verbunden, deren Folgen sich noch nicht abschätzen lassen.

Ein Unglück in Echtzeit

»Wie ist es möglich, dieser Flut visueller und audiovisueller Sequenzen, dieser schlagartigen Motorisierung der Erscheinungen zu widerstehen, die unsere Phantasie ununterbrochen heimsuchen? ... Haben wir noch die Freiheit, uns dieser (optischen oder teleoptischen) Überflutung der Augen widersetzen zu wollen, indem wir den Blick abwenden oder dunkle Brillen tragen? ... Nicht etwa aus Scham oder aufgrund irgendeines religiösen Verbots, sondern aus Sorge um den Erhalt der persönlichen Integrität, der Gewissensfreiheit.«

Paul Virilio[113]

»Es ist bequem, in solchen Zusammenhängen von ›Fortschritt‹ zu sprechen. Niemand wollte zugeben, dass die MASCHINE außer Kontrolle war. Man diente ihr und wurde darin von Jahr zu Jahr tüchtiger und törichter. Je genauer ein Mensch seine Pflichten der MASCHINE gegenüber kannte, umso weniger kannte er jene seines Nachbarn. Es gab auf der Welt niemand mehr, der das Ungetüm restlos verstand. Die großen Köpfe waren umgekommen. Sie hatten genaue Anweisungen hinterlassen, wohl wahr, und ihre Nachfolger hatten sich je einen Teil davon angeeignet. Aber in ihrem Verlangen nach Annehmlichkeiten war die Menschheit zu weit gegangen. Sie hatte die Schätze der Natur fast aufgebraucht und versank allmählich in wohlgefälliger Dekadenz. Wer ›Fortschritt‹ sagte, meinte den Fortschritt der MASCHINE.«

E. M. Forster[114]

Wer die Corona-Krise verstehen möchte, muss einen Blick auf die Medien richten. Sie orchestrierten die Präsentation und die Rezeption dieses Großereignisses bis in seine kleinsten Verästelungen hinein. Wir beobachteten das Näherkommen des Virus in Echtzeit, wir sahen zu, wie es unsere Gesellschaft infiltrierte. Im Spiegel des Virus beobachteten wir uns selbst in Permanenz, zunächst staunend und irritiert, später in zunehmender Bedrückung oder Wut, irgendwann in wachsender

Gleichgültigkeit. Wir betreiben jedenfalls ein Selfmonitoring ohne Unterlass. Dies nicht zu tun, war nahezu unmöglich, es sei denn, man hatte das Privileg, sich in die wenigen verbliebenen Nischen der Unerreichbarkeit zurückziehen zu können. Es war eine virale Schicksalsgemeinschaft, die sich da gebildet hatte.

Wer die signifikanten Umgangsweisen mit der Krise verstehen will, muss ein klein wenig Medienarchäologie betreiben. Wie lassen sich die so unterschiedlichen Reaktionen erklären, die diese Pandemie auslöste – von einer Weltuntergangsstimmung auf der einen Seite bis zu einer manifesten Leugnung auf der anderen Seite? Zwischen Panik und Indifferenz, zwischen Zorn und Gleichmut, zwischen Niedergeschlagenheit und Aggression schwankte das Empfinden. Woher kamen die Turbulenzen, die Spannungen und Konflikte, die sich überall zeigten? Was trieb die Dissense an, die sich in allen Teilen der Gesellschaft vermehrten? Warum mobilisierte diese Krise ein solches Unruhe- und Gewaltpotenzial? Selbstverständlich hängt dies mit der Wucht des Ereignisses, mit seinen einschneidenden Folgen für das Ganze der Gesellschaft zusammen. Ohne eine auf die Medien gerichtete Analyse wird aber vieles unverstanden bleiben. Wir müssen ein wenig in deren Tiefenstruktur vordringen.

Die wohl fruchtbarste Medienarchäologie der Gegenwart finden wir bei dem Soziologen Dirk Baecker. Aus seinen Überlegungen lässt sich eine interessante Sicht auf die Pandemie destillieren. Im Folgenden werden wir uns zunächst auf ein von ihm entwickeltes Zeitaltermodell beziehen und dieses anschließend auf die Pandemiezeit anwenden. Am Anfang steht bei Baecker ein verhältnismäßig einfaches evolutionäres Schema, das aus vier Gesellschaftsformationen bzw. Gesellschaftstypen besteht, die jeweils mit einem bestimmten Kommunikationsmedium korrelieren. Da ist zunächst die sogenannte Stammesgesellschaft, die auf der Kommunikationsform der Mündlichkeit beruht. Die Oralisierung aller Information und Kommunikation ist also ihr Medium. Auf sie folgt die Polis-Gesellschaft, die mittels der Schrift kommuniziert. Hier befinden wir uns im Zeitalter der Alphabetisierung. Seit dem 16. Jahrhundert zeichnet sich die moderne Gesellschaft ab, die mit dem

Buchdruck beginnt und als die Epoche der Literalisierung bezeichnet wird. Die vierte oder die von Baecker auch nächste Gesellschaft genannte ist die unsere, die im Entstehen begriffene, die auf den elektronischen und digitalen Medien beruht. Nun ist das Zeitalter der Digitalisierung angebrochen.

Man muss der Kennzeichnung der einzelnen Gesellschaftstypen aber noch einen weiteren Schritt folgen lassen. Innerhalb der jeweiligen Typen existiert nämlich eine prominente Weise der Selbstreflexion, eine dominante Art der Selbstspiegelung oder des Selbstverständnisses. In der Gesellschaft 1.0, also im oralisierten Milieu der Kommunikation, vollzieht sich Letztere im Medium der Magie. Diese Gesellschaft versteht sich »religiös«. In der Gesellschaft 2.0, in der Gesellschaft der Schriftlichkeit oder der Alphabetisierung, herrscht die Reflexionsform der Macht vor, weshalb Baecker sie »politisch« nennt. Die Gesellschaft 3.0, die moderne Gesellschaft des Buchdrucks, reflektiert sich im Modus des Geldes. Sie wird in ihren beiden Ausformungen, sowohl im Liberalismus als auch im Sozialismus, als »kapitalistisch« gekennzeichnet. Die Gesellschaft 4.0 reflektiert sich in der Information, weshalb sie als Wissensgesellschaft oder Informationsgesellschaft qualifiziert wird.

Man sollte diese Schematisierung, also die Aneinanderreihung von evolutionären Phasen, als den Entwurf von Modellen verstehen, die uns dabei helfen, das signifikante Medienprofil der jeweiligen sozialen Formation zu erfassen. Sie ersetzen keine akkurate Analyse historischen und empirischen Zuschnitts.

Was zunächst ins Auge springt, ist die Beschleunigungskurve, auf der diese Formationen anzusiedeln sind. Die Geschwindigkeit ihrer Verbreitung nimmt ständig zu und damit hängt die Ausdehnung ihrer kommunikativen Botschaften in immer größere Räume unmittelbar zusammen. In den Gesellschaften der Mündlichkeit, die von der magischen Anrufung und von der Macht der Riten geprägt sind, tritt die Kommunikation gewissermaßen auf der Stelle. Hier dominiert das Prinzip der Wiederholung, der repetitive Charakter des Lebens. In der alphabetisierten Gesellschaft, in der die Schrift das Ruder übernimmt, findet bereits eine Entkoppelung von Raum und Zeit statt: Die Botschaft der Kommunikation ist materialisiert in einem Schriftstück. Sie überdauert die Zeit ihrer Entstehung, sie kann aufbewahrt und in andere Räume verlagert werden. Die Ausdehnung des Raums lässt diese Gesellschaften beweglicher werden. Der Blick nach innen weicht langsam einem Blick nach außen.

Der Buchdruck in der Gesellschaft der Literalisierung durchbrach dann eine Schallmauer: Das Kommunikationsmedium konnte – im Vergleich zu den vorherigen Schreibpraktiken – in einem vergleichsweise atemberaubenden Tempo hergestellt, reproduziert und verbreitet werden. Dies alles wurde völlig überboten in der Gesellschaft 4.0, in der die digitale Kommunikation alle Rekorde schlägt. Die Verbreitung der Informationen geschieht im Minisekundentakt, nahezu in Echtzeit, und die Reichweite der Kommunikation ist global und damit total.

Wir halten uns – in unserer nächsten Gesellschaft (der Gegenwart) – in Netzwerken auf und sehr viel weniger in den gebahnten Wegen der Kommunikation, die noch bis vor wenigen Jahrzehnten dominierten. Die Zielvorgaben der Kommunikation, ihre Adressaten und ihre Absichten sind gewissermaßen diffus geworden. Das Netzwerk ist geradezu zu einer Basismetapher geworden, mit der wir unsere Kommunikationswege und in zunehmendem Maße auch unser Leben beschreiben. Mit dieser Metapher versinnbildlichen wir unsere sozialen und privaten Beziehungen, unsere ökonomischen und politischen Aktivitäten. Die Struktur der Netzwerke ist diffus. Sie kennen keine Zentren der Kommunikationssteuerung. Sie verfügen in nur sehr geringem Maße über Mechanismen der Selektion und sind in permanenter Bewegung. Informationshierarchien existieren nicht mehr, privilegierte Zugänge ebenso wenig. Überprüfungen des Wahrheitsgehalts einer Informationseinheit sind kaum mehr möglich. Wenn man auf das rasante Tempo der Informationsverbreitung und auf die unfassbare Informationsmenge achtet, die nun kursiert, wird deutlich, dass wir es mit einer neuen Wahrheitspolitik zu tun haben, die sich nicht ohne Schwierigkeiten von einer Wahrheitsvereitelungspolitik unterscheiden lässt.

Die Konsequenzen dieser netzwerkartigen und völlig flachen Verfasstheit des Mediums sind vermutlich viel weniger intendiert als vielmehr impliziert: Die Suche nach Wahrheit scheint einem Zeitalter zu entstammen, in dem noch ein Raum der Gründe vorhanden war, ein Habitus des Gebens und des Empfangens von Argumenten noch existierte und Reflexionszeiten zur Verfügung standen, die auf Verständigung sannen. Der einstige Streit um die Wahrheit, der idealerweise mit Argumenten zu führen war, ist nämlich längst transformiert in einen Kampf um Aufmerksamkeit. Baecker diagnostiziert in diesem Zusammenhang die Ersetzung der Vernunft durch Kalkül, die Ablösung der Reflexion durch Resonanz. Es geht sehr viel weniger um Überzeugung als um Erregung, viel weniger um die Schaffung von Langsamkeitszonen des Nachdenkens als um die Produktion von Turbulenzen:

»Darauf war niemand vorbereitet. Register, Protokolle und Berechnungen in Lichtgeschwindigkeit erreichen jeden denkbaren Punkt der Erde, in der Atmosphäre und, mit einigen Lücken, in der Tiefsee. Die Tiefenschärfe der Datenproduktion, Granularität genannt, unterläuft das menschliche Wahrnehmungsvermögen. Lernfähige Algorithmen stoßen auf Zusammenhänge in Daten, auf Korrelationen in Fakten, von denen sich keine Theorie bislang eine Vorstellung machte. Digitale Plattformen vernetzen Akteure, die zuvor kaum wussten, dass sie einander etwas zu bieten haben. Die sogenannten sozialen Medien ermöglichen eine Massenkommunikation von Erregungen, die noch vor kurzer Zeit selten über den Biertisch hinauskamen.«[115]

Diese Netzwerke kommen ohne privilegierte Zentren der Kommunikation aus. Jedermann kann mit jeder Person zu jeder Zeit und überall Informationen austauschen. Die Referenz der Inhalte, über die kommuniziert wird, also ihre Realitätsbezogenheit, ist durch Resonanz ersetzt worden. In den Untiefen der Netzwerke finden Verknüpfungen statt, die aus überaus heterogenen und zufälligen Informationen bestehen. Es kommt zu sozialen Koalitionen mit Massencharakter, die durchaus eine Weile Bestand haben, aber ihre Dauer ist ebenso prekär wie ihre Inhalte schwankend und unübersichtlich sind. Der Ort der Kommunikation ist hochgradig vereinzelt, auch wenn man sich eventuell noch einer Sprache bedient, die suggeriert, er würden sich Foren bilden oder das Gespräch fände in einer Arena oder auf einer Agora statt. Informationen wollen angenommen oder abgelehnt werden, aber in aller Regel nicht näher überprüft. Es zählen die Profilierung, der Aufmerksamkeitserfolg, die Resonanz, aber nicht die Substanz.

In zunehmendem Maße verheddern wir uns in diesen Abläufen, wir laufen den Informationen hinterher mit dem stets unguten Gefühl, das Entscheidende zu verpassen und zu wenig zu wissen. Als Geste der Entlastung bleibt uns übrig, diesen Mangel irgendwelchen obskuren Instanzen zuzuschreiben, die uns ausbremsen oder manipulieren. Aber jene Frustration, unentwegt an einem Informationsdefizit zu leiden, hat vermutlich mit dem Prinzip Information selbst zu tun. Wenn wir im Hinblick auf einen strittigen Sachverhalt nämlich tatsächlich miteinander sprechen und unsere Argumente unterbreiten, machen wir Gebrauch von einem Wissensreservoir, das wir durch Aneignung, Prüfung und Selektion erworben haben. Dieses Wissen unterliegt einer hierarchischen Ordnung: Nicht alles ist gewiss, nicht jedes Argument zählt, die Zuverlässigkeit von Behauptungen ist schwankend. Es gibt Bezirke beglaubigten und anerkannten Wissens und Randbezirke des Zweifelhaften, des Ungewissen und sogar des Wissensunwerten.

Informationen sind aber gänzlich anderen Zuschnitts: Sie haben einen flächigen Charakter, sie besitzen das Aussehen einer bloßen Mitteilung. Informationen unterscheiden nämlich nicht zwischen Wichtigem und Unwichtigem, zwischen Wahrem und Falschem. Als Information sind sie gleichwertig. Und wenn wir, wie es heißt, Informationen sammeln, laufen wir schnell Gefahr, sie bloß zu stapeln. Sie häufen sich an, aber besitzen deshalb noch längst keine logische Struktur oder Kohärenz. Sie bleiben diffus und prinzipiell ohne Ordnung. Und man hat den Eindruck, dass die vorliegende Information alsbald veraltet sein wird:

»Der entscheidende Punkt für die gleichzeitige Beruhigung und Beunruhigung der Gesellschaft durch das Prinzip Information ist nicht deren enorm gewachsene Menge, sondern deren laufender Abgleich mit Nichtinformation. Die Wissensgesellschaft ist zugleich eine Nichtwissensgesellschaft, und dies nicht nur deswegen, weil sie das eigene Wissen immer umfassender als unzureichend verstehen und beschreiben kann, sondern auch deswegen, weil zahllose Information schon im Moment ihres Auftauchens wieder vergessen wird. Überraschung, Bewertung und Gewichtung sind die Gesetze der Information. Nur das zählt, was neu ist, einen Unterschied macht.«[116]

In der damaligen modernen Gesellschaft spielten Informationen selbstverständlich auch eine wichtige Rolle, aber sie waren lediglich Bestandteile einer umfassenderen Ordnung des Wissens und einer vergleichsweisen stabilen Institutionalisierung der Diskurse. Informationen dagegen werden in den digitalen Medien programmiert und akkumuliert, aber das schützt sie nicht vor geschwinder Alterung, vor ihrer schnellen Verwandlung in Nichtinformationen und vor der Verbannung in den Infogulag des Vergessenen. Dies hat auch damit zu tun, dass der flache, aber permanente Strom der Informationen kaum Bewertungen enthält. Bewertungen sind Gedächtnisstützen, denn sie bestehen aus Unterscheidungen normativer Natur, die sich wie Trigger in den Haushalt unseres Wissens eingenistet haben. Lediglich das, was uns wichtig oder unwichtig ist, was wir für gut oder für schlecht halten, setzt sich fest in unser Gedächtnis. Das Selektionsprinzip im Netz gehorcht jedoch anderen Gesetzen. »Ein ›Überallgorithmus‹ unterwirft Natur, Welt und Gesellschaft der Frage, welche Daten welchen Unterschied machen oder nicht machen. (...) Für die private Nachricht im Freundes- und Familienkreis gilt ebenso wie für jede professionelle Suche im Datenuniversum, dass keine Information nicht wichtig sein kann und jede Information vermutlich unwichtig ist.«[117]

Angesichts dieses überfüllten Informationsuniversums muss sich der Einzelne ohnmächtig vorkommen. Diese Ohnmacht lässt sich überspielen, indem man das Netz als eine Unterhaltungsmaschine auffasst, wo im Grunde nichts wirklich ernst gemeint ist. Oder jene Hilflosigkeit greift nach einer Ordnungsmaßnahme, die alles auf einen Schlag zu lösen verspricht: Was einem nicht passt, wird als Fake News wegerklärt. Aber das Misstrauen, hervorgerufen durch jenes Prinzip, dass alles wichtig, aber ebenso unwichtig sein könnte, bleibt. Es stellt sich das Gefühl einer permanenten Unruhe ein, die zwischen Resignation und Überhitzung schwankt. Man weiß nicht genau, ob man zu spät, rechtzeitig oder zu früh ist. »Das Prinzip wird im scheinbar Banalen trainiert und steht als scheinbare Dauererregung jedermann zur Verfügung. Alles könne man wissen, aber nichts macht einen Unterschied, von dem aus alle andere geordnet werden könnte. Die Dauererregung erscheint als Stillstand auf höchstem Niveau. Niemand kann wissen, woraus im nächsten Moment womöglich die große Geschichte entsteht.«[118]

Die durch Covid-19 verursachte Krise unterläuft, so könnte man vermuten, allein schon aufgrund ihres Ausmaßes und ihrer Dauer die Kürze der Aufmerksamkeitsspanne, welche die digitale Kommunikation normalerweise erlaubt. Natürlich war die Pandemiekrise omnipräsent, in allen Medien und in allen Kanälen geradezu aufdringlich anwesend. Aber sobald sie eingespeist worden war in die digitalen Netzwerke, unterlag sie deren Gesetzlichkeiten. Die Krise wurde informatisiert, also dem Prinzip der Information unterworfen. Anschließend wurde sie zum Gegenstand eines Meinungsaustausches, so als ob das Wissen über diese Krise und über ihr Virus sich im Grunde von bloßen Auffassungen nicht unterscheiden ließe. In dem Moment, wo Auffassungen das Regime übernehmen, darf jeder vermuten, recht zu haben.

Sogar die Schwere und die Eingriffstiefe der Krise waren nicht geeignet, diesem Auseinanderdriften zu widerstehen. Im Gegenteil. Die Diffusion der Standpunkte vergrößerte sich zunehmend, es bildeten sich hitzige Verwirrzonen der Erkenntnis. Unsere Gesellschaft schien sich einem zentrifugalen Driften überantwortet zu haben, wodurch im Kleinen wie im Großen immer mehr Risse entstanden. Interessanterweise deckten sich diese Risse nicht unbedingt mit der Geografie des Sozialen. Zwar sind die Folgen der Krise in dieser Geografie zu verorten. Die Schwachen sind schwächer geworden, die Lasten ungleich verteilt. Es gibt Epizentren des pandemischen Bebens und Bezirke leichterer Nachbebens. Aber die neuen Verwerfungen haben einen anderen Charakter. Sie besitzen einen Informationsindex. Das ist auch Baecker nicht verborgen geblieben:

»Daran schließt die Frage nach dem Zusammenhalt an, die für die nächste Gesellschaft so wichtig ist wie für jede vorherige. Nach wie vor entscheiden sich Inklusion und Exklusion anhand politischer, ökonomischer und pädagogischer Mechanismen, doch massenmedial, elektronisch und digital sind selbst die ›Überflüssigen‹ jederzeit in der Lage, sich zu vernetzen und einen Unterschied zu machen. Und je mehr dies der Fall ist, desto weniger versteht man, dass es nicht immer und überall der Fall ist. Wie kann es sein, dass Information ubiquitär und selektiv zugleich ist? Die Antwort auf diese Frage definiert die Reflexionsform der nächsten Gesellschaft: Information kann ebenso schnell als Information wie als Nichtinformation gewertet und gewichtet werden.«[119]

Offenbar entstehen die Gräben entlang einer Demarkationslinie zwischen dem, was als Information gilt, und dem, was eine solche war. Diese Linie hat aber eine fiebrige Kontur, weshalb auf ihre Haltbarkeit und Stabilität wenig Verlass ist. Auf den Schlachtfeldern der Aufmerksamkeitsgewinnung finden anhaltende Kämpfe um Deutungshoheit statt, um Terraingewinn und Terrainverlust. Die allermeisten Koalitionen sind dort von geringer Dauer. Es breitet sich das ungute Gefühl aus, keinen Griff auf das Informationsgeschehen mehr zu haben.

Die von der Pandemie ausgelöste Krise war also bereits in ihren Anfängen ein Medienereignis. Diesen Begriff darf man wörtlich verstehen: Das Unglück ereignete sich nicht zuletzt in den Medien. Das Virus ist zwar ein Naturphänomen und es trifft auf ebenso natürliche Entitäten, aber die Kommunikation mit dem Virus war zuallererst ein medieninternes Vorkommnis. Seit seinem anfänglichen Auftreten, jedenfalls sobald es die chinesische Zensur durchlöchert hatte, waren wir Augenzeugen seiner Ausbreitung und wurden wir überhäuft mit Informationen, Einschätzungen, Prognosen und – vor allem – mit Zahlen. Seinem Eintreffen vor Ort ging seine mediale Präsenz um Wochen voraus. Im Medienfilter war die Botschaft von Covid-19 erheblich schneller angekommen, als dies dem Virus in der Realzeit seiner Ankunft möglich gewesen wäre.

In den digitalen Kommunikationskanälen fingen unsere Gesellschaften schon sehr früh an, sich als Pandemieadressaten zu beobachten. Wir waren buchstäblich Zeitgenossen des Geschehens, wobei die Frage vorerst unbeantwortet bleiben muss, ob dies mit aufgeklärter Zeitgenossenschaft überhaupt etwas zu tun hatte. In Echtzeit sahen wir das Virus seinen Weg Richtung Westen einschlagen. Als Zeugen des Unheils, das es auf seiner Fahrt anrichtete, nahm unsere Beklemmung, je näher es kam, immer mehr zu. Vielleicht war unser Blick auf die Entwicklung anfangs noch nicht klar von dem eines Voyeurs zu unterscheiden, der aus sicherer Distanz dem Unglück anderer zuschaut und sich etwas verschämt an der eigenen Sicherheit ergötzt. Aber auch, nachdem das Bedrohungspotenzial des sich rasch globalisierenden Virus bereits deutlich geworden war, hielten die Medien es noch für eine gewisse Weile auf Abstand. Als Bestandteil eines globalen Netzwerks pausen- und atemloser Informationsbewegungen fiel es uns schwer, die sich ankündigende Pandemie als das zu sehen, was sie war – als ein Naturereignis.

Wir entzifferten das Virus zunächst als einen Störfall, der Lieferketten, Reisegewohnheiten, Unterrichtspraktiken, Höflichkeitsformen, Kunst und Kultur betraf. Über das Virus wurde noch in den ersten Wochen nach seinem Eintreffen vor allem als ein gesellschaftliches Phänomen kommuniziert. Vergleichsweise lange und zwar bis zum Spätsommer 2020 konnte man den Eindruck und die falsche Hoffnung haben, die Folgen des Virus wären in absehbarer Zeit abgewickelt. Diese Erwartung wurde gestützt durch den medial stabilisierten Habitus, ernste Angelegenheiten zu externalisieren. Ins Bild gebannt und eingespeist in endlose Informationsschleifen waren wir in der Lage, Dinge auf Abstand zu halten, indem wir ihre harte Realität gleichsam medial abschliffen. Diese Abmilderung der unangenehmen Realitäten durch ihre Auslagerung in die Medien ihrer Beobachtung stellte ein probates Mittel dar, ihr bedrohliches Potenzial aus unserer Wahrnehmung zu verbannen. Im Hinblick auf die Klimakrise haben wir diese Art Verdrängung lange durchgehalten. Die Pandemie dagegen durchbrach irgendwann diese Membran der Gleichgültigkeit.

Mit Friedrich Nietzsche könnte man angesichts dieses Durchbruchs von einer »Vernatürlichung« sprechen, von einer erzwungenen »Bereitschaft für das absolut Plötzliche und Durchkreuzende«[120], das die Habitate der Kultur infiltriert und uns zwingt, die Biosphäre und deren Gesetzlichkeiten endlich zur Kenntnis zu nehmen. Nun mussten wir die schützende Hülle der digitalen Abschottung von der Welt da draußen verlassen. Die Natur nötigte uns, ihre Andersheit als Innenwelt unserer medial vermittelten Beziehung zur Außenwelt zu verstehen. Vermutlich pflegten viele von uns jedoch einen vertrauteren Umgang mit Computerviren als mit echten: Die reelle Natur schien so weit außen vor, dass wir es uns leisteten, sie nur noch als Bildervorrat, als Metaphernreservoir zu benutzen. Solchermaßen konnte sie uns nichts mehr anhaben. So wie wir Kriege in unseren Computerspielen simulierten, war uns die Natur lediglich als Simulationsobjekt in den abgezirkelten Gefilden unserer Netzwerke willkommen – sogar die Viren waren virtualisiert. Man kommt nicht umhin, hier eine Regression am Werk zu sehen. Wir haben uns nämlich verschanzt in unseren Medien, uns versuchsweise immunisiert gegen die Zumutungen der Wirklichkeit, nicht zuletzt auch gegen die der Natur. Es hat ein digitaler *regressus ad uterum* stattgefunden. Im wärmenden Milieu gebärmütterlicher Kommunikationsmedien lässt sich sogar der Schrecken eine Weile genießen. Wenn das Draußen ungemütlich wird, bleibt immer noch die Möglichkeit seiner medialen Einhegung und Aufweichung übrig. Im Grunde wissen wir natürlich seit Langem, dass sich das Zukunftsfenster schließt, aber die Umkehr, die diesen Vorgang gebietet, wird falsch verstanden, nämlich als Heimkehr in einen digitalen Schonraum. Es sieht danach aus, dass wir uns in einer Situation befinden, in der »die Menschheit, auch wenn sie voranschreitet, unbewusst zurückstrebt, und es wird verständlich, weshalb unter bestimmten Umständen, wenn der Weg auf der Straße des Lebens als zu beschwerlich, die Wünsche nach Befriedigung als nicht erfüllbar erfahren werden, der Impuls zur Rückkehr in den schützenden Mutterschoß virulent werden kann«[121].

Angesichts der Ungemütlichkeit der Realitäten, die sich aufdrängen, mag dieser mediale Uterus für eine unbestimmte Zeit eine Art Pufferzone bilden, aber die dortige Verweildauer lädt offenbar weder zur Reflexion noch zu Besinnung ein. Von Peter Sloterdijk stammt die treffliche Formulierung, in der Spätmoderne habe sich eine »informatische Pandemie« ausgebreitet. Die Medienumgebung, in der wir leben, stelle »ein Ensemble aus psychisch invasiven Agenturen dar, die alternative, nicht mehr spirituelle Besessenheit erzeugen«. Das Phänomen des Influencers bezeuge »eine durch obsessiven Mediengebrauch erworbene massive Bereitschaft zu vagen Obsessionen durch geistlose Verführungsagenten und -agentinnen«[122]. Die realen Turbulenzen und Störungen, die sich draußen ereignen, sind in die Medien eingezogen, und lassen dort Zonen erregter Pseudozeitgenossenschaft entstehen. Man braucht keinen naiven Realismus zu hegen, und man macht sich ebenso wenig einer Medienschelte schuldig, wenn man den Finger auf das Phänomen dieser gigantischen Realitätsverleugnung richtet.

In erster Instanz hat diese Regression – der Rückzug in die Innenwelt der digitalen Kommunikationsmedien – mit deren Allpräsenz zu tun. Sie sind überall, zu jeder Zeit, und darum ist ihnen kaum zu entkommen. In Echtzeit werden die Ereignisse beobachtet und teilweise miterzeugt, es existieren kaum mehr Nischen, wo der Unterschied von Medium und Botschaft noch gilt. Paul Virilio hat auf diese Entwicklung bereits vor einigen Jahrzehnten unermüdlich hingewiesen: Im 19. Jahrhundert, so Virilio, hatten die neuen Verkehrsmittel angefangen, die Räume immer mehr in Reichweite zu rücken. Die Geschwindigkeit und die Abstandstauglichkeit von Zügen, Automobilen und Flugzeugen trugen dazu bei, dass auch die entferntesten Orte in die Nähe der technischen Zentren der mobilen Innovationen rückten – in die Nähe der Städte. Im Grunde waren alle Räume anwesend, jedenfalls prinzipiell. Kein Ort konnte sich noch entziehen. Die Eroberung des Raums ging der Eroberung der Zeit voran, denn die modernen Medien der Telekommunikation besorgten wenig später die ubiquitäre Anwesenheit in der Zeit. Die Städte wurden zu Zentralen der echtzeitlichen Kommunikation. Es fand eine »Urbanisierung der Echtzeit«[123] statt, wobei man heute von einer Globalisierung der Echtzeit sprechen müsste. Wir sind überall zu jeder Zeit, unablässig präsent in einer Pseudogegenwart und Pseudozeugenschaft.

Dem aufmerksamen Beobachter Virilio war nicht verborgen geblieben, welche dramatischen Folgen diese Revolutionen der Kommunikation haben würden. Er rechnete mit einer Entwertung der Realität und im Besonderen mit einer Entwertung des Körpers:

»Es lässt sich einfach nicht übersehen, in welchem Maße die neuen Funktechniken (des digitalen Signals, des Videosignals und des Funksignals) in nächster Zeit nicht nur das Wesen der Lebenswelt des Menschen, seines territorialen Körpers, von Grund auf verändern werden, sondern vor allem das Wesen des Individuums und seines animalischen Körpers, denn die Raumordnung auf der Grundlage großer materieller Infrastrukturmaßnahmen (Straßen, Schienennetze usw.) weicht zunehmend der beinahe immateriellen Umweltkontrolle (Satelliten, Glasfaserkabel), die den menschlichen Körper schließlich in einen Terminal verwandelt und den Menschen zu einem interaktiven Wesen macht, das Sender und Empfänger zugleich ist.«[124]

Hier hat offenbar eine langsame, aber dramatische Entkopplung des Körpers von seiner sinnlichen Position stattgefunden. Wir sind immer woanders, unterwegs in den weiten Gefilden pausenloser Kommunikationsströme. Die Exzentrik wird zum Normalmaß. Unsere Umgebung gerinnt zu einer schmalen Basis, zu einer bloßen Schaltzentrale der Informationskanäle. Unser Verhältnis zur Welt ändert sich fundamental: Der Ort unserer realen Anwesenheit wird zweitrangig und die zeitliche Verknüpfung mit den uns umgebenden Ereignissen lockert sich. Naheräume und Zeitabhängigkeiten spielen nur noch eine untergeordnete Rolle. Sie gleichen bloßen Transmissionsriemen für die globalen Echtzeitreisen im Netz.

Virilio sah diese Entwicklung mit großer Sorge: »Wie kann man wirklich leben, wenn es kein Hier mehr gibt und wenn alles jetzt ist?«[125] Mit der sinkenden Abhängigkeit von einem raumzeitlichen Koordinatensystem, das auf Nähe beruht, schwindet offenbar auch die Anhänglichkeit an die Geschehnisse, die dort stattfinden. Wenn wir nicht scharf ausgebremst werden, sind wir schon immer woanders. Dass das Reisen für viele Menschen, zumal für Ältere, zu einem regelrechten Hobby geworden ist, das bis zur Erschöpfung oder bis zum Eintritt einer schweren Erkrankung gepflegt werden will, illustriert diese Sucht, vor Ort möglichst abwesend zu sein.

Der abstrakte Ort des Netzwerks dagegen verspricht etwas, das im Grunde zutiefst paradoxal ist – eine globale Anwesenheit. Solchermaßen wird die Welt jedoch zu einem virtuellen Panorama, das uns im Grunde nichts angeht. Sie ist tendenziell entrückt, zu einer Kulisse unserer Wünsche und Ängste geworden: »Das Ende der Außenwelt ist gekommen, und die ganze Welt wird mit einem Mal ›endotisch‹. Dieses Ende beinhaltet sowohl das Vergessen des räumlichen als auch das des zeitlichen Äußeren (no future) zugunsten des ›gegenwärtigen‹ Augenblicks, das heißt des echtzeitlichen Augenblicks der unmittelbaren Telekommunikationstechniken.«[126] Während wir vor Ort mit unerwarteten Begebenheiten rechnen müssen, die Verzögerungen bewirken und damit auch Reflexionszeiten erzwingen, stoßen uns diese Unannehmlichkeiten im digitalisierten Universum nicht zu. Die Fliehkräfte, die dort herrschen, bewahren uns vor solchen Rücksichtnahmen auf das Unerwartete vor der Haustür.

An der Pandemie haben wir uns in Echtzeit abgearbeitet, in einer fragwürdigen Echtzeitgenossenschaft. Die Informationen, die uns erreichten, waren reich bebildert und umfangreich illustriert. Auf den Fernsehern und Monitoren hielten die Zahlen Schritt mit den Schwerstkranken auf den Intensivstationen und mit den nächsten Toten, die uns in Kühlkammern und vor den Krematorien präsentiert wurden. »Zahlen pflastern die Wege in die Obsession«[127], schrieb Adam Alter in einer Abhandlung über die Suchtgefahren durch den excessiven Konsum der neuen Medien. Dabei gerät unsere Aufmerksamkeit in den schmalen Korridor zur Wirklichkeit, den die Zahlen uns überlassen hatten. Covid-19 war nicht zuletzt ein Zahlenuniversum und somit abstrahiert. Ebenso obsessiv wirkten die Bilder. Sie steuerten unsere Blicke auf die kleinen optischen Ausschnitte, die uns aus der Covid-19-Realität erreichten.

Nun ist allzu verständlich, dass inmitten der Krise, in den Zentren des Infektionsgeschehens und inmitten des politischen Stresses, schnelle Maßnahmen zu deren Eindämmung ergriffen werden mussten und keine Muße zum Entwerfen von umfassenden Deutungen vorhanden war. Hier herrschte – unvermeidlich – das Prinzip der kurzen Sicht, das Navigieren in dichten Nebeln. Wer sich bemüßigt fühlte, einen weiten Bogen zu spannen, landete schnell in apokalyptischen Szenarien, in Beschwörungen von Untergängen und Kulturbrüchen. In diesem Fall wurde aus der Kurzsicht kompensatorisch eine Allsicht. Es kam zu überspannten Narrativen, die sich aus Mutmaßungen, fantastischen Erklärungsversuchen und Rachefeldzügen gegen die Moderne zusammensetzten. Aus dem Übermaß an Informationen disparater Herkunft und inmitten der Befeuerung durch überfallartige, im Stakkato auf uns einprasselnde Bilder war uns das Gefühl für die Räume und die Zeiten der Pandemie abhandengekommen. Auch in dieser Situation wäre Virilio ein guter Ratgeber gewesen.

Als wir die Pandemie beobachteten, taten wir dies in einer Mischung aus Echtzeit und scheinbarer Allgegenwart. Wir waren im Augenblick des Geschehens dessen Zeugen und gleichzeitig überblendet durch das schrankenlose Bildmaterial. Diese Echtzeitgenossenschaft weckte zwar den Eindruck der Nähe, aber wir hielten uns dort in Abstraktionen auf. Die Nähe war bloß simuliert. In einem solchen Universum fällt eine konkrete Zeitgenossenschaft äußerst schwer. Und aus diesem Strudel fanden wir kaum mehr heraus. In diesem Zusammenhang sprach Virilio einst von einem Verlust der »Strecke«.

Die sinnlichen Koordinaten des Geschehens haben sich in diesen Medienparadiesen längst aufgelöst. Die Wege werden nicht mehr gegangen, sondern sitzend sind wir bloß noch im metaphorischen Sinne unterwegs – in den Netzwerken der immediaten Kommunikation. Es wird eine Unmittelbarkeit suggeriert, die aber dem bloßen Schrumpfen von Raum und Zeit im Medium der Kommunikation zuzuschreiben ist. Dieses Geflecht lässt sich zu einer Erzählung über das Ereignis nicht mehr umformen. Uns bleibt kaum etwas anders übrig, als im Registrier- und im Reaktionsmodus zu verharren. Die Informationsmengen werden bloß zur Kenntnis genommen, aber ihre Quantität nötigt zu einem geschwinden Vergessen. Letzteres bewerkstelligen die Bilder, die uns ablenken und mit Realitätsfetzen versorgen.

Das, was mit uns geschieht, wird immer schwerer lesbar. Wir nähern uns einer sekundären Analphabetisierung. Uns ist die Deutungskompetenz genommen worden, weil die dafür erforderliche Zeit nicht mehr zur Verfügung steht. Darüber hinaus zwingt uns die pure Menge der Informationen zu Selektionen, deren Kriterien im Bereich subjektiver Einstellungen und privater Vorurteile verbleiben. Die Medien überfüttern uns und gleichzeitig vermitteln sie den Schein, es läge an uns, die Kontrolle über die Informationsverarbeitung zu behalten. Das kann nicht gelingen. Aber es geschieht noch mehr: »Zum Verlust der Erzählung über die Strecke, und damit jedweder Interpretationsmöglichkeit, kommt noch der plötzliche Gedächtnisverlust, oder besser gesagt, der Aufschwung eines paradoxen unmittelbaren Gedächtnisses, das mit der Allmacht des Bildes verknüpft ist. Ein Bild in Echtzeit, das keine konkrete (explizite) Information mehr wäre, sondern eine diskrete (implizite), eine Beleuchtungsart der faktischen Realität.«[128] Irgendwann sind wir tatsächlich nur noch in solchen »Beleuchtungsarten« unterwegs und das nicht nur in den digitalen Netzwerken. Wer in Kreuzfahrtschiffen zu den schmelzenden Eisbergen unterwegs ist, um sie noch einmal zu sehen, bevor es sie nicht mehr gibt, trägt nicht nur das Seine zu ihrem Verschwinden bei, sondern zeigt, dass wir zu Voyeuren des Untergangs zu werden drohen. Wir sind zu Bewohnern von Apartheidszonen der ästhetischen Verklärung geworden, die sich nicht genieren, sich am Elend der anderen und an dem Verschwinden der Dinge zu delektieren.

Virilio hat hier zu Recht vor einer »Pathologie der Wahrnehmung« gewarnt. In der Überblendung durch die Bilder wird es stets schwieriger, zwischen der Gewalt des Gesehenen und dem Gehalt der dort verbliebenen Informationen zu unterscheiden. Man traut seinen Augen nicht mehr. Ihre Zuverlässigkeit muss permanent bezweifelt werden. Aber wie soll das geschehen? Wie soll es gelingen, zwischen Fakt und Fiktion, zwischen Realität und Simulation, zwischen Information und Desinformation zu unterscheiden? Die Antwort darauf ist nicht leicht. Der erste Schritt bestünde in der Benennung und in der Vergegenwärtigung des Problems. Wir sind sowohl in unserer Selbst- als auch in der Weltwahrnehmung in den Netzwerken der neuen Kommunikationsmedien heillos verstrickt. Wir wähnen, wir wären Zeugen, aber wir sind häufig nur Echtzeitzeugen der Simulationen.

Diese dringend erforderliche Vorsicht hat mit einer generellen Verdächtigung dieser Medien nicht im Geringsten zu tun. Es geht nicht darum, in das Fake-News-Horn zu blasen, sobald einem die Informationen nicht genehm sind und die Bilder einem nicht passen. Im Gegenteil – es muss die Realität gegen ihre gefährlichen Substitute verteidigt werden, ihr Anrecht auf Wahrgenommen-Werden gegen die Anmaßung, sie ausblenden zu dürfen, geschützt werden. Gegen das Gesehene müsste ein Gewissenseinwand vorgetragen werden, denn die Macht des Bildes führt zu Manipulationen der Realität. Virilio sprach in diesem Zusammenhang von einem »Problem der Ethik der kollektiven Wahrnehmung« und stellte folgende bange Frage: »Verlieren wir bald endgültig unseren Status als Augenzeugen der sinnlich wahrnehmbaren Realität zugunsten von technischen Substituten, (Video- oder Fernüberwachungs-)Prothesen, die uns zu Hilfsbedürftigen und Sehbehinderten machen?«[129]

Hier steht nichts weniger auf dem Spiel als unser Vermögen, die Anwaltschaft für die Realität gegen ihre Ausdünnung in den digitalen Netzwerken zu übernehmen. Virilio war zu der Zeit, als sein Essay verfasst wurde, noch weit von den Kommunikationsmedien unserer Gegenwart entfernt, aber er besaß bereits ein feines Gespür für die lauernde Gefahr der Überwältigung unserer Sinne durch mediale Substitute. Seine Frage würde heute in einer nur leicht zugespitzten Formulierung lauten: »Verlieren wir als Echtzeitgenossen die Fähigkeit zur Zeugenschaft? Mangelt es uns an Realitätskorrekturen, weil wir medial mit dem Rücken zu den harten Wirklichkeiten operieren?«

Die Klimakrise, in der wir uns längst befinden, aber auch die Folgen der Pandemie sind zunächst lokale Gegebenheiten, die uns an Leib und Leben treffen. Es kommt deshalb darauf an, dem konkreten Umfeld unserer Existenz und ihrem nachbarschaftlichen Gefüge den Primat zurückzugeben, der ihnen gebührt. Hier lässt sich unsere Wahrnehmung noch bündeln, es sind dort weiterhin Bezugsgrößen vorhanden, die unsere Aufmerksamkeit zu fokussieren vermögen, statt diese in den Weiten des Netzes abschweifen zu lassen. Mit einem fragwürdigen Regionalismus zuungunsten kosmopolitischer Rücksichten hat dies allerdings nichts zu tun. Aber wir können die Dinge in der Ferne nur gewichten, wenn uns die Wahrnehmung der Realitäten, in denen wir leben, zuerst in und aus der Nähe gelingt. In umgekehrter Reihenfolge wird dies nicht funktionieren. Aber die konkrete Nähe wird vernachlässigt, wenn wir uns – medial allgegenwärtig – in den Abstraktionen der Ferne vergaloppieren. Es braucht eine Umkehr des Blickfelds.

Solange wir das nicht tun, wird »nicht nur die relative Geschwindigkeit des Lebendigen entwertet, sondern jede Art von Materie, jede tatsächliche Gegenwart des anderen. Wenn man das virtuelle Wesen (den Fernsten) dem realen Wesen (dem Nächsten) vorzieht, dann bedeutet dies, eine sichere Sache für eine unsichere hinzugeben, das Abbild bzw. den Klon einem substanziellen Wesen vorzuziehen, das einem im Wege ist und das man buchstäblich auf dem Hals hat, ein Wesen aus Fleisch und Blut eben, dessen einziger Fehler darin besteht, hier und jetzt da zu sein, und nicht woanders.«[130] Die Bürde der Verantwortung für die Geschehnisse in Reichweite wird solchermaßen abgelegt. Diese wird zunächst den anderen, dann den staatlichen Institutionen und zuletzt der Menschheit zugeschoben. Dort existiert aber kein Adressat mehr, der noch irgendetwas unternehmen könnte.

Konkurrierende Wahrheiten und Gewissheitswünsche

»*Wir treiben einen Weltverkehr auf schmalspurigen Gehirnbahnen.*«
Karl Kraus[131]

»*We are satisfied that the earth is round.*«
Ludwig Wittgenstein[132]

Hin und wieder brauchen wir, manche regelmäßiger als andere, eine Entlastung von der Realität. Kleine Fluchten müssen erlaubt sein. Angesichts dramatischer Herausforderungen, die uns alle betreffen, ist ein Fluchtverhalten jedoch moralisch hochproblematisch. Wir müssen uns den Realitäten stellen. Dieser Appell ist keineswegs billig oder überflüssig. Während der Corona-Pandemie schien sogar der Minimalkonsens über das Geschehen zwischenzeitlich verschwunden zu sein. In den Echokammern des Netzes und in den dortigen sozialen Wohlfühl- und Aggressionszonen einer verbliebenen Öffentlichkeit in Fragmenten tobten Wahrheitskriege ungeahnten Ausmaßes. Um den Wildwuchs an Behauptungen herum positionierten sich Bekenner und Eiferer, Hellseher und Umsturzpropheten, säkulare Apokalyptiksimulanten und politische Blindgänger. Wahrheitsparodien und karnevalartige Grotesken zogen an uns vorbei, bei denen einem das Lachen allerdings schnell verging.

Die Diffusion des Wissens hat mit den digitalen Medien einen enormen Drive erhalten. Selektionsmechanismen, die wahre von falschen Behauptungen, Informationen von Kommentaren, Privatmeinungen von Begründungen unterscheiden, sind weitgehend verschwunden. Während bis vor wenigen Jahrzehnten noch über erhebliche Bestandteile unseres Wissens und über deren Zustandekommen verhältnismäßig stabile Konsense möglich waren und Ruhezonen unumstrittenen Wissens existierten, hat man heute den Eindruck, dass jenes epistemische Zeitalter der Vergangenheit angehört. Der einst noch wissenschaftstheoretisch eingehegte Satz von Paul Feyerabend »Anything goes«, mit dem jedoch bereits ein kultureller Relativismus vorbereitet worden war, hat sich zu einem flachen Sinnspruch weiterentwickelt, hinter dem sich Ignoranz und Wissenschaftsfeindlichkeit verbergen.

In der radikalen Mediendemokratie hat sich eine Wahrheitsanarchie ausgebreitet. In ihren Netzwerken stehen alle Wege offen, so dass man sich dort frohgemut verirren und andere mit oder ohne Absicht verwirren kann. In der Überflutung durch Informationen fällt die Orientierung in der Tat schwer. Auch hier ist Paul Virilio kein schlechter Diagnostiker: »Heute kann man im Labyrinth der Zeichen umkommen, wie man früher umkam, weil keine Zeichen vorhanden waren.«[133]

Die Wahrheitssuche oder – moderater ausgedrückt – das Streben nach Richtigkeit ist durch einen Kampf um Aufmerksamkeit ersetzt worden, ausgelöst durch die bange Ahnung, ansonsten im Strudel der Kommunikationen alsbald unterzugehen oder dort gar nicht erst vorzukommen. Die Tobsucht um den eigenen Standpunkt herum und die Verächtlichmachung ernst zu nehmender Gegner haben eine Kampfesstätte, um nicht zu sagen: ein Schlachtfeld der Wahrheit entstehen lassen. Von den ehernen Idealen herrschaftsfreier Kommunikation sind wir meilenweit entfernt. Es finden erneut Kriege um die Wahrheit statt, diesmal geführt von Partisanen des epistemologischen Widerstands, von einer wütenden Avantgarde des anderen Wissens, die sich in extremis zu Überfällen auf demokratische Instanzen wie am 6. Januar 2021 in Washington geschehen ermutigt fühlt. Der folgende Satz Virilios benötigt nur eine kleine Korrektur: »Wenn schnelles Reagieren das eigentliche Wesen des Krieges ausmacht und wenn, wie Kipling seinerzeit sagte, das erste Opfer des Krieges die Wahrheit ist, dann muss man folgerichtig feststellen, dass die Wahrheit das erste Opfer der Schnelligkeit ist.«[134] Heute ist die Wahrheit in einem anderen Sinne des Wortes »Opfer des Krieges« geworden, denn um sie herum formieren sich wütende und kriegswillige Meinungskollektive, radikal unwillig, in Verhandlungen über Wahrheit auch nur annähernd friedensgesinnt einzutreten.

Dies alles geschah nicht aus heiterem Himmel. Den kriegerischen Auseinandersetzungen um Wahrheit waren Diskurse vorangegangen, die sogar beste Absichten hegten. In diesem Zusammenhang wird man den »cultural turn« (Frederick Jameson) in den Geisteswissenschaften, in den *humanities*, nicht unerwähnt lassen dürfen. In den sogenannten Kulturwissenschaften war zunächst der Unterschied zwischen Hoch- und Massenkultur infrage gestellt worden. Angestrebt wurde ein kultureller Egalitarismus. Der nächste Schritt ergab eine kulturelle Pluralisierung, nachdem der Kulturbegriff sich zu einer Art Königskategorie in den Geisteswissenschaften aufgeschwungen hatte und infolgedessen sich immer zahlreichere Kulturen am Horizont zeigten. Zunehmend viele Sachverhalte galten als kulturbedingt. Dabei wurde unterlassen zu untersuchen, ob das Loblied auf den Kulturbegriff nicht seinerseits zutiefst kulturbedingt, nämlich westlichen Ursprungs war. Jedenfalls vervielfältigen sich die Kulturen im Eiltempo und der Kampf um Anerkennung hatte begonnen. Der Kulturalismus war geboren.

Ihm zufolge sind wir fundamental kulturelle Wesen. Kulturimmanentismus wäre ein Begriff für diesen Sachverhalt: Über die Grenzen unserer kulturellen Behausung können wir zwar punktuell hinausgelangen, so lautet diese Auffassung, aber in essenziellen Angelegenheiten sind wir kulturimmanente Wesen. Aufgrund dessen sind wir so verschieden, wie es die Kulturen sind. Eine transkulturelle Verständigung ist zwar nicht unmöglich, aber ob sie wünschenswert wäre, ist eine andere Sache. Eine solche Verständigung vollzieht sich in der Regel nach Spielart der dominanten Superkultur, vornehmlich des sogenannten Westens, weshalb sie mit größter Vorsicht zu behandeln ist. Eine wichtige und im Grunde unvermeidbare Folge dieser Sichtweise ist jedoch ein um sich greifender Relativismus: Standpunkte und Handlungsweisen sind demzufolge nahezu zwingend kulturrelativ. Jede Stimme ist deshalb gleichwertig und verdient, gehört zu werden. Eine menschliche Welt ist nur in Vielfalt möglich und jeder Versuch, dem etwas Universelles entgegenzusetzen, muss als paternalistischer Übergriff qualifiziert werden. Antiuniversalismus lautet das Credo.

Die Wahrnehmung und Wertschätzung kultureller Unterschiede sind selbstverständlich zu begrüßen. Großkulturen monotonen Zuschnitts mit ihrem latenten oder manifesten Gewaltpotenzial muss die Anerkennung kultureller Andersheit abverlangt werden. Eine Apologie der Würde kultureller Diversität tut not. Aber der Kulturbegriff leidet seinerseits an einer extremen Vagheit. Wo Kulturen anfangen und enden, lässt sich schwer feststellen. Was eine Kultur ausmacht, bleibt strittig. Die Antwort auf die Frage, welches Ausmaß an Heterogenität intrakulturell tragbar und wie viel Homogenität erforderlich ist, um von einer Kultur sprechen zu dürfen, riefe vermutlich erhebliche Zwistigkeiten hervor. Der Multikulturalismus, einst angetreten, um Rechte für Minoritäten einzufordern, entwickelte sich zu einer fast weltanschaulichen Kategorie, zu passenden und unpassenden Anlässen mobilisiert. In seinem Rahmen entwickelte sich eine Identitätspolitik, die mit universalistischen Prinzipien wenig zu tun haben möchte. Die bange Nachfrage, ob Menschen auf diesem Wege nicht in eine identitätspolitische und kulturelle Zwangsjacke geraten können, wurde erst spät und zögernd artikuliert.

Der Träger des Friedenspreises des Deutschen Buchhandels, Amartya Senn, hat mehrfach gewarnt vor einer blauäugigen Identitätspolitik und vor der Einhegung von Menschen in ihr kulturelles Gehäuse. Senn spricht von einer »Identitätsfalle«[135]: Wir besitzen nämlich nie nur eine Identität, sondern multiple Identitäten. Darüber hinaus vernachlässigt der wohlwollende, aber oft kenntnisarme Blick auf Kulturen häufig das in ihnen vorhandene Machtgefälle, ihre hochproblematischen sozialen Asymmetrien und ihre frauenfeindlichen Geschlechterrollen. Idealisierende Stereotypen ersetzen den kritischen Blick. Die einstige Respektlosigkeit gegenüber einer Kultur wird dann von einer fragwürdigen Romantisierung, von einer Schönfärberei abgelöst, die aber nicht minder schädlich ist, weil sie nicht selten Unrecht sein lässt, was es ist, nämlich Unrecht. Kulturen sind nämlich nicht per se menschenfreundliche Gebilde. Der Auffassung, Kulturen seien immer lokale, an ihre Umwelt adaptierte Lebensformen, die das Überleben ihrer Bewohner ermöglichen, ist zu widersprechen. Maladaption, also die misslingende Anpassung an die Überlebenserfordernisse, ist auch ein kultureller Vorgang. Dieser kann bis zur Vernichtung der natürlichen Ressourcen oder gar bis zur Liquidierung der Population fortschreiten.

Aus der Perspektive eines radikalen Kulturalismus sind Wahrheit und Wissen partikuläre Größen: Sie unterliegen den jeweiligen intrakulturellen Bedingungen. Diese Auffassung läuft darauf hinaus, dass die beiden Kategorien nur mit spitzen Fingern angefasst werden sollten. Dekonstruktion – die Rückführung auf ihre unausgesprochenen und verdeckten Voraussetzungen – lautet das Stichwort. Erkenntnistheoretische Positionen werden infolgedessen entweder mit einer Hermeneutik des Verdachts konfrontiert, die in ihnen nach Machtgefällen und Dominanzgebaren fahndet, oder mit einer Hermeneutik des Wohlwollens, die der Vervielfältigung von Wahrheits- und Wissensansprüchen als Ausdruck kulturellen Respekts das Wort redet.

Das Amalgam von Kulturalismus und Epistemologie hat sich nicht zuletzt in Teilen der Philosophie und der Geistes- und Sozialwissenschaften Gehör verschafft. Antirealismus lautet die Bezeichnung für diese Auffassung. Dieses Paradigma geht davon aus, dass wir nur über Konstruktionen einen Zugang zur Realität haben. Zwei Varianten wären hier zu unterscheiden: Aus neurokonstruktivistischer Sicht besteht die uns zugängliche Realität ausschließlich in unseren Wahrnehmungsmustern und als Ergebnis von diesen Wissensfiltern. Dieser Neurokonstruktivismus wird häufig mit einem kulturellen Konstruktivismus verbunden, mit der zweiten Variante also. Diese lautet: Unser Wissen ist das Ergebnis soziokultureller Prägungen. Über die Realität als solche ist eine Verständigung infolgedessen kaum mehr möglich.

Der US-amerikanische Philosoph Paul Boghossian hat diese Haltung in seinem gleichnamigen Buch als »Angst vor der Wahrheit« qualifiziert. Boghossian zufolge ist hier eine »Gleichwertigkeitsdoktrin« am Werke, die den prinzipiellen Pluralismus des Wissens als eine ethische Norm betrachtet. Diese Doktrin lautet: »Es gibt viele grundverschiedene Weisen, die Welt zu verstehen, die aber von ›gleichem Wert‹ sind und unter denen die Wissenschaft nur eine ist.«[136] Diese Aussage ist im Grunde weniger epistemologisch, also erkenntnistheoretisch motiviert, als vielmehr gerechtigkeitstheoretisch: Will man Kulturen Gerechtigkeit widerfahren lassen und ihnen Respekt erweisen, so lautet die Devise, dann besteht der erste Schritt in diese Richtung nicht zuletzt in der Anerkennung ihrer je eigenen Wissenssysteme. Wer auf einen transkulturellen Bestand verlässlichen Wissens besteht und demnach eine gewisse Hierarchie in den weiten Kosmos kognitiver Reservoire anbringen möchte, macht sich einer Anmaßung schuldig, deren Konsequenzen in der Unterdrückung alternativer Weltzugänge liegen.

Dieser Horizontalismus der Wissenssysteme geht von der Gleichzeitigkeit und Gleichwertigkeit diverser Formen der kognitiven Welterschließung aus. Der Pluralismus des Wissens, der hier verteidigt wird, färbt sich aber alsbald auf einen korrespondierenden moralischen Pluralismus ab, der nicht selten radikalrelativistische Konsequenzen besitzt. Die Behauptung der Gleichwertigkeit kulturell bedingter Wissensformationen und die Verteidigung der Gleichwertigkeit ebenso kulturell bedingter moralischer Paradigmen sind die zwei Seiten einer Medaille. Diese Position wird allerdings mit einem gewaltigen Paradox erkauft: Diese kultur- und wissensrelativistische Auffassung ist nämlich ihrerseits zutiefst kulturell eingebettet, nämlich in einen Kulturrelativismus originär westlicher Prägung. Hinzu kommt, dass diese Position aus der Binnenperspektive vieler sogenannter Kulturen als unwillkommene, von außen stammende Relativierung ihrer eigenen Tradition verstanden wird. Das Ausschlussverhalten westlicher Kulturen ist nämlich keineswegs deren trauriges Privileg. Diese Gleichwertigkeitsdoktrin hat aber ihre kulturelle Einhegung längst verlassen und ist mittlerweile privatisiert worden. Jedefrau und jedermann hat geradezu ein Recht auf Anerkennung privat gehüteten Wissens. Wer die Richtigkeit eines solchen Wissens bezweifelt, muss mit dem Vorwurf rechnen, intolerant, ignorant oder gar gewalttätig zu sein. In den Netzwerken der digitalen Kommunikation und auf den Straßen begegneten wir nicht bloß in den Hochzeiten der Pandemie dem Resultat dieses Relativismus in Wissens- und Moralangelegenheiten. Nun war alles erlaubt: Impfgegner scharten sich zusammen unter der Fahne des Widerstands gegen eine Neuauflage diktatorischer Ansinnen in der Politik und mobilisierten die Tradition des Antifaschismus zu ihren Zwecken. Ohne Scham trugen manche einen Judenstern mit dem Wort »ungeimpft« in seiner Mitte.

Woraus speist sich aber dieser Relativismus? Wie konnte es geschehen, dass wissenschaftliches Wissen einer solch radikalen Verdächtigung anheimfiel? Was war mit der klassischen Suche nach Wahrheit passiert, dass diese so fundamental infrage gestellt werden konnte? Wieso zerfiel die Wahrheit in bloße Meinungen, die aber ihrerseits mit größtmöglicher Gewissheit vertreten werden? Wie sieht das Amalgam von Kulturalismus und Wahrheitssuche aus? Es lohnt sich, hier philosophisch etwas genauer hinzuschauen. Der wissenschaftliche Term für jene Verbindung lautet »sozialer Konstruktivismus«. Letzterer stellt gewissermaßen das wissenschaftstheoretische Dogma der Kulturwissenschaften dar und bildet die Grundlage für den erwähnten Relativismus.

Boghossian hat sich die Mühe gemacht, das klassische Modell der Erkenntnis dieser sozialkonstruktivistischen Sicht gegenüberzustellen. Dabei sind jeweils drei Grundannahmen im Spiel, drei fundamentale Unterstellungen. Um diesen Sachverhalt zu verdeutlichen, greifen wir an dieser Stelle zu einem Beispiel, das von Boghossian selbst benutzt wird, dem Fund von Dinosaurierknochen. Im klassischen Modell geht man – erstens – von einem Tatsachenobjektivismus aus: Die Welt ist überwiegend unabhängig von uns und von unseren Meinungen. Angenommen, wir Menschen wären gar nicht auf der Welt, würde diese in etlichen Bereichen immer noch die sein oder gewesen sein, die sie ist. Im Hinblick auf das Beispiel der Dinosaurierknochen heißt das: Auch ohne uns später Hinzugekommenen hat es Dinosaurier gegeben, denn wir verfügen über deren Knochen.

Die zweite Komponente seines Models nennt Boghossian Berechtigungsobjektivismus: Wenn eine Information B zu einer Meinung M berechtigt, dann ist das eine gesellschaftsunabhängige Tatsache. Bezogen auf unser Beispiel: Als Beleg berechtigt die Information über die entdeckten Dinosaurierknochen zu der Auffassung, diese Tiere hätten einst existiert. Ob die entsprechende Information zu der Meinung M berechtigt, hängt demnach »nicht von den kontingenten Bedürfnissen und Interessen einer Gemeinschaft ab«. Die dritte Komponente des klassischen Modells ist der Objektivismus in Bezug auf rationale Erklärungen: Wenn wir über entsprechende Belege verfügen, sind wir in der Lage, mit rationalen Gründen zu erklären, warum wir zu unserer Meinung gekommen sind. Sobald wir die Dinosaurierknochen besitzen, können wir auf sie Bezug nehmend rational erklären, dass es sie gegeben hat.

Diese Verteidigung des klassischen Bildes der Erkenntnis darf nicht missverstanden werden. Es wird nicht behauptet, dass jede Erkenntnis unter allen Umständen diesem Muster entspricht oder ihm entspringt. Soziale Faktoren mögen einen wichtigen Beitrag dazu liefern, weshalb wir uns für etwas interessieren. Und in der Wissenschaftsgeschichte und in der Wissenschaftsgegenwart kursierten und kursieren Standpunkte, für die es im Nachhinein falsche oder gar keine Belege gegeben hat oder gibt. Über den genauen Charakter von Belegen sind darüber hinaus abweichende Auffassungen durchaus möglich. Im Wesen läuft die Apologie von Boghossian lediglich darauf hinaus, einen Kern unseres Wissens gegen die sozialkonstruktivistische Reduktion in Schutz zu nehmen. Es gibt demnach Bestände unseres Wissens, die einen metakulturellen Status haben, also unabhängig von unserer kulturellen Beheimatung sind und die wir mit guten Gründen verteidigen können. An dieser Stelle sei nun das gegenteilige Modell, also das sozialkonstruktivistische, dargelegt. Boghossian fasst es folgendermaßen zusammen:

»Tatsachenkonstruktivismus: Die Welt, die wir verstehen und erkennen wollen, ist so, wie sie ist, nicht unabhängig von uns und unserem sozialen Kontext; vielmehr sind alle Tatsachen sozialkonstruiert, und zwar so, dass sich darin unsere kontingenten Bedürfnisse und Interessen widerspiegeln.

Berechtigungskonstruktivismus: Tatsachen der Form ›Information B berechtigt zur Meinung M‹ sind nicht, was sie sind, unabhängig von uns und unserem sozialen Kontext; vielmehr sind alle diese Tatsachen so konstruiert, dass sich darin unsere kontingenten Bedürfnisse und Interessen widerspiegeln.

Konstruktivismus in Bezug auf rationale Erklärungen: Es ist nie möglich, unsere Meinungen allein auf der Basis unserer Konfrontation mit entsprechenden Belegen zu erklären; auch unsere kontingenten Bedürfnisse und Interessen müssen dafür angeführt werden.«[137]

Der Tatsachenkonstruktivismus streitet ab, dass es überhaupt Tatsachen gibt: In dem, was wir Tatsachen nennen, lassen sich, so lautet diese Auffassung, die Spuren unserer sozialkulturellen Beheimatung nicht tilgen. Unsere sozialkulturelle Verankerung ist an der Konstruktion von Tatsachen konstitutiv beteiligt. Ob dieser Sozialkonstruktivismus selbst womöglich eine Konstruktion darstellt, wird dabei geflissentlich übersehen. Darüber hinaus behauptet der Sozialkonstruktivismus seinerseits, richtig zu sein. Müsste ihm deshalb nicht gerade aus sozialkonstruktivistischer Sicht mit Misstrauen und Skepsis begegnet werden? Schlimmer noch: Der mittlerweile berüchtigte Begriff der alternativen Fakten kann seine Herkunft aus diesem konstruktivistischen Milieu kaum leugnen.

Der Berechtigungskonstruktivismus leugnet, dass Tatsachen ein relevanter Sachverhalt sind, wenn wir nach Belegen für unsere Behauptungen suchen. Belege besitzen demnach eine sozialkulturelle Matrix, und weil wir alle Bewohner verschiedener kultureller Umgebungen sind, bestehen keine substanziellen Berechtigungsunterschiede. Berechtigungsnachweise werden nicht ausgestellt. Unsere Wahrheitsprätentionen sind alle gleichberechtigt. Wer hier eine Hierarchie anbringen möchte, macht sich einer schweren Diskriminierung schuldig.

Der Konstruktivismus in Bezug auf rationale Erklärungen streitet ab, dass Begründungen einen rationalen Bezug auf Belege enthalten müssen, die wenigstens in Teilen nicht auf unsere kulturellen Habitate zurückzuführen sind. Aus dieser Sicht sind unsere Erklärungen nie lediglich rationalen Ursprungs, sondern durchsetzt von kulturell geprägten Bedürfnissen und Interessen, die irreduzibel sind. Alle Erklärungen stehen in Relation zu solchen Bedürfnissen und Interessen, sind also bedürfnis- und interessenrelativ.

Diese Sichtweise darf jedoch nicht verwechselt werden mit der völlig andersartigen Akzeptanz verschiedener Rationalitätstypen. Die Rationalität einer Aussage über Dinge und Sachverhalte in der Welt unterscheidet sich von der Rationalität eines moralischen Urteils und diese wiederum darf nicht mit der Rationalität eines ästhetischen oder eines technischen Urteils verwechselt werden. Was diese Rationalitätstypen gemeinsam haben, ist aber ihr jeweiliger Bezug auf Gründe. Mit Herbert Schädelbach könnte man Rationalität deshalb als »Inbegriff der Gründe«[138] bezeichnen, die für einen bestimmten Bereich unseres Lebens relevant sind, vorausgesetzt, wir sind bereit, für unsere Urteile zu argumentieren. Begründen heißt also – in aller Kürze – gute Gründe für unsere Urteile bereitstellen. Argumentieren kann aber gerade deshalb nicht heißen, die eigenen Argumente von vornherein – kulturrelativ – herunterzustufen. Sonst würden wir unseren eigenen Argumenten in den Rücken fallen und sie zerstören.

Von der Verteidigung verschiedener Rationalitätstypen ist aber die sozialkonstruktivistische Auffassung zu unterscheiden, die jede Form von Rationalität auf eine intrakulturelle Verankerung reduziert. Gründe gelten hier lediglich innerhalb einer sozialkulturellen Umgebung. Sie haben nahezu ausschließlich mit kontingenten Bedürfnissen und Interessen zu tun. Kontingent heißt hier: mit der soziokulturellen Umgebung, in der ich geboren bin. Weil ich auch anderswo hätte geboren werden können, sind meine Rationalitätsstandards nur zufällig die, die sie sind. Ethische Positionen sind ebenso mit einem Kultur- und Sozialindex zu versehen, was darauf hinausläuft, sie mit einem »Relativ« auszustatten: Moralische Urteile und die für sie bereitgestellten Gründe sind infolgedessen fundamental kontextbezogen, also relativ.

Die soeben behandelte sozialkulturelle Indexierung allen Wissens und Handelns schwächt sowohl die Bereitschaft, auf Verständigung zu setzen, als auch das Vermögen, gemeinsam zu navigieren im »Raum der Gründe« (Wilfrid Sellars). Einen solchen Raum müssen wir auch teilen wollen und anstreben, was nicht heißt, dass wir die dort vorgetragenen Gründe immer teilen sollten. Das Gegenteil ist der Fall. Aber wir benötigen gemeinsame Grundlagen. Wir müssen uns davor hüten, uns in die Falle des Relativismus zu verirren und uns dort heillos zu verstricken. Der Sozialkonstruktivismus, den man auch einen erkenntnistheoretischen Kulturalismus nennen könnte, betreibt aber eine Politik der epistemologischen Raumaufteilung. Sobald diese sich dann auch noch mit identitätspolitischen Motiven mischt, wird das »Geben und Nehmen von Gründen« (Robert Brandom) als Grundlage einer potenziellen Verständigung unwahrscheinlich.

Der Sozialkonstruktivismus löst das Verständnis von Gründen bei genauer Betrachtung auf. Gründe, die nur die je meinigen bleiben, sind keine Gründe, denn sie unterscheiden sich nicht im Geringsten von Überzeugungen oder Meinungen. Kann ich keine Belege hinzuziehen, verharren diese Scheingründe im Resonanzraum meiner Subjektivität. Und Belege müssen wir anderen vorlegen, damit sie einer Überprüfung standhalten oder gegebenenfalls widerlegt werden. Damit ist nicht gesagt, dass wir all unsere Überzeugungen über Bord werfen und uns grundsätzlich vor Meinungen hüten sollten. Das ist unmöglich. Wohl aber haben wir es dann nicht mit Wissen zu tun. Wir sollten die Mindeststandards der Rationalität einhalten.

Die Belege, die erforderlich sind, um von Wissen reden zu dürfen, sind, wie bereits angedeutet, je nach Wissensbereich durchaus verschieden. Belege in den Naturwissenschaften unterscheiden sich von solchen in der Philosophie. Urteile über Kunst gleichen nicht den Urteilen über moralische Sachverhalte. Aber die Mindestanforderung, die an Gründe gestellt wird, ist die ihrer Unabhängigkeit von einem bloßen Standpunkt, von meiner bloßen Subjektivität. »Gründe sind«, so der Philosoph Julian Nida-Rümelin, »extern, sie sind unabhängig von der je subjektiven Verfassung einer Person, sie sind auch unabhängig von der kollektiven subjektiven Verfassung von Personengruppen, seien es kulturelle, ethnische, religiöse oder andere ›kollektive Identitäten‹.«[139] Genau das sind jedoch die kontingenten Faktoren, die für den Sozialkonstruktivismus so entscheidend sind.

Wer mit Boghossian gegen dieses sozialkonstruktivistische Bild der Erkenntnis opponiert, ist längst kein Gegner der Vielfalt von Rationalitätsstandards. Er ist kein Verächter kultureller Diversität, also kein Gegner eines balancierten Multikulturalismus. Mit dem Kampf um Anerkennung verschiedener Identitätsmodelle hat er keine prinzipiellen Schwierigkeiten, im Gegenteil. Aber auch zugunsten dieses Pluralismus muss argumentiert werden, was sich nur in einem geteilten Raum der Gründe bewerkstelligen lässt. Und nicht jede Kultur und nicht jede Identität ist verteidigungswürdig. Es existieren auch schlechte Gründe und bedrückende Identitäten. Schwerwiegender wird dieser sozialkonstruktivistische Drive jedoch, sobald er sich moralischer Fragen bemächtigt. Dann wird aus ihm ein gefährlicher Antirealismus. Ethische Antirealisten leugnen die Existenz moralischer Tatsachen, also das Vorhandensein von substanziellen moralischen Wirklichkeiten, die von unseren Privatmeinungen und Gruppen- oder Kulturinteressen unabhängig sind. Ihrer Meinung nach können Werte und Normen nicht wahr oder falsch sein. Sie sind subjektiven Ursprungs und ihr Geltungsbereich koinzidiert mit dem privaten oder sozialen Lebensbereich derjenigen, die sich auf sie beziehen. Moral ist kulturrelativ. Der Sozialkonstruktivismus führt gezwungenermaßen zu einem solchen ethischen Antirealismus, denn er bestreitet geradezu die Möglichkeit, dass es zumindest einige moralische Tatsachen gibt, die subjektunabhängig sind. Was zu diesen moralischen Tatsachen zu zählen ist, dürfte im Einzelnen durchaus umstritten sein. Aber der ethische Realist wird beispielsweise ohne Weiteres den Infantizid, die Genitalverstümmelung von Frauen oder die offenkundige Missachtung von Menschenrechten für eine objektiv falsche Handlung halten.

Die kulturelle Verankerung dieser Praktiken verändert nämlich nichts an ihrer Verwerflichkeit. Sie waren sogar in der Vergangenheit objektiv falsch, aber nicht deshalb, weil sie das bloß aus heutiger Sicht sind. Sie waren schon immer falsch, weil es tatsächliche Fortschritte im Bereich der Moral gibt. Marcus Gabriel, ein Vertreter des von ihm so genannten Neuen Moralischen Realismus, hat recht, wenn er in diesem Zusammenhang auf Folgendes hinweist: »Die objektiv bestehenden moralischen Tatsachen gelten zu allen Zeiten, in denen es Menschen gab, gibt und geben wird. Sie sind von Kultur, politischer Meinung, Religion, sozialer Herkunft, Aussehen und Alter unabhängig und deswegen universal. Diese moralischen Tatsachen diskriminieren nicht.«[140] Diese Stellung ist eine universalistische. Sie verteidigt einen moralischen Kernbereich universalistischer Signatur in allen bestehenden und vergangenen Kulturen. Sie ist nicht vielfaltsabgeneigt, sondern relativismusabstinent.

Der Subjektivismus in moralischen Angelegenheiten ist in westlichen Gesellschaften mittlerweile weit verbreitet. Dazu steht nur in einem scheinbaren Widerspruch, dass auch in diesen Gesellschaften in zahlreichen moralischen Angelegenheiten starke Übereinstimmungen vorhanden sind. Aber der moralische Konsens ist im Schwinden. Immer mehr Lebensbereiche werden aus dem universalistischen Programm ausgesiedelt und in die Sphäre privater oder soziokultureller Meinungen ausgelagert. Hier gelten dann subjektive Gründe, die nicht die Ambition haben, mit anderen in einen Diskurs einzutreten, sondern die eigene Haltung zu rechtfertigen. Hinter dem Satz »Das hier sind meine Werte und Normen« verbirgt sich ein radikaler Subjektivismus, der die genannten ethischen Kategorien mit den eigenen Präferenzen und Interessen verwechselt.

Weil diese Kennzeichnung des Antirealismus bloß eine Skizze darstellt, ist sie notwendig verkürzt. Die einzelnen Positionen weichen mehr oder weniger von diesem Modell ab. Aber sein Einfluss darf nicht unterschätzt werden. Aus den Komponenten des Sozialkonstruktivismus, des Kulturalismus und des Relativismus ist eine Gemengelage entstanden, die sich in unserer Gesellschaft in eine Mentalität verwandelt hat. Immer mehr Menschen sind von diesem Paradigma überzeugt, freilich ohne dass sie es benennen könnten und ihnen die Begrifflichkeit zur Verfügung stünde. Ihre Einstellungen aber sind faktisch antiuniversalistischer und relativistischer Natur. Sie sind zu Alltagskonsumenten eines äußerst bequemen Relativismus geworden. Ein solcher Relativismus hält Ansprüche und Verpflichtungen auf Abstand, die mir nicht gefallen. Ich kann zu jeder Zeit deren Berechtigung infrage stellen, denn sie sind nichts Weiteres als deine Werte und Normen, also relativ. Unterstützt wird diese Haltung durch die Neuen Medien, die den Anschein erwecken, die Realität sei endgültig in sie eingezogen. Die unübersichtliche Vielfalt der Medien und der Medieninhalte, die Vernebelung der Grenze zwischen Fiktion und Wirklichkeit, entwickelt eine enorme Schubkraft in Richtung Realitätsabstinenz und Moralrelativismus.

Wie wir gesehen haben, hat sich medial bedingt, also in engstem Zusammenhang mit den neuen digitalen Kommunikationsformen, ein Relativismus breitgemacht, der alles zu überschwemmen droht. Der Triumph der Meinung über das Wissen ist sein offensichtlichstes Zeichen. Vermeintliches Wissen oder gar die blanke Anmaßung, ein solches zu haben, ohne sagen zu können, woraus und weshalb es besteht, ist auf allen Kanälen anzutreffen. Die pure Standpunktgebundenheit scheint keineswegs eine Einschränkung der Verlässlichkeit von Wissensbehauptungen zu sein. Die Wut, mit der Standpunkte verteidigt werden, hat deren Begründung ersetzt. Mehr als eine solche Standpunktgebundenheit – als ein solcher Relativismus – liegt offenbar außerhalb des Möglichen.

Es hat sich eine Art vulgäre Demokratisierung des Wissens breitgemacht, denn jede auch noch so abstruse Stellung reklamiert ein Anrecht darauf, gehört und respektiert zu werden. Diese flache Demokratie angemaßten Wissens wird aber auf Dauer Opfer ihrer selbst. In ihr werden starke Überzeugungen, die häufig bloß den Charakter von Privatoffenbarungen oder von in geheimen Kollektiven gehüteten elitären Erkenntnissen haben, willkürlich zum Besten gegeben. In dieser Umgebung sich ständig vervielfältigender Wahrheiten muss allerdings früher oder später auch die eigene Meinung in den Verdacht geraten, nur eine bloße Meinung zu sein. Dann kippt der einst fröhliche, dann zunehmend lästige und irgendwann sich selbst infizierende Relativismus in sein Gegenteil um – in die Suche nach Gewissheit. Irgendwann hat man der Einsicht nicht mehr ausweichen können, dass der eigene Standpunkt vermutlich auch bloß relativ ist. Das ungute Gefühl, das mit dieser Feststellung einhergeht, lässt sich nicht unterdrücken. Diese Entdeckung ist jedoch unangenehm, weshalb sie gern verdrängt wird. Umso heftiger wird dann um die eigene Meinung gekämpft, in einer verbissenen, aggressiven Verteidigung ihrer Richtigkeit, in der Behauptung, Gewissheit erlangt zu haben.

Solchermaßen begeben sich Relativsten auf eine Pilgerfahrt zu dem Heiligtum der Sicherheit. Sie hatten sich davor aber schon längst in eine epistemische Weggabelung verlaufen, die von einer falschen Alternative geprägt war – von der Wahl zwischen Relativismus einerseits und Absolutismus, Gewissheit oder Sicherheit andererseits. Wer von seiner Suche nach Gewissheit enttäuscht worden war, landete schnell in dem schmucken Hafen des Relativismus. Wer aber schwer ertragen konnte, dass seine eigene Position ihrerseits in Verdacht des Relativen geriet, suchte erneut Zuflucht in der festen Burg der Gewissheit. Die beiden Positionen verstärken sich offenbar gegenseitig. Das Gewissheitsstreben geht endgültig zur Neige, indem es zum Relativismus konvertiert. Die unangenehmen Folgen des Relativismus werden kompensiert, indem auf Gewissheit gesetzt wird. Diese seltsame Dialektik vermag etwas von der Wut und Aggression zu erklären, die in den Debatten der Gegenwart überall ihr Haupt erheben. In beiden Positionen ist nämlich die Enttäuschung vorprogrammiert, denn sie halten nicht, was sie versprechen. Der Relativismus leidet irgendwann an seiner eigenen Relativität. Der Absolutismus leidet daran, dass er unrealisierbar bleibt und sich als Illusion entpuppt.

In Anlehnung an das lateinische Wort *certus*, das sicher bzw. gewiss bedeutet, nennt man die Position des Absolutismus auch Zertismus. Diese erkenntnistheoretische Auffassung geht davon aus, dass unser Wissen, jedenfalls das wissenschaftliche Wissen, erst dann diesen Titel tragen darf, nachdem es auf einer unumstößlichen Grundlage beruht. Man verlangt nach einem sicheren Fundament, nach einer unbezweifelbaren Ausgangs- oder Endposition, nach einer Gewissheit, die Zweifel am Wissen als unbegründet erscheinen lässt. Im Englischen nennt man diese Auffassung *foundationalism*, also Fundamentalismus[141]. Mit den religiösen Konnotationen, die dieser Begriff im Deutschen mit sich führt, hat dieser Fundamentalismus nichts zu tun.

Die zertistische Position ist jedoch falsch. Weder in den Wissenschaften und erst recht nicht in unseren Alltagskonversationen wird ein solcher Zertismus überhaupt verlangt. Es wäre nicht einmal möglich, mit diesem herben Anspruch wissenschaftlich zu arbeiten oder sinnvolle Gespräche zu führen. Allerdings ist dies nicht der Ort, weitere wissenschaftstheoretische Einzelüberlegungen anzustrengen. Aber es existiert eine schöne Metapher, die uns ein viel angemesseneres Bild über

Erkenntnisprozesse und Wissenszuwachs bietet als das vorhin benutzte Bild der Weggabelung. Die Rede ist von der Metapher des Flusses. Sie befindet sich in einer Abhandlung von Ludwig Wittgenstein mit dem Titel „Über Gewissheit".

Wittgenstein hat dort gezeigt, weshalb das Gewissheitsideal höchst fraglich ist und eigentlich überhaupt nicht funktioniert. Zunächst jedoch weist er darauf hin, dass wir das Gewissheitsideal nicht mit einem subjektiven Bedürfnis nach Sicherheit verwechseln dürfen. Natürlich sind nicht nur unsichere Personen an mehr Sicherheit interessiert. Im alltäglichen Leben wäre dieses Ansinnen völlig legitim, denn in Unsicherheit möchte niemand dauerhaft existieren. Aber im Falle des Wissenserwerbs handelt es sich jedenfalls nicht primär um ein psychisches Bedürfnis, wenn Menschen auf der Suche sind nach Gewissheit, sondern um ein erkenntnistheoretisches Unterfangen. Wittgenstein würde vermutlich nicht bezweifeln, dass existenzielle Ungewissheit mit dem Bedürfnis nach sicherem Wissen einhergehen kann. Aber auch dies wäre ein psychologischer Sachverhalt, der in einem wissenstheoretischen Kontext bestenfalls eine untergeordnete Rolle spielt.»›Wissen‹ und ›Sicherheit‹ gehören zu verschiedenen Kategorien. Es sind nicht zwei ›Seelenzustände‹ wie etwa ›Vermuten‹ und ›Sichersein‹«, schreibt Wittgenstein und er fügt sofort unmissverständlich hinzu: »Was uns nun interessiert, ist nicht das Sichersein, sondern das Wissen. Das heißt, uns interessiert, dass es über gewisse Erfahrungssätze keinen Zweifel geben kann, wenn ein Urteil überhaupt möglich sein soll.«[142]

Wittgenstein richtet sein Augenmerk auf die Frage, wie das, was wir Wissen nennen, zustande kommt. Was unterscheidet also Wissen von Gewissheit? Fangen wir mit Letzterem an. Wer sich auf die Suche nach Gewissheit begibt, geht davon aus, dass der vorhandene Wissensbestand wenig vertrauenswürdig ist. Er zielt deshalb auf ein neues Fundament, auf eine sichere Grundlage des künftig besseren Wissens. Mit diesem Projekt ist der Name des französischen Philosophen René Descartes verbunden, der in der ersten Hälfte des 17. Jahrhunderts den gesamten Bestand überlieferten Wissens für problematisch erklärte und nach einem solchen unbezweifelbaren Fundament fahndete. Wen dieses

Ansinnen antreibt, ist also gezwungen, seine ganze Wissensumgebung in Klammern zu setzen. Es muss ein radikal neuer Anfang gesetzt werden, weil das herkömmliche Wissen sich in Überlieferungen, Denkgewohnheiten, Vorurteilen und Machtverhältnissen verstrickt hat. Die Suche nach Gewissheit ist dann unvermeidbar. Es wird deshalb eine radikale Traditionsskepsis an den Tag gelegt, ein genereller Verdacht gegen das Überkommene verlangt, der sich jedoch in der Konsequenz auch auf das Subjekt dieses Unterfangens selbst ausdehnt.

In diesem Zustand permanenten Zweifels und unablässiger Verdächtigung lässt sich nämlich auf Dauer weder denken noch leben. Niemand erträgt auf längere Sicht die Infragestellung allen Wissens. Als erkenntnistheoretische Übung – wie bei Descartes – kann man sich ein solch totales Experiment für eine kleine Weile im gehüteten Seminarraum vorstellen. Aber wir fielen gleichsam aus der Welt und aus uns selbst heraus, wenn wir uns eine solche Einstellung einverleibten. Ein Mindestmaß an Verlass auf die Stabilität und auf die Substanz unseres Wissens ist erforderlich. In Wittgenstein'scher Zuspitzung: »Wer keiner Tatsache gewiss ist, der kann auch des Sinnes seiner Worte nicht gewiss sein.«[143]

Um das realistische Modell des Wissens zu versinnbildlichen, das Wittgenstein vor Augen hat, sei hier auf die bereits genannte Metapher zurückgegriffen, die einen zentralen Stellenwert in der genannten Abhandlung hat – auf die Flussmetapher. Gleichsam zur Einführung in diese Metapher benutzt Wittgenstein ein weiteres Bild, das des Spiels. Er will zeigen, dass man beim Erwerb des Wissens ebenso wie beim Spielen eines Spiels nicht von außerhalb anfangen kann. Wer Tennis spielen möchte, lernt nicht erst das Regelwerk auswendig und schaut dann Monate zu, sondern fängt mit dem Spiel, zunächst unbeholfen und Fehler über Fehler machend, irgendwann an. Die Regeln werden erst während des Spielens gelernt und verstanden. Ebenso ist es gänzlich unmöglich, das überlieferte Wissen als Ganzes vor sich zu stellen, es in allen Einzelheiten zu problematisieren, um völlig neu anzufangen, nachdem man ein Regelwerk entworfen, eine Methode und ein Begründungsverfahren entwickelt hat, die ein sicheres Fundament garantieren. Auch das Wissen, das ich erlangen möchte, kann ich nicht erst von außerhalb anschauen, bevor ich mit seinem Erwerb beginne. Ich muss mich bereits im Wissen befinden und mich wenigstens in einigen seiner substanziellen Bereiche aufhalten, um es überhaupt thematisieren und eventuell infrage stellen zu können.

Wittgenstein stellt an dieser Stelle den Vergleich mit einem »Weltbild« an. Auch dieses wird nicht von außen erworben. Ein Weltbild wird nicht zunächst einer Prüfung unterworfen, bevor ich mich in das Weltbild begebe. »Aber mein Weltbild habe ich nicht, weil ich mich von seiner Richtigkeit überzeugt habe; auch nicht, weil ich von seiner Richtigkeit überzeugt bin. Sondern es ist der überkommene Hintergrund, auf welchem ich zwischen wahr und falsch unterscheide.«[144] Wer also ein Weltbild infrage stellt, muss zuerst – topografisch ausgedrückt – in ihm gewesen sein. Ich lerne, was wahr und falsch ist, innerhalb eines kognitiven Rahmens, innerhalb eines zusammenhängenden, kohärenten Gefüges von Überzeugungen und Einstellungen. Erst nachdem das geschehen ist, steht mir das Wissen zur Verfügung, um meine Auffassungen und die der anderen bezweifeln und infrage stellen zu können. Es existiert keine neutrale Zone außerhalb, die es mir erlauben würde, den Bestand des Wissens in Augenschein zu nehmen und dann zu entscheiden, ob ich zustimmen oder nicht zustimmen möchte. Wissen und Spielen unterscheiden sich nicht grundsätzlich.

»Die Sätze, die dies Weltbild beschreiben, können zu einer Art Mythologie gehören. Und ihre Rolle ist ähnlich der von Spielregeln, und das Spiel kann man auch rein praktisch, ohne ausgesprochene Regeln, lernen.«[145] Das Weltbild besteht demnach aus einem Ensemble stabiler, vorausgesetzter Annahmen, aus einigen zusammenhängenden fundamentalen Überzeugungen und Regeln. Innerhalb eines Weltbildes befindet man sich in diesem Raum der Überzeugungen, längst bevor man Bestandteile des dort vorhandenen Wissens infrage stellen kann. Man muss jene »Sätze« und »Spielregeln« nicht einmal ausdrücklich kennen oder benennen können, um sich in diesem Weltbild zu Hause zu fühlen. Dieses Ensemble nennt Wittgenstein eine »Mythologie«. Und so ähnlich verhält es sich auch im Falle eines Spiels. Und nun kommt die Flussmetapher.

Der Erwerb und die Stabilität des Wissens gleichen nämlich einem Fluss. Die Ufer von Flüssen sind normalerweise stabil, das Wasser mehr oder weniger träge, manchmal aber wächst es bedrohlich schnell an. Die Ufer in dieser Metapher stehen für das stabile Wissen, das uns zur Verfügung steht. Es hat sich abgelagert. Die Sedimente unseres Wissens sind das Resultat von Traditionen, von wissenschaftlichen Paradigmen und Kontinuitäten, von experimentellen Überprüfungen und von lebensweltlichen Bewährungen. Das Wasser dagegen stellt das Wissen in Bewegung dar, neu hinzugekommenes Wissen, teils aber auch das Produkt einer Unterspülung von Uferbereichen, also von bis dato gültigem Wissen. Wittgenstein spricht in diesem Zusammenhang von »erstarrten« Erfahrungssätzen, die für die Ufer, und »flüssigen« Erfahrungssätzen, die für das Wissen in Bewegung und in Bewährung stehen. »Man kann sich vorstellen, dass gewisse Sätze von der Form der Erfahrungssätze erstarrt wären und als Leitung für die nicht erstarrten, flüssigen Erfahrungssätze funktionierten; und dass sich dies Verhältnis mit der Zeit änderte, indem flüssige Sätze erstarrten und feste flüssig würden.«[146]

Unser Wissen ist demnach gekennzeichnet durch zweierlei Geschwindigkeiten. Da ist die Langsamkeit des stabilen Wissens, das sich kaum oder nur unmerklich verändert. In diesem Wissen sind wir gehalten wie in einem Weltbild, wie in einer Mythologie. Aber da ist auch die relative Geschwindigkeit des Wassers, des Wissens im Werden, gegebenenfalls aber auch eines Wissens in Verabschiedung: »Die Mythologie kann wieder in Fluss geraten, das Flussbett der Gedanken sich verschieben. Aber ich unterscheide zwischen der Bewegung des Wassers im Flussbett und der Verschiebung dieses; obwohl es eine scharfe Trennung der beiden nicht gibt.«[147]

Dieser Prozess des Austausches zwischen Ufer und Wasser, zwischen stabilem und instabilem Wissen, geschieht permanent. Aber meistens ist dieser Vorgang nicht sichtbar, kaum wahrnehmbar. Allerdings gibt es Zeiten, in denen eine Dynamik vorhanden ist, die den Fluss anschwellen lässt und seine Strömungsgeschwindigkeit bis hin zu Überströmungen oder gar Deichdurchbrüchen steigert. Dann sind Reparaturen angesagt, die unter Umständen sogar eine veränderte Uferführung bewirken. Der Fluss hat – in meist überschaubaren Abschnitten – dadurch ein neues Profil erhalten.

Wittgensteins Metapher vermittelt ein realistisches Bild über die Art, wie Wissen zustande kommt und wie es sich im Laufe der Zeit verändert. Dieses Bild ließe sich als gemäßigter Konservativismus in epistemologischer Hinsicht bezeichnen. Es erteilt allen Bestrebungen eine Absage, die einem Absolutismus der Gewissheit das Wort reden, aber auch solchen, die sich in einem Relativismus verrennen oder bestrebt sind, eine radikale Alternative zu allem bisherigen Wissen anzubieten. Gewiss, es existieren »Paradigmenwechsel« (Thomas S. Kuhn)[148], die Weltbilder zum Einsturz bringen, aber diese sind außerordentlich selten und in der Regel mit einer naturwissenschaftlichen Revolution verbunden. Der Umbruch von ptolemäischen zum kopernikanischen Weltbild wäre ein klassisches Beispiel. Und längst nicht alles Wissen ist naturwissenschaftlicher Herkunft. Die Spiel- und Flussmetapher entspricht viel mehr als die häufig leichtsinnig verwendete Rede von einem Paradigmenwechsel den Prozessen der Wissensaneignung und Wissensmodifikationen unter realen Bedingungen.

Wer sich völlig außerhalb dieser Prozesse stellt, landet früher oder später in esoterischen oder gar geheimbündlerischen Milieus. Sobald man beispielsweise der Wissenschaft das Vertrauen völlig entzogen hat, ist eine diskursive Auseinandersetzung auf beiden Seiten nicht länger mehr möglich. Man hat sich dann aus dem genannten Raum der Gründe entfernt. Wittgenstein besaß ein feines Gespür für diese ausweglose Situation: »Alle Prüfung, alles Bekräften und Entkräften einer Annahme geschieht schon innerhalb eines Systems. Und zwar ist dieses System nicht ein mehr oder weniger willkürlicher und zweifelhafter Anfangspunkt aller unserer Argumente, sondern es gehört zum Wesen dessen, was wir ein Argument nennen. Das System ist nicht so sehr der Ausgangspunkt als das Lebenselement der Argumente.«[149]

Wer sich außerhalb des Systems des Wissens begibt, kann keine Argumente mehr vorbringen. Die Person verliert alle Anhaltspunkte. Sie kann nicht einmal mehr das eigene Wissen beurteilen. Dann befinden wir uns in der ungemütlichen Lage des Relativismus: Die totale Systemkritik isoliert irgendwann auch die eigene Position und macht auch diese verdächtig. Um dieser deprimierenden Lage zu entkommen, geht man verbissen auf die Suche nach Gewissheit. Wer also nicht resignieren will, ändert seinen Modus der Auseinandersetzung. Er wählt nicht den Diskurs, sondern setzt auf Angriff. Statt argumentieren ist nun attackieren angesagt. Es müssen deshalb Bündnisse mit Gleichgesinnten geschmiedet werden.

In der Corona-Krise konnte man diese Vorgänge gut beobachten: Ausgerechnet die Fundamentalkritiker der Wissenschaften, allen voran die Kritiker der Virologie, steigerten sich in eine Furie radikalalternativen Wissens. Ihnen waren sämtliche Maßstäbe abhandengekommen. Während die Wissenschaftler sich mühsam vortasteten und zwischen Versuch und Irrtum einen lästigen Weg nach vorne bahnten, wurde ausgerechnet ihnen der Vorwurf des Herrschaftswissens gemacht. Das geschah sehr häufig in einem Ton konfrontativen Totalwissens nonwissenschaftlichen Ursprungs, das keinerlei Zweifel an der eigenen Position kannte und erlaubte. Es muss aber die Bereitschaft geben, sich zu irren und die Irrtümer auch einzugestehen, falls überhaupt ein Fortschritt des Wissens möglich sein soll. Diese Einstellung ist nicht nur in den Wissenschaften, sondern auch in der Politik eine kardinale Tugend. Positionen und Entscheidungen zu revidieren und anzupassen, ist hier wie dort ein Gütesiegel. Sich irren ist jedoch nur möglich innerhalb eines Systems, dessen Grundsätze man wenigstens in weiten Bereichen teilt. Erneut in Wittgenstein›scher Zuspitzung: »Damit der Mensch sich irre, muss er schon mit der Menschheit konform urteilen.«[150]

Die Flussmetapher erweist sich als ungemein fruchtbar, wenn wir die in unserer Gesellschaft vertretenen Auffassungen über verlässliches, aber korrekturoffenes Wissen auf der einen Seite und diejenigen über alternatives, esoterisch veranlagtes Wissen auf der anderen Seite situieren wollen. Der Gewissheitssucher – der *Foundationalist* – gibt sich weder mit dem mäandernden Profil des Flusses noch mit seiner Richtung zufrieden. Als Erstes will er zurück zur Quelle schwimmen, damit der Anfang des Flusses – der Beginn allen Wissens – in Augenschau genommen und gegebenenfalls neu ausgerichtet wird. Der gesamte Fluss steht jetzt zur Disposition. Es muss eine Instanz her, die diese Neuausrichtung initiiert, kontrolliert und formatiert. Aber woher bezieht der neue Wärter der Quelle sein Wissen darüber, in welche Richtung der Fluss nun fließen soll? Um im Bild zu bleiben: In Richtung Quelle wird der Fluss immer dünner. An der Quelle angekommen, bleibt häufig nur noch ein Rinnsal übrig, das bloß tröpfchenweise Wissen von sich gibt. Und ausgerechnet dieses Rinnsal soll ausreichen, um den Fluss als ganzen neu zu justieren?

Arm an Wissen, aber durch die Ambition beflügelt, dem ganzen Fluss einen neuen Verlauf zu verpassen, wird auf die denkbar simpelste Lösung zurückgegriffen – auf eine Flussbereinigung geo-mathematischer Art. »Einfach geradeaus!« und »Weg mit den lästigen Kurven und Auen!«, lautet nun die Devise. Dabei wird vergessen, dass Flussbereinigungen dieser Art das Wasser unkontrolliert fließen lassen und Überschwemmungen zunehmen. Das ganze System gerät nun erst recht außer Kontrolle. Es gibt keine bedrohlichere Konstellation für unser Zusammenleben als die Kündigung der argumentativen Zusammenarbeit, als den Austritt aus dem Raum der Gründe und als die Behauptung, das Mäandern im Fluss der Erkenntnisgewinnung sei bloße Zeitvergeudung. Irrtumsvermeidung wäre dieser Position zufolge nur auf einem geraden, schnörkellosen Weg zur schnellen Lösung der Probleme zu erreichen. Und weil die Wissenschaften – allen voran die Virologie – keine komplette Übereinstimmung im Detail vorweisen können und weiterhin mäandernd unterwegs sind, muss auf ihre Irrtumsverhaftung geschlossen werden. Alternativwissen vermag dann offenbar den einfacheren Weg aufzuzeigen, eben geradeaus und kurvenlos auf die Wahrheit und die neue Gewissheit zu.

Allerdings liegt hier ein gravierendes Missverständnis über die Funktionsweise der Wissenschaft und über deren Rolle in Krisenzeiten vor. Ein Kennzeichen guter Wissenschaft ist ihre fallibilistische Signatur: Der Kenntnisstand ist immer auch vorläufig, zwar nicht im Ganzen, wohl aber im Einzelnen. Was heute als gesichert gilt, könnte sich später als voreilig oder gar falsch erweisen. Was momentan als sehr wahrscheinlich der Fall ist, erweist sich womöglich in Zukunft als eher unwahrscheinlich. Dieses werden wir allerdings nur herausfinden, indem unser Wissen eben widerlegbar, also falsifizierbar bleibt. Wenn etwas nicht falsch sein kann, kann es nämlich auch nicht richtig sein. Uneinigkeit in den Einzelheiten tastet das Wissen aber nicht an. Im Gegenteil – sie ist ein Gütesiegel für den Prozess der Gewinnung dieses Wissens. Wenn die Virologen sich nicht in allen Details einig sind, spricht das für sie und nicht gegen sie. Sängen die Virologen alle dasselbe Covid-Lied auf der gleichen Tonleiter, müssten uns ihr Einklang und ihre Harmonie verdächtig vorkommen. Verlässliches Wissen enthält immer wieder Dissonanzen, Abweichungen von den vorgeschriebenen Tempi, Streitigkeiten über die Interpretation der Komposition. Die Zonen bewährter Erkenntnisse und der auf ihnen beruhenden Praktiken sind aber reichlich vorhanden. Irrende sind keine Fremdgänger im Gehäuse der Wissenschaften. Im Gegenteil – irrend klettern wir in den Wissenschaften nach oben.

Probleme wie solche pandemischen Ausmaßes verursachen Ängste, die ihrerseits einen enormen Erwartungsdruck erzeugen. Solche Ängste lassen sich scheinbar nur stillen, sobald Einmütigkeit im Wissen und Übereinstimmung in den Handlungsanweisungen in Sicht sind. Sind aber keine schnellen Ergebnisse zu erwarten und zeitigen die Maßnahmen ebenso wenig schnelle Wirkungen, wächst die Ungeduld. Dann bricht die Stunde der Alternativdeuter, der Besserwisser, der Inspirierten und der philosophisch ambitionierten Heckenschützen an. Diese sind geübt in Rechtgläubigkeit und mit penetranter Gewissheit verabreichen sie Vorschriften zu rechtem Handeln. Orthodoxie und Orthopraxie reichen sich die Hand. Dort, wo vermeintlich Schiffbruch erlitten wird, sind die zahlreichen, kompetenten Zuschauer nicht fern. Im Niederländischen lautet ein nautisches Sprichwort: »Die besten Kapitäne stehen auf dem Deich.«

Die starken Individualisierungsschübe, die in unseren Gesellschaften stattgefunden haben, und das damit einhergehende Ausfransen des Gemeinsinns haben der heutigen Polarisierung vorgearbeitet. Eines ihrer Kennzeichen ist der Unwillen zur Langsamkeit. Wir leben offenbar immer noch im Vertrauen auf ein rapides Vorwärts, in einem blinden Vertrauen auf Normalität. Stellt diese sich nicht schnell genug ein, werden manche von uns ungemütlich. Wenn diese Feststellung richtig ist, stehen uns schwere Zeiten bevor. Im Angesicht der Zukunft und des Zeitfensters, das uns bleibt, um Schlimmes zu verhindern, werden wir auf starke Konsense geradezu angewiesen sein. Solche Konsense brauchen keineswegs monoton zu sein. Es wird reichlich Dispute geben und angesichts der erforderlichen Maßnahmen werden Reibungen und teils unschöne Konfrontationen nicht ausbleiben. Aber wir werden uns zusammenraufen müssen. Wir müssen kooperieren.

Das kann jedoch nur gelingen innerhalb von Strukturen, innerhalb von Institutionen und inmitten von praktischen Handlungsfeldern, die wir in geteilter Verantwortung und auf dem Hintergrund verlässlichen Wissens beackern. Dabei machen wir unsere Hände schmutzig. Wir laufen hier Gefahr, Blessuren davonzutragen. Jenseits davon bewegen wir uns jedoch im bequemen Nirgendwo einer fundamentalistischen Kritik, eines Eskapismus angesichts der realen Gefahr des Überlebens. In Wirklichkeit bewegen wir uns dort überhaupt nicht. Auf solche fiktiven Engagements können wir demnach verzichten. Vorhin haben wir vom Raum der Gründe gesprochen, vom Geben und Nehmen von Gründen. Argumentieren, so haben wir nahegelegt, gleicht einer gemeinsamen Bewegung in jenem Raum der Gründe.

Wenn unser Handeln, erst recht unser Handeln in Krisenzeiten, von guten Gründen bestimmt sein sollte, dann werden diese praktischen Interventionen den Charakter einer Kooperation haben müssen, einer gemeinsamen Praxis. Die Pfade werden nicht bereits vorgebahnt, die Wege nicht bequem gepflastert sein. Es wird Irrwege und Umwege geben, Zögern und Stolpern, Selbstzweifel und Verzagtheit. Dennoch müssen wir weiter. Nida-Rümelin hat dies treffend ausgedrückt: »Reale Personen gehen vor und zurück, das heißt, sie entscheiden sich für Strukturen und modifizieren sie konfrontiert mit konkreten Entscheidungssituationen. Reale Personen wissen um die Unwägbarkeiten ihrer existenziellen Grundentscheidungen, geben diesen Bewährungsfristen, konfrontieren sie mit den konkreten Erfahrungen ihrer Umsetzung, spezifizieren, modifizieren und gegebenenfalls revidieren diese.«[151] Diese Sätze beziehen sich auch auf die Praxis der Demokratie, zumindest auf die Weise, wie eine Demokratie funktionieren soll. Aber auch sie befindet sich in einem ungemütlichen Fahrwasser.

Demokratiemüdigkeit

Der Vorwärtsdrang liberaler Demokratien hat in den letzten Jahren einen erheblichen Dämpfer erlitten. Weltweit betrachtet wird dieser Demokratietypus längst nicht mehr so nachgefragt, wie es bis vor wenigen Jahren noch zu vermuten war. Aber auch innerhalb der liberalen Demokratien gärt es überall. Anfang des Jahres 2021 haben wir eine US-amerikanische Präsidentschaft hoffentlich endgültig hinter uns gebracht, die man mit guten Gründen als monströs bezeichnen darf. Die Partei, die von diesem Präsidenten gekapert worden war, blieb auch nach Ablauf seiner Regierungszeit in Geiselhaft. Vier Jahre lang hatte eine Verächtlichmachung demokratischer Institutionen und Verfahren stattgefunden. Der Populismus mit seinem entschiedenen Anti-Elitarismus als Programm und seiner scharfen Ablehnung eines gesellschaftlichen und politischen Pluralismus ist überall auf dem Vormarsch. Der fortschrittsoptimistische Elan in demokratischen Angelegenheiten, der nach der Implosion des sogenannten Ostblocks sich rapide ausbreitete, ist nahezu erloschen. Die Ursachen dieses Umschwungs sind vielfältig.

Lange haben wir geglaubt, die Demokratien westlich-liberalen Zuschnitts seien in der Lage, ihre Wohlfahrtsversprechen zu halten. Anders als die klassischen Diktaturen chinesischer und osteuropäischer Provenienz, deren Bevölkerungen in den gefängnisähnlichen Gehäusen einer verwalteten Armut lebten, schien der Westen über einen Wohlstandsgenerator zu verfügen, der nicht zuletzt mit seiner demokratischen Verfasstheit in Verbindung gebracht wurde. Die konjunkturellen Dellen muteten wie Übergangsperioden an, an deren Ende der Pilgerzug in eine ökonomisch helle Zukunft weiterschreiten würde. Angesichts der schweren und vielerorts anhaltenden ökonomischen Krisen in westlichen Demokratien verlor diese Annahme jedoch immer mehr an Glaubwürdigkeit. Als auf dem Höhepunkt der Corona-Pandemie die chinesische Regierung einigen Ländern der Europäischen Union mit medizinischer Ausrüstung und teils sogar mit medizinischem Personal zu (vermutlich scheinheiliger) Hilfe kam, war die Demütigung allerdings perfekt. Und sobald das russische Putnik-Vakzin zuverlässig erschien und dann sogar in der stotternden Anfangsperiode der Impfungen kurzfristig als willkommener Ersatz für fehlende Kapazitäten vor Ort galt, wuchsen die Zweifel an der Krisenkompetenz der Demokratie erneut. In der Europäischen Union waren geradezu anfängerhafte Fehler bei der Organisation und Beschaffung der Impfstoffe gemacht worden. Solche Vorgänge haben das Vertrauen in die Institutionen der Demokratie enorm geschwächt. Demokratiemüdigkeit breitete und breitet sich aus.

Es wäre ein Fehler, nach den Gründen dieser Müdigkeit lediglich in politischen Kategorien zu fahnden, als hätte das Staatsvolk aus idiosynkratischen Gründen seine staatsbürgerlichen Präferenzen plötzlich gewechselt. Der Druck auf die liberale Demokratie ist nämlich zunächst wirtschaftlich erzeugt, eine Langzeitfolge der Aufkündigung der Koalition zwischen Nachkriegskapitalismus und Wohlfahrtsstaat im Laufe der neoliberalen Revolution. Die öffentlichen Güter sind im Zuge dieser Entwicklung Privatisierungsschüben ausgesetzt gewesen, die sie bis an den Rand ihrer Auflösung geführt haben – das Gesundheitswesen, der öffentliche Verkehr, die Altersvorsorge, die Wasserversorgung, das Bildungswesen, basale Infrastrukturen wie sozialer Wohnungsbau und vieles andere mehr.

In der Weltfinanzkrise des Jahres 2008 ist der Staat als Reparaturanstalt und Rettungsbeauftragter in einer Situation höchster Not aufgetreten, ohne allerdings die Ursachen dieser Not zu beseitigen. Ohnmacht war der Eindruck, den er hinterließ. Die Demokratien schienen den wirtschaftlichen Vorgaben, um nicht zu sagen, den Diktaten der Großkonzerne und des Marktes hinterherzulaufen. Sie erhielten die Funktion eines Puffers, der die allzu schweren sozialen Kollateralschäden abfedern sollte. Begleitet wurde diese Entwicklung von einer Art Selbstabwicklung demokratischer Zuständigkeiten, von lauten Appellen an die Bürger, die Eigenverantwortung nicht aus den Augen zu verlieren. Wo man vermeintlich auf taube Ohren stieß, wurde diese mit mehr oder weniger sanftem Nachdruck eingefordert.

Wolfgang Streeck hat am Ende seines fulminanten Buchs »Gekaufte Zeit« auf zwei mögliche Wege in die Zukunft der Demokratie gezeigt. Ein Pfad führt in eine Zukunft, die sich wenig von der Gegenwart unterscheidet. In diesem Fall gibt es kaum nennenswerte Korrekturen an den wirtschaftlichen Großstrukturen. Der Rückzug der liberalen Demokratie aus ihrer Aufgabe, für soziale Gerechtigkeit zu sorgen, wird nicht gestoppt werden. Der stattgefundene Rückbau des Staates im Hinblick auf die öffentlichen Güter, der sich parallel zum Siegeszug des Neoliberalismus vollzog, bleibt unverändert:

»Der heute wahrscheinlichste Ausgang wäre dann die Vollendung des hayekianischen Gesellschaftsmodells der Diktatur einer vor demokratischer Korrektur geschützten kapitalistischen Marktwirtschaft. Ihre Legitimität hinge davon ab, dass diejenigen, die einmal ihr Staatsvolk gebildet haben, gelernt hätten, Marktgerechtigkeit und soziale Gerechtigkeit für dasselbe zu halten und sich als Teil eines vereinigten Marktvolkes zu begreifen. Ihre Stabilität würde darüber hinaus wirksame Instrumente erfordern, mit denen die anderen, die das nicht akzeptieren wollen, ideologisch marginalisiert, politisch desorganisiert und physisch in Schach gehalten werden können.«[152]

Aber sie müssen auch psychisch in Schach gehalten werden. Eine »kulturindustrielle« Unterhaltung, die mittlerweile ein Ausmaß besitzt, von dem Max Horkheimer und Theodor W. Adorno sich noch kein Bild machen konnten, garantiert die nötige Ablenkung. Für Unterhaltung bis zur völligen Abhängigkeit und Erschöpfung wird gesorgt. Auf die Sportindustrie trifft dies ebenso zu. Sport-Entertainment gehört zu den erfolgreichsten Strategien künstlicher Sedierung, also mittels Aufregung am falschen Ort und mittels Einwilligung zum falschen Zeitpunkt. Inmitten der Anormalität der Pandemie wurde Normalität krampfhaft vorgetäuscht, zu der auch der übliche, also einkalkulierte Exzess gehörte.

Ein berühmter deutscher Fußballclub erlangte während der Arbeit an diesem Kapitel den Titel eines sogenannten Clubweltmeisters. Diese Meisterschaft war inmitten der Wüste des menschenrechtsfreundlichen Katars ausgetragen worden. Die fotogen in Szene gesetzte Standardfreude dieser Mannschaft inmitten der Klischeeinszenierung über den Gewinn – über welchen Gewinn eigentlich? – sollte die Tristesse der Zu-Hause-Gebliebenen überstrahlen. Als das Team einige Tage zuvor seine verspätete Reise zum Austragungsort nicht mehr hatte antreten können, weil ein nächtliches Flugverbot galt, fühlte ein berühmter Verantwortlicher dieses Clubs sich »von der Politik verarscht«. Schamloser hätte man das Pochen auf Privilegien und Sonderkonditionen inmitten der Pandemie nicht zum Ausdruck bringen können. Dem betreffenden Club hätte man noch einen Sonderpokal verleihen müssen, den Pokal eines »Schamlosigkeitsweltmeisters«. Zur Gesichtswahrung wurde hin und wieder dann doch an der Notbremse gezogen, als beispielsweise ein Fußballangestellter des Vereins inmitten des Lockdown einen Tätowierer eigens wollte einfliegen lassen, um eine noch leergebliebene Hautstelle zu füllen. Das Maß an Exzeptionalismus war kurzfristig überstrapaziert worden.

Dieses Beispiel ist keineswegs in polemischer Absicht gewählt. Ganz im Gegenteil, denn es lenkt die Aufmerksamkeit nur auf das, woran wir uns seit Jahrzehnten gewöhnt haben – auf die tiefe Spaltung unserer Gesellschaft. Der Exzess ist eben ein wesentlicher Bestandteil unserer Normalität geworden. Wenn er schon bei den Großen so frech und in der brustvollen Überzeugung des eigenen Rechts gezeigt wird, dürfte auch bei den Kleineren nichts Falsches an ihm sein. Angesichts dieser Entwicklung fällt es schwer, angesichts des Diktats der pausenlosen Unterhaltung den Primat des Politischen wiederherzustellen. Wie schaffen wir es, uns nicht in die Untiefen des blanken Entertainments abdrängen zu lassen und das politische Heft wieder an uns zu reißen? Allerdings ist die Formel des Politischen viel zu ungenau, denn um welches Politische handelt es sich? Auch die populistischen Initiativen und die totalitären Alternativen zur liberalen Demokratie gehören in seinen Einzugsbereich. Bevor wir weitergehen, müssen also Unterscheidungen getroffen werden. Nur so werden wir einen anderen Pfad betreten können. An welchen Zielvorgaben werden wir uns orientieren müssen?

Soziale Inklusion, gemessen an den Standards einer umfassenden politischen Teilhabe und einer gerechten ökonomischen Distribution, wäre ein erstes Kriterium. Der Vertrauensverlust der liberalen Demokratie kann nur aufgefangen und reduziert werden, wenn diese sich eine umfassende soziale Agenda zulegt. In und nach Corona ist eine solche Agenda nötiger denn je. Wir müssen die sichtbaren, aber auch die unsichtbaren Leiden ernst nehmen, die durch die Pandemie nur noch zahlreicher und vielfältiger geworden sind. Streeck war schon vor der Pandemie nicht allzu optimistisch:

»Die Alternative zu einem Kapitalismus ohne Demokratie wäre eine Demokratie ohne Kapitalismus, zumindest ohne den Kapitalismus, den wir kennen. Sie wäre die andere, mit der Hayek'schen konkurrierende Utopie. Aber im Unterschied zu dieser läge sie nicht im historischen Trend, sondern würde im Gegenteil dessen Umkehr erfordern. Deshalb und wegen des enormen Organisations- und Verwirklichungsvorsprungs der neoliberalen Lösung sowie der Angst vor der Ungewissheit, die unvermeidlich mit jeder Wende verbunden ist, erscheint sie heute als vollkommen unrealistisch. Auch sie würde von der Erfahrung ausgehen, dass der demokratische Kapitalismus seine Versprechen nicht gehalten hat – aber sie würde die Schuld nicht der Demokratie geben, sondern dem Kapitalismus. Ihr ginge es nicht um sozialen Frieden durch wirtschaftliches Wachstum und schon gar nicht um sozialen Frieden trotz wachsender Ungleichheit, sondern um die Verbesserung der Lage der von neoliberalem Wachstum Ausgeschlossenen, wenn nötig auf Kosten von sozialem Frieden und Wachstum.«[153]

Zum Vertrauensverlust in die Demokratie hat ebenso beigetragen, dass sie offenbar nur sehr schwerfällig auf Probleme reagiert. Sie zeigt sich als Demokratie im Konsekutivmodus, als eine Regierinstanz des nachträglichen Reagierens, was darauf hinausläuft, zu einer Politik der Perspektivlosigkeit verdammt zu sein. Das können wir uns absolut nicht mehr leisten. Die umfassende Globalisierung ökonomischen Handels, die Ausdehnung des Raums unserer Interventionen bis in die letzten Winkel der Erde und die Eingriffstiefe unserer Handlungen – sie alle sind mit einer radikalen Schrumpfung der Zeit, der uns verbleibenden Zeit, einhergegangen. Das Zeitfenster der Zukunft schließt sich. Wir benötigen einen Prospektivmodus. Offenbar absorbierte die Reichweitenvergrößerung unseres Lebensstils alle Aufmerksamkeit. Wir kolonisierten den Raum bis zu seiner und unserer Erschöpfung. Wir taten, als wären die zeitlichen Konsequenzen unseres Tuns zu vernachlässigen. Diese zeitliche Dimension tröpfelte in unser Alltagsbewusstsein lediglich in einer dunklen Variante hinein, als Horizont eines ökologischen Szenarios, das uns Unbehagen bereitete und zu erheblichen kognitiven Dissonanzen zwang, zu einer Mischung aus Wissen und Verdrängung. Je ungemütlicher die Aussicht wurde, umso hartnäckiger investierten wir in die Verleugnung der Realitäten. Vorausschauendes Denken und Handeln waren sowohl politisch als auch privat zu Fremdwörtern in unserem Vokabular geworden. Lediglich zu besonderen Anlässen, wozu auch besondere Katastrophen zählten, wurden sie in dekorativer Absicht aktiviert und alsbald an die üblichen Spezialisten delegiert.

Von Carolin Emcke stammt die Formulierung, die Zeit, die uns bleibt, sei als eine »existenzielle Währung« zu behandeln. Uns käme die Zeit langsam abhanden, um noch wirksam umzusteuern. Statt in die räumliche Ferne zu investieren, sollten wir die zeitlichen Horizonte unseres Tuns und dessen Folgen quantifizieren und qualifizieren. Aus der Fixierung auf die räumliche Ferne müssen wir künftig umsatteln in die zeitliche Ferne unserer Lebensform. Aus einer Fixierung auf die zeitliche Nähe sollten wir uns lösen und auf die räumliche Nähe setzen: »Provinziell ist nicht mehr jenes Denken, das nicht über die eigene Örtlichkeit hinausreicht, die Nachbarschaft oder die Gegend, in der man lebt. Provinziell ist jene Vorstellung, die nicht über die Gegenwart hinausreicht, die nicht die nächsten Wochen, Monate oder Jahre imaginieren will. Provinziell ist jenes Denken, das die Syntax von Wenn-dann-Funktionen mit verschiedenen Variablen nicht begreifen will. Wenn diese Bedingungen erfüllt oder nicht erfüllt werden, wenn an diesen Stellen nicht Kontakte reduziert werden, wenn die neue Mutante diese oder jene Eigenschaften aufweist, wenn die Ansteckung einer Person nicht früher erkannt und früher isoliert wird, dann steigen die Infektionszahlen binnen zwei Wochen, binnen zwei, sechs, acht Monaten, dann steigen die wirtschaftlichen oder sozialen Kosten im nächsten Quartal, Jahr, Jahrzehnt.«

Diese Umpolung, also die neue Priorisierung unserer Investitionen in Raum und Zeit, wird uns große Mühe kosten. Wir sind an die Megalomanie unserer Besiedlung und Besudelung des Raums gewöhnt und haben uns bequem eingerichtet in der Ausblendung der zeitlichen Konsequenzen unserer Lebensform. In den fragwürdigen digitalen und ökonomischen Avantgarden der Gegenwart ist diese Gewichtung der Zeit als Faktor unseres Handelns bereits liquidiert. Längst ist bei ihnen die Besiedlung extraterrestrischer Räume beschlossene Sache. Mit ihr geht die endgültige Kündigung der noch verbliebenen Gattungssolidarität einher. Das Zeitalter der Weltraum-Apartheid scheint eingeläutet. Es zerbröseln die elementarsten Rücksichtsnahmen, nachdem sogar der Globus nicht mehr in der Lage ist, uns zusammenzuhalten. In dem Film »Brot« des Regisseurs Harald Friedl wurde berichtet, es werde an Backmischungen gearbeitet, die auf dem Mars funktionieren. Noch sind wir nicht so weit, aber im Frühsommer 2021 wurden bereits wettbewerbliche Raketenstarts einiger Milliardäre veranstaltet, die ihre extraterrestrische Potenz solchermaßen schon mal unter Beweis stellen wollten.

Angesichts solcher Abarten müssen wir uns auf die Restituierung der Zeit als Dringlichkeitsindikator konzentrieren. Um der Verwirtschaftung der letzten Raumreserven zu widerstehen, sollten wir uns auf der Allmende der Zeit treffen, damit deren politische Ökonomie im Interesse aller neu geordnet wird. Dazu gehört in erster Instanz der aufgeklärte und deshalb schonungslose Blick auf die anstehenden Aufgaben. In dieser Hinsicht darf die Pandemie als eine Chance verstanden werden: »Wie unverzichtbar katastrophisches Denken für das Überleben ist«, so

Emcke, »wie dringlich es ist, die Zeit als existenzielle Währung zu verstehen, das führt uns diese Pandemie so nüchtern wie grausam vor.«[154] Dies ist jedoch keine bloß an die Individuen gerichtete Maxime. Die Zeit als existenzielle Währung sollte zu einer Kategorie politischen Handelns werden.

Aber es ist gerade die liberale Demokratie, die sich mit einem wachsenden Misstrauen konfrontiert sieht. Das geschieht im globalen Maßstab. Illiberale und kontrademokratische Bewegungen sind weltweit auf dem Vormarsch. In der Europäischen Union liebäugeln Länder wie Polen und Ungarn mit dem Recycling ihrer Geschichte in nationalistischer Absicht und brüsten sich mit einem Angriff auf die Gewaltenteilung. Separatistische Tendenzen sind unübersehbar. Allerdings ist diese Absetzbewegung nicht über Nacht entstanden. Sie reicht in die Anfänge der osteuropäischen Revolutionen zurück. Ivan Krastev hat wie kein anderer auf die vielfältigen Ursachen dieser Entwicklung hingewiesen. Es lohnt sich, auf diese Analyse zu achten, denn in den Demokratien des Westens stoßen wir auf vergleichbare Tendenzen. Die autoritäre Versuchung ist allgegenwärtig. Ihre Ursprünge sind vielfältig.

Da ist zunächst der in den liberalen westlichen Milieus beheimatete Kosmopolitismus, der häufig – wenig überraschend – eine starke Beheimatung in akademischen Milieus und bei ökonomischen Eliten kennt. Das in Osteuropa verbreitete Misstrauen gegenüber diesem Kosmopolitismus hat Krastev zufolge mit dem Umstand zu tun, dass es dort keine Kolonialgeschichte gegeben hat, so dass es auch »keine Schuldgefühle gibt, aber auch kein gemeinsames Schicksal, wie es oft mit kolonialen Begegnungen verbunden ist«[155]. Die Erinnerung an den Kolonialismus und das Bestreben, die begangenen Fehler wiedergutzumachen, hätten dem Kosmopolitismus Tür und Tor geöffnet. Aus osteuropäischer Sicht habe diese koloniale Erfahrung des Westens darüber hinaus für eine falsche Toleranz gesorgt. Das schlechte Gewissen plagte die ehemaligen Kolonialstaaten, weshalb Toleranz zu einer kompensatorischen Tugend wurde. Wer in totalitären Regimen aufgewachsen ist, sympathisiert aber eher mit Formen des Widerstands oder zieht sich gegebenenfalls in die innere Emigration zurück, aber die Botschaft der Toleranz stößt dort nicht auf offene Ohren. Mehr noch: Anfangs hatte man auf die westlichen Demokratien als Garantiesysteme für Wohlstand und Freiheit geschaut. Später, als dieser Erfolg zu Hause ausblieb und man sich von den neoliberalen Standards überfahren fühlte, setzte eine Distanzierung ein, die sich auch auf die Lebensstile des Westens bezog. Deren liberale Moral sei »kulturell anormal«, so lautete die Klage.

Eine andere trennende historische Erfahrung kam hinzu, die in dem Bestreben, die zur Europäischen Union hinzugekommenen Länder möglichst umgehend neoliberal auf Trab zu bringen, häufig vergessen wird. Der Neoliberalismus war nämlich auch selbst ein kosmopolitisches Projekt: Das sozialpolitische Steuerungspotenzial der Nationalstaaten stand dem Expansionsdrang der auf globale Größenverhältnisse setzenden und den Abbau von Handlungsschranken verlangenden Wirtschaft des Westens im Weg. Mit Blick auf Deutschland, aber mit einem Seitenblick auf andere Staaten Westeuropas weist Krastev in diesem Zusammenhang auf das sehr unterschiedliche Vermächtnis, das der Nationalsozialismus und der Kommunismus in ihren Herkunftsländern hinterlassen hatten, hin: »Der deutsche Hang zum Kosmopolitismus war auch eine Flucht vor dem fremdenfeindlichen Erbe der Nazis, während man auf der anderen Seite die These vertreten kann, dass der Antikosmopolitismus Mitteleuropas zum Teil in der Abneigung gegen den vom Kommunismus aufgezwungenen Internationalismus wurzelt.«[156]

Die wichtigste Ursache für den zunehmend antidemokratischen Affekt ist natürlich wirtschaftlicher Natur. Die osteuropäischen Revolutionen wurzelten vor allem im ökonomischen Scheitern der dortigen Systeme. Der Kommunismus hatte sich in der Wahrnehmung großer Teile seiner Bevölkerung zur autoritären und diktatorischen Verwaltung eines permanenten Mangels, einer betreuten Armut entwickelt. Aus diesem Grund bildeten Wohlstandserfolge den Gradmesser zur Beurteilung der nach den weitgehend friedlichen Revolutionen installierten neuen politischen Systeme. Der Prozess der Demokratisierung war das Mittel zur Erreichung dieses ökonomischen Zwecks. Selbstverständlich seien keine Zweifel an der Authentizität des Verlangens angebracht, endlich die Fesseln der Diktaturen zu sprengen, deren Protagonisten zu stürzen und sich aus Bevormundung und Unterdrückung zu befreien. Aber der kolossale Druck Richtung Westen, der während der Revolutionen im Osten Europas entstand, kann ohne die ökonomischen Motive nicht verstanden werden.

Nach der Implosion des kommunistischen Teils Europas wurde diese Motivlage sehr schnell in eine als alternativlos gepriesene Richtung gelenkt. Demokratisierung und Neoliberalismus zeigten aufeinander, so als seien sie die zwei Seiten der Revolutionsmedaille. Der US-amerikanische Rechtswissenschaftler Stephen Holmes hat zusammen mit Krastev eine bahnbrechende Studie unter dem Titel »Das Licht, das erlosch« verfasst, die wie kein anderes Werk aus jüngster Zeit diese Entwicklung detailgenau rekonstruiert. Ihre Hauptthese lautet, dass wir es mit einer »Modernisierung durch Nachahmung« und »einer Integration durch Assimilierung«[157] zu tun hatten.

Die Nachahmung bezog sich ihnen zufolge auf ein normatives, alternativloses Modell, das aus vier Komponenten bestand. Erstens: Das Vorbild des Westens ist moralisch überlegen. Zweitens: Zum Muster der liberalen Demokratie existiert keine sinnvolle Alternative. Drittens: Eine Anpassung an lokale Traditionen, also ein Spielraum der Adaption, ist weder wünschenswert noch möglich. Viertens: Die zu erzielenden Fortschritte stehen unter Beobachtung, unter Kontrolle und Bewertung. Es mischten sich in diesem Modell also kulturelle Stile, wirtschaftliche Parameter, moralische und politische Normen. Und aus einer Helikopterperspektive registrierten und observierten europäische Bürokraten und Vertreter internationaler Geldinstitute und Finanzinstitutionen das mühsame Geschehen bzw. die schwere Umpolung.

Im Laufe der Zeit konnten Irritationen und Verwerfungen nicht ausbleiben: Orientierungslosigkeit breitete sich aus. Menschen mussten sich inmitten rapide wegbrechender Gewohnheiten und angesichts des Niedergangs ihrer einstigen Ideologien und Überzeugungen in der neuen Situation zurechtfinden. Als Demütigung wurde das Zurückbleiben hinter den selbst gestellten Ambitionen empfunden. Die Kluft zwischen Gewinnern und Verlierern, zwischen Zurückgebliebenen und Ausgewanderten, zwischen Alten und Jungen, zwischen Gebildeten und Überflüssigen, zwischen Verarmten und fragwürdig Reichgewordenen wurde immer tiefer. Es taten sich gewaltige Asymmetrien zwischen Herkunft und Zukunft auf, zwischen Versprechungen und ausgebliebenen Erfüllungen, zwischen Stillgestellten und Beschleunigten. Holmes und Krastev sprechen in diesem Zusammenhang von den »Blumen der Verbitterung«, die entstanden waren. Diese Verbitterung lag der wachsenden Attraktivität eines Gegenmodells zugrunde. Dieses bestand und besteht aus einem »reaktionären Nativismus« und einem Hang zum »Autoritarismus«[158], also aus einer zutiefst illiberalen Grundhaltung. Hier waltet das Versprechen, gegen die neoliberalen, also ökonomischen Verwerfungen sei Widerstand möglich, aber dieser müsse auch gegen die mit ihnen assoziierte Ideologie ausgedehnt werden – gegen den postnationalen Individualismus, gegen die liberale Moral des Westens, gegen den erwähnten Kosmopolitismus. Starke Identitätspolitiken, angetrieben von einem wütenden Partikularismus ethnischer und traditionsverhafteter Provenienz, fingen an, sich überall auszubreiten.

Diese retrograde Haltung speist sich den beiden Autoren zufolge nicht zuletzt aus der »intellektuellen Armut der Revolutionen von 1989«. Ein neues Gesellschaftsmodell stand – bis auf ganz wenige Ausnahmen – nicht oder für nur ganz kurze Zeit auf der Agenda der Umwälzungen. Erprobt wurde es zu keiner Zeit, und die Ehrlichkeit gebietet zuzugeben, es hätte vermutlich kaum eine Chance gehabt. Der Slogan »Wenn die D-Mark nicht zu uns kommt, kommen wir zur D-Mark!« dürfte unvergessen sein. Aber auch umgekehrt, also aus der Richtung des siegenden Systems, waren nur wenige Stimmen zu vernehmen, die eine Reflexionspause anmahnten.

Aus der Sicht Ost- und Teilen Südeuropas repräsentiert die Europäische Union also ein Gemenge, das aus einem kosmopolitischen Liberalismus und einer neoliberalen Wirtschaftsordnung internationalistischen Ausmaßes besteht. Diese Zusammensetzung sorgt für ein Gefühl der Entwurzlung und für die Angst, angesichts der ungebrochenen Fluchtdynamik der jüngeren Generationen, also mit Blick auf ihre immer noch andauernde Auswanderung, um eine Mindestabsicherung im Alter durch deren ökonomische Anwesenheit gebracht worden zu sein.

Krastev spricht in diesem Zusammenhang zu Recht davon, dass in größeren Teilen Osteuropas, aber auch im Süden der Union, das, was »1989 als demokratische Revolution begann, (...) sich inzwischen in eine demografische Gegenrevolution verwandelt«[159] habe.

Dies alles hat zu einer tiefen Ohnmachtserfahrung geführt. Von den Institutionen der Demokratie, erst recht von ihren Wohlfahrtsversprechungen, ist man zutiefst enttäuscht. Hinzu kommt aus Sicht dieser geografischen und wirtschaftlichen Randlagen Europas die Erfahrung, mit den Geschwindigkeiten, aber auch mit der Komplexität der ökonomischen, politischen und kulturellen Entwicklungen nicht Schritt halten zu können. Am Ende bleibt kaum etwas anderes übrig, als sich selbst zu den Abgehängten und Vergessenen zu zählen. Die Frustration und die daraus entstandene Wut richten sich infolgedessen gegen den Westen.

Es ist die Überzeugung entstanden, nach einem anfänglich verheißungsvollen Aufbruch in die Gefilde wohlstandsverbürgender Demokratien alsbald eine gravierende Niederlage erlitten zu haben. Infolgedessen sucht man nach einem Ausweg, um die Demütigung zu kompensieren. Man will weg aus den endlosen Verfahren und Kompromisszwängen der neuen Demokratien, aus den Unübersichtlichkeiten und Komplexitätszuwächsen der neuen Welt, in die man geraten ist, und kultiviert die Sehnsucht nach einer Vereinfachung, die im Grunde aus einer Rückkehr zur Vergangenheit besteht, zu einer häufig imaginierten Vergangenheit.

Die Zeit der Restauration ist angebrochen. Auch hier ist Krastev ein sensibler Beobachter: »Populistische und radikale Parteien sind nicht einfach Parteien; sie sind Verfassungsbewegungen. Sie versprechen den Wählern etwas, das in der liberalen Demokratie ausgeschlossen ist: das Gefühl eines Sieges, der es den Mehrheiten – und nicht nur den politischen, sondern auch den ethnischen und religiösen Mehrheiten – erlaubt, nun zu tun, was ihnen gefällt.«[160] Dieses Gefühl, doch noch einmal siegen zu können, entschädigt für so manche der erlittenen Verluste und Demütigungen der letzten Jahrzehnte.

Wir haben uns bisher auf kulturelle, ökonomische und politische Entwicklungen gerichtet, die eine Demokratieaversion beflügelt haben. Aber diese sind keineswegs typisch für die Randlagen Europas. Auch im Herzen der westeuropäischen Demokratien stoßen wir auf vergleichbare Phänomene, die es erlauben, auch dort von einer signifikanten Demokratiemüdigkeit zu sprechen. Die Lage, wie sie in den Analysen von Krastev und Holmes geschildert wird, unterscheidet sich sowohl in ökonomischer als auch in sozialer Hinsicht nicht unerheblich von der Situation der westlichen Demokratien. Dort stoßen wir aber auf vergleichbare Spannungen, auch dort blühen »Blumen der Verbitterung«.

Ein autoritär-reaktiver Populismus liegt wie Mehltau über weiten Flächen der Europäischen Union. Die Pandemie hat wie kein anderes Ereignis der letzten Jahrzehnte die vorhandenen Klüfte innerhalb der Union offenbart. Die unterschiedlichste Verfasstheit der nationalen Gesundheitswesen könnte als Brennglas benutzt werden, um den prekären sozioökonomischen Zustand etlicher dieser Staaten zu entziffern. In den von der Finanzkrise des Jahres 2008 am stärksten betroffenen Ländern Europas sind die Gesundheitsinstitutionen teilweise kaputtgespart und ruiniert worden. Überall tun sich Spannungen auf, die sich bisher lediglich in ihrer Intensität und in ihrem Ausmaß noch von ihren radikaleren Varianten in Osteuropa und in Teilen des europäischen Südens unterscheiden. Allerdings lässt sich diese Situation nur dann angemessen verstehen, wenn wir den Blickwinkel abermals erweitern. Ein wichtiges Kennzeichen der beschriebenen Entwicklungen stellt nämlich ihre Abkehr von der Selbstverständlichkeit dar, mit der die permanente Erweiterung und Ausdehnung der ökonomischen und politischen Größenordnungen in den vorangegangenen Jahrzehnten hingenommen oder gar begrüßt worden ist. Zweifel an der Globalisierung sind stetig gewachsen.

Innerhalb von zwei Generationen hatte vor einem knappen halben Jahrhundert eine dramatische Perspektivenverschiebung stattgefunden: Das Leben war bis in die 1960er-Jahre im Erleben der Bürger immer noch stark regional verwurzelt. Die Mobilität, die Kommunikationsmedien und die wirtschaftlichen Transaktionen waren immer noch überwiegend von den Regionen geprägt, in denen die Bürger sich in aller Regel zeitlebens aufhielten. Dann aber setzte ein dynamischer Prozess ein, der innerhalb kurzer Zeit die Priorität der Region zum Verschwinden brachte. Die Adressaten der Europäischen Union waren die Nationen und nicht die Regionen. In ökonomischer und in politischer Hinsicht wurden die nationalen Rahmenbedingungen ihrerseits in einem immer schnelleren Tempo zugunsten von transnationalen Bezugsgrößen gesprengt. Der Name für diesen Vorgang war schnell gefunden – Globalisierung. Mit einer Mischung aus verhaltener Euphorie und später immer deutlicher vernehmbarem Unbehagen wurde dieser dynamische Prozess wahrgenommen. Seine Rückwirkungen auf die Lebensrealitäten und auf die Mentalitäten der Bürger waren von größter Tragweite.

Der Harvard-Professor für Internationale Politische Ökonomie, Dani Rodrik, hat eine der interessantesten Analysen dieser Epoche vorlegt. Seine Analyse ist mit dem Begriff des »Globalisierungsparadoxes« verbunden. Wir werden Rodriks Thesen etwas ausführlicher darlegen, weil sie zeigen, dass die bereits diagnostizierte Demokratiemüdigkeit nur wirklich verstanden wird, wenn wir ihren makroökonomischen Kontext einbeziehen. Diese Kontextualisierung vermeidet die Engführung der Demokratiedebatte auf Haltungen und Präferenzen von Bürgern, die – falls sie demokratiemüde Tendenzen zeigen – scheinbar mittels normativer Appelle zurechtgerückt werden sollten. Dieser normative Fehlschluss, also in diesem Falle die Vernachlässigung ökonomischer Parameter zugunsten einer moralischen Diagnose, lenkt die Aufmerksamkeit weg von den realen Ursachen. Im Zentrum seiner Arbeiten steht bei Rodrik das »politische Trilemma der Weltwirtschaft«, welches er an zahlreichen Beispielen verdeutlicht. Rodrik ist aber nicht der Erste, der auf ein solches Trilemma aufmerksam gemacht hat. In den 1990er-Jahren hatte Ralf Dahrendorf auf die Quadratur des Kreises hingewiesen, sobald liberale Gesellschaften Wirtschaftswachstum, sozialen Zusammenhalt und politische Freiheit unter der Bedingung rasanter Globalisierung ausbalancieren müssen. Dahrendorf fürchtete damals, es stünden vermutlich »perverse Entscheidungen«[161] an, also solche, die das Scheitern jener Quadratur symbolisieren würden. Aber konzentrieren wir uns auf Rodrik:

»Wir können die drei Dinge Demokratie, nationale Selbstbestimmung und wirtschaftliche Globalisierung nicht zugleich vorantreiben. Wollen wir die Globalisierung weitertreiben, so müssen wir uns entweder vom Nationalstaat oder von der Demokratie verabschieden. Wollen wir demokratische Entscheidungsprozesse beibehalten und ausbauen, dann müssen wir uns zwischen dem Nationalstaat und der internationalen wirtschaftlichen Integration entscheiden. Und wenn wir am selbstbestimmten Nationalstaat festhalten wollen, müssen wir eine Wahl treffen zwischen einer Weiterentwicklung der Demokratie und einem Vorantreiben der Globalisierung. Die Ursachen für unsere Probleme liegen in unserer Neigung, uns vor diesem unausweichlichen Trilemma zu drücken.«[162]

Um das Trilemma zu verstehen, gilt es, mit der Globalisierung zu beginnen. Die heftigsten Lobgesänge auf sie stammten von Thomas Friedman, dem Autor der berühmten Abhandlung »The World is Flat«. Von Friedman stammt der Begriff einer dritten Globalisierung, die sich seit der Millenniumswende vollzogen hat. Er versteht sie als eine »goldene Zwangsjacke«. Deren Strickmuster ist überaus einfach: freier Handel, freie Kapitalmärkte, freies Unternehmertum und ein schlanker Staat sind die Bestandteile. Diese Globalisierung, die auch als tiefe Integration oder Hyperglobalisierung bezeichnet wird, fegt alle Hindernisse nationalstaatlicher und demokratischer Herkunft im Grunde weg. Die goldene Zwangsjacke garantiere, so Friedman, wirtschaftliches Wachstum und involviere ein Schrumpfen der Politik. Dieses Globalisierungsmonopol setzt sich rücksichtslos gegen alle Hemmnisse nationalstaatlicher oder demokratischer Natur durch. Oder besser – dieses Globalisierungsmonopol möchte sich auf diese Weise durchsetzen.

Rodrik zufolge funktioniert dies jedoch nur dann, wenn eine Regierung sich innenpolitisch weitgehend auf inaktiv stellt. Sie müsste alle Macht an eine technokratische Elite übertragen, die sich von der Bevölkerung weitgehend abschottet. Der Nationalstaat wäre infolgedessen nur noch ein flaches Gebilde, das den rasenden finanziellen Transaktionen, der wirtschaftlichen Dynamik und der grenzenlosen Mobilität wenig oder nichts entgegenzusetzen hat und dies auch nicht tun sollte. Am Beispiel Argentiniens hat Rodrik aufgezeigt, weshalb das Vorhaben, sich die genannte Zwangsjacke vorbehaltlos anzuziehen, scheitern musste. Die Hyperglobalisierung führt nämlich keineswegs zu einem längerfristigen Wirtschaftswachstum. Ihre innenpolitischen, also sozialen Folgen sind gegebenenfalls so schwerwiegend, dass keine Regierung sich auf Dauer gegen das eigene Volk mit diesem Programm der Hyperglobalisierung würde durchsetzen können.

Die tiefe Integration eines Landes in diese Wirtschaftsstrukturen wäre dazu verurteilt, den Bestand der Nation und der Demokratie auf Dauer zu ruinieren. Das jeweilige Arbeitsrecht unterläge einer stetigen Aushöhlung, die Löhne und Arbeitsbedingungen befänden sich in einer Abwärtsspirale. Enorme Rückgänge der Unternehmenssteuern wären unvermeidbar. Die Standards des Gesundheitswesens und des Arbeitsschutzes stünden permanent zur Disposition. Vorschriften, die Regierungen im Interesse des Gemeinwohls erlassen, könnten durch ausländische Großunternehmen vor internationalen Schiedsgerichten zu Fall gebracht werden, so dass sie entschädigt werden müssten und regulatorische Einnahmen verbuchen würden. Wie kommen wir aber aus dem genannten Trilemma heraus? Die Optionen sind übersichtlich, die zu treffende Wahl aber in jedem Fall tiefgreifend. Die Skizzierung der Wahlmöglichkeiten, wie sie Rodrik im Folgenden darstellt, lässt an Deutlichkeit nichts zu wünschen übrig:

»Wir haben drei Optionen. Wir können im Interesse einer Minimierung der internationalen Transaktionskosten die Demokratie einschränken und vor den wirtschaftlichen und gesellschaftlichen Peitschenhieben, die uns die globalisierte Wirtschaft gelegentlich versetzt, die Augen verschließen. Wir können der Globalisierung Grenzen setzen, in der Hoffnung, mehr demokratische Legitimität auf nationaler Ebene schaffen zu können. Oder wir können die Demokratie globalisieren, auf Kosten nationaler Souveränitätsrechte. Das eröffnet eine Liste von Optionen für die Sanierung der Weltwirtschaft. In dieser Auswahlliste manifestiert sich das grundlegende politische Trilemma der Weltwirtschaft: Wir können nicht alle drei Errungenschaften – Hyperglobalisierung, Demokratie und nationale Selbstbestimmung – zugleich haben. Wir können höchstens zwei davon auf einmal haben. Wenn wir den Nationalstaat beibehalten und dazu die Hyperglobalisierung haben wollen, müssen wir die Demokratie vergessen. Und wenn wir Nationalstaat und Demokratie behalten wollen, müssen wir uns von der tiefen Globalisierung verabschieden.«[163]

Diese Auflistung der Optionen ist in ihrer Einfachheit kaum zu übertreffen. Sind wir nicht bereit, den Nationalstaat aufzugeben, wollen aber die Karte der tiefen Integration spielen, dann müssen wir den zu erwartenden Widerstand gegen die tiefen Einschnitte brechen, die mit der Hyperglobalisierung einhergehen. Das kann nur gelingen, wenn wir bereit sind, demokratische Standards abzubauen, Mitspracherechte zu minimieren und Hindernisse, die jene Hyperglobalisierung zu verlangsamen oder zu blockieren drohen, aus dem Weg zu räumen. Dieser schlanke Staat, also ein Staat, der seine Interventions- und Gestaltungsmöglichkeiten in wirtschaftlichen Angelegenheiten aus den Händen gegeben hat, wäre auf Dauer von einem autoritären, illiberalen Staat kaum mehr zu unterscheiden.

Eine andere Möglichkeit bestünde darin, den Nationalstaat aufzugeben, es bei der Hyperglobalisierung[164] zu belassen und eine globalisierte Demokratie anzustreben, eine Art Globalregierung. Rodrik ist der Meinung, dass diese Option völlig unrealistisch sei. Wenn sich bereits in der Europäischen Union die demokratischen Defizite nicht verbergen lassen, wie ließen diese sich dann im globalen Maßstab vermeiden? In der Tat – wie müssten wir uns einen solchen Prozess vorstellen, an dem unzählige Akteure beteiligt wären und worin unterschiedlichste Interessen koordiniert werden müssten? Wie würde man sich auf die Superinstanz einigen, die diesen Prozess koordiniert und steuert? Das Ergebnis wäre vermutlich ein aus den zahllosen erforderlichen Kompromissen hervorgegangenes dünnes Regime. Dieses wäre angesichts der mächtigen wirtschaftlichen Protagonisten sozial völlig ohnmächtig.

Die einzig verbliebene Option ist die Beibehaltung von Demokratie und Nationalstaat. Die Hyperglobalisierung müsste dann aber beendet werden, nicht aber die Globalisierung im Ganzen. Letztere müsste allerdings gezügelt werden. Von dem »Ökonomenmärchen«[165], demzufolge die multinationalen Unternehmen, die Großbanken und die Investmenthäuser die wahren und wichtigen Akteure der Hyperglobalisierung seien, die im Endeffekt für eine globale Wohlstandshebung sorgen würden, hätten wir uns allerdings endgültig zu verabschieden. Übrig bliebe lediglich eine dünne Globalisierung, die im Wesentlichen aus Handels- und Investitionsabkommen bestünde, die an die nationalstaatlichen Demokratien und ihre soziale Agenda angebunden wären. Die Kehre zu einer anderen internationalen Wirtschaftsordnung gehört demnach zu den vordringlichen Aufgaben in allernächster Zukunft. In diesem Zusammenhang, also im Hinblick auf eine solche neue Wirtschaftsordnung sollten zwei wichtige, substanzielle Kriterien angelegt werden – ein ökologisches und ein demokratisches. Die Klimakrise hat uns nämlich längst eingeholt. Die Demokratiemüdigkeit ist allgegenwärtig.

Diese Müdigkeit hat, wie gesagt, gravierende wirtschaftliche Ursachen. Vor allem das Unvermögen der liberalen Demokratie, der sozialen Spaltung wirksam zu begegnen, zehrt die Anhänglichkeit an sie aus. Weshalb sollten ausgerechnet jene Bürger sich engagieren, die sozial marginalisiert sind oder dies zu werden drohen? Partizipation setzt Motivation voraus. Wer aber das Gefühl hat, sozial zu veröden und bestenfalls auf der Stelle zu treten, wird auch keine Motivation aufbringen, sich zu beteiligen. Eine Beteiligung an demokratischen Prozessen setzt darüber hinaus Vertrauen in deren Prozeduren voraus. Ein solches Vertrauen lässt sich nicht einfordern. Es wächst, indem man beteiligt wird und sozial involviert ist. Darüber hinaus muss die Demokratie ihre Attraktivität unter Beweis stellen. Die Demokratiekrise hat nämlich nicht zuletzt mit der Überzeugung zu tun, die Demokratie funktioniere zwar in formaler Hinsicht, also mit Blick auf ihre Institutionen, relativ intakt, aber substanziell sei sie gewissermaßen ausgezehrt. Es fehlt eine wesentliche Perspektive – eine ökologische und soziale Leitidee, die dazu in der Lage ist, die notwendigen und tiefgreifenden Reformen zu mobilisieren. Aber es fehlt ebenso der politische Wille, eine solche Perspektive wirksam zu konkretisieren. Die Bürgerbeteiligung ist rückläufig, in den Parlamenten sind nur Segmente der Bürgerschaft repräsentiert, die Einflussmöglichkeiten diesseits der Prozeduren sind geringfügig und die Perspektive über die nächste Wahlperiode hinaus abwesend. Aber vor allem die Unterstellung, die Demokratie sei nicht wahrheits-, sondern machtorientiert, wiegt schwer.

Diese Unterstellung speist sich aus zwei Varianten. Die erste Variante, die häufig eine populistische Signatur besitzt, geht davon aus, dass die Macht die Wahrheit verstellt, unterdrückt und manipuliert. Diese Sichtweise geht wahlweise mit der Annahme zusammen, die etablierten Medien seien Handlanger dieser Verschleierungstaktik. Die zweite Variante dagegen unterstellt, Demokratie und Wahrheit seien sich wesensfremd. In Demokratien fänden demzufolge ständige Kämpfe um Macht und Einfluss statt, die sich lediglich durch das Formengerüst des Systems in einigermaßen zivilisierten Bahnen bewegten. Demokratie und Wahrheit stünden jedoch auf Kriegsfuß.

Im ersten Fall dürfte die Feststellung, dass die Wahrheit durch Machtverhältnisse häufig angetastet wird, zutreffen. Es wäre vermessen, die empirischen Grundlagen dieser Aussage zu leugnen. Die weitergehende, allgemeine These über die etablierten Medien und deren Wahrheitsmanipulationen wäre allerdings erheblich zu differenzieren. Wer würde leugnen, dass es machtvolle Medienkartelle gibt, die vor solchen Manipulationen nicht zurückschrecken? Aber solche Manipulationen müssten belegt werden. Zu ihrer Generalisierung gibt es keinen Grund. Diese erste Variante des Verhältnisses von Macht und Wahrheit basiert nicht selten auf einer Erfahrung von Ohnmacht und Orientierungslosigkeit. Diese Ohnmacht hat mit dem Sachverhalt zu tun, mit einem Zuviel an Information und mit der beängstigenden Geschwindigkeit ihrer Zirkulation konfrontiert zu sein, wodurch das Gefühl entsteht, keinerlei Griff mehr auf das Geschehen zu haben. Man ist gewissermaßen kognitiv und emotional überfordert und irgendwann auch ermattet.

Es bieten sich dann mehrere Entlastungsmöglichkeiten an. Man kann die Bereitstellung und Verwaltung des für die Politik relevanten

Wissen an Experten delegieren und diese in die demokratischen Entscheidungsprozesse einbeziehen. In Zeiten einer akuten und wissenschaftlich nicht hinreichend erforschten Krise, wie das die Covid-19-Pandemie weit über ihre Anfangsphase hinaus war, macht diese Übertragung nicht nur Sinn, sondern ist sie im Grunde alternativlos. Die vorhandene Wissenslücke muss ausgefüllt werden, und es wäre höchst unvernünftig, dies anders als durch die relevanten Wissenschaften bewerkstelligen zu lassen. Auf Dauer würde auf diese Art und Weise jedoch eine Expertokratie entstehen, die demokratieinkompatibel wäre. Virologisches und epidemiologisches Wissen ist empirisches Wissen, die daraus abgeleiteten Maßnahmen haben einen hohen Wahrscheinlichkeitscharakter. Politikersatz ist ein solches Wissen aber keineswegs.

Die andere Möglichkeit der Entlastung ist radikaler und auf den ersten Blick erfolgversprechender: Man sucht Schutz unter einer Welterklärungsformel, die alle Undeutlichkeit weginterpretiert und für klare, einfache Verhältnisse sorgt. Dann hat die Stunde der Verschwörungstheorien geschlagen, die sehr häufig mit populistischen Politikansätzen liiert sind: »Verschwörungstheorien stiften Sinn und betonen menschliche Handlungsfähigkeit; sie ermöglichen es, die vermeintlich Schuldigen zu identifizieren, und transportieren die Hoffnung, dass diesen das Handwerk gelegt werden kann. Zudem erlauben sie es, sich der breiten Masse überlegen zu fühlen, weil diese von der angeblichen Verschwörung ja nichts ahnt.«[166]

Es ist äußerst wichtig, diese Entlastungsfunktion der Verschwörungstheorien ernst zu nehmen. Sie weist auf ein beunruhigendes Phänomen hin: Die wachsende Komplexität der Realität – die »neue Unübersichtlichkeit« (Jürgen Habermas) – will reduziert werden. Je mehr das Unbehagen wächst, nicht mehr behaust zu sein, umso größer wird das Verlangen nach einem neuen stabilen Zuhause. Und wenn wir davon ausgehen müssen, dass die psychodynamische Komplexität der Realität – die Informationsfülle, das Meinungschaos, die Diversität der Ideologien, die Zumutungen ständiger medialer Aufmerksamkeit, der soziale Stress und die ökologischen Turbulenzen – nicht geringer werden wird, lässt sich vermuten, dass die Reduktionen in Zukunft umso robuster werden. Der Sog starker Ideologien, die mit geradezu weltanschaulichen Ambitionen und sehr einfachen Schemata ausgestattet sind, nimmt fortwährend zu.

Die zweite Variante dagegen bekämpft und delegitimiert die Demokratie noch viel stärker, nämlich von innen heraus. Während die erste Variante noch einen Bezug zur Wahrheit aufrechterhielt, ist dieser nun gekappt worden: Alle Wahrheitsbehauptungen – oder etwas milder formuliert –, alle Richtigkeitsbehauptungen, die in einem demokratischen Verfahren aufgestellt werden, sind aus Sicht dieser Position ihrem Wesen nach das Ergebnis machtstrategischer Kalküle und ausschließlich die Folge von Einflussnahmen, die hinter den Schirmen der politischen Prozesse ablaufen. Demokratische Debatten sind demzufolge immer agonal, nie rational. Sie stellen einen Marktplatz mehr oder weniger guter Kompromisse, in der Regel eher schlechter Kompromisse dar. In den meisten Fällen jedoch sind sie ausschließlich Arenen eines Machtkampfes. Das große Fremdwort aber lautet Wahrheit. Wer es benutzt, so mutmaßen die Protagonisten dieser Sichtweise, tut dies lediglich in ideologietarnender Absicht. Wer es nicht benutzt, ist dann wenigstens ehrlich. Diese Auffassung über die prinzipielle Wahrheitsabstinenz der Demokratie endet wahlweise in Resignation oder in Zynismus.

Der Ausschluss der Wahrheit aus dem demokratischen Diskurs korrespondiert in beiden Varianten mit der verbreiteten Auffassung, wir lebten in einem postfaktischen Zeitalter, in dem der Unterschied zwischen Fiktion und Fakten, zwischen Tatsachen und Meinungen, zwischen Behauptungen und verlässlichem Wissen verschwunden sei. In dem Dickicht dieser wahrheitsfernen politischen Gebilde existieren infolgedessen nur noch Zusammenstöße und Konfliktzonen. Bestenfalls können sie bis auf Weiteres, mehr oder weniger erfolgreich, befriedet werden. Es hat den Anschein, dass in unserer Gesellschaft nicht wenige Bürger und Bürgerinnen sich mit diesem Bild der Demokratie angefreundet haben. Die Rede vom Postfaktischen hat jedoch vergiftende Folgen. Sie wirkt zersetzend auf jeden demokratischen Versuch, politische Entscheidungen zu begründen. Sie stellt in Abrede, dass die Demokratie sich als eine Praxis der »Kooperation« (Julian Nida-Rümelin) in argumentativer Hinsicht begreifen lässt. Damit zerstört sich letztendlich das Gehäuse demokratischer Politik.

»Das Postfaktische«, so Myriam Revault d'Allonnes, berührt »eine grundlegende Frage (…): die der Möglichkeit einer gemeinsamen Welt. (…) Das Postfaktische lässt die Möglichkeit eines Systems der Gleichgültigkeit gegenüber der Wahrheit, ja der Abschaffung ihrer normativen Geltung durch Beseitigung der Unterscheidung zwischen Wahr und Falsch aufscheinen.«[167] Mehr noch: »Die Verwischung der Grenze zwischen Wahr und Falsch führt zum Verschwinden der gemeinsamen Welt, des Raums, der das Teilen von Erfahrungen ermöglicht.«[168] Diese Beobachtungen sind elementar. In der Welt des Postfaktischen wird um Einfluss und Macht, nicht aber um Richtigkeit und Begründung gerungen. Hier ist jede Form politischer Kommunikation zugunsten von regressiver Brachialrhetorik und spätpubertärem Prahlverhalten ruiniert worden. Die Möglichkeit einer gemeinsamen Welt ist mutwillig zerstört. In Abwesenheit so elementarer Unterscheidungen wie wahr und falsch zerbröseln alle gemeinsamen Bezugnahmen auf einen strittigen Sachverhalt. Es ist ein diesbezügliches Einverständnis ebenso ausgeschlossen wie Korrekturen am eigenen Standpunkt. Korrekturunwilliges Wissen ist aber inhärent demokratiefeindlich. Die Polis der Demokratie ist zwar nicht nur, aber immer auch eine Argumentationsgemeinschaft.

Die Möglichkeit einer gemeinsamen Welt wird gesucht und erstritten in der demokratischen Polis. Mit Griechenlandnostalgie eines Philosophen hat dies nichts zu tun. Die Polis steht hier für den gemeinsam bezogenen Raum, in dem jene Möglichkeit einer gemeinsamen Welt entworfen wird. Dort finden unter Beteiligung möglichst vieler Bürger Abwägungen statt und werden infolgedessen Entscheidungen getroffen. Seit jeher ist dieser Raum die Stadt und es weist vieles darauf hin, dass dies auch in Zukunft der Fall sein wird. Die Städte werden zum Experimentierraum einer Demokratie vor Ort, weil sich in ihnen die großen Herausforderungen der Gegenwart bündeln: der Klimawandel, die sozialen Konflikte und die Migrationsbewegungen, wie es Doug Saunders in »Arrival City« gezeigt hat. Die Großstadt mit ihren verschiedenen

Vierteln und ihren unterschiedlichen sozialen Strukturen bildet das Modell für eine Demokratie von Bürgern für Bürger. Dieses Potential ist noch weitgehend unbenutzt. Aber auch außerhalb der Stadt müssen Stätte der politischen Begegnung und Beteiligung geschaffen werden, Räume lokalisierter Demokratie.

Die Krise der Demokratie ist nämlich nicht zuletzt durch ihre Größenordnung verursacht. Ohne die Anbindung an regionale und lokale Initiativen, ohne die reale Beteiligung der Bürger an einer Politik der Problemlösung vor Ort verödet auf Dauer jeder demokratische Elan. Damit wird keineswegs einem nostalgischen Regionalismus oder gar einer Abschottung das Wort geredet, sondern vielmehr für die Einrichtung konkreter Räume plädiert, die der zentrifugalen Tendenz digitaler Kommunikation eine neue und konkrete Bürgernähe an die Seite stellen. In den abstrakten Fernen des Netzes treffen wir uns mit den abstrakten Anderen und wir assoziieren uns mit ihnen anlässlich eines spezifischen Anlasses, der mit unserer Situation vor Ort nicht unbedingt etwas zu tun haben muss.

Die Öffentlichkeit, die wir im Netz herstellen, ist eine flüchtige Öffentlichkeit, die über das jeweilige Projekt hinaus ungebunden ist. Sie kann die politische Bewirtschaftung der konkreten Umgebung nicht ersetzen. Es braucht demnach ein Gegengewicht, das dieser Fliehkraft eine Grenze setzt – der konkrete Raum des politischen Diskurses vor Ort. Ohne diesen Fokus nimmt das geteilte Gefühl für eine Richtung des politischen Engagements ab. Seitdem der Staat sich als Hüter öffentlicher Güter abzuschaffen begann und Marktprinzipien bis tief in die private Lebensführung eingedrungen sind, zerfällt das politische Gespür für gemeinsame Projekte. Colin Crouch ist der Meinung, dieser Rückzug des Staates habe die »politische Apathie«[169] der Bürger ins Kraut schießen lassen. In dieser Situation hat der Einzelne als politisches Subjekt das Gefühl, isoliert und mit fernen Institutionen konfrontiert zu sein, die ihm kaum Zutritt gewähren und in deren weiten Hallen er sich kein Gehör verschaffen wird.

Von Oskar Negt stammt die treffliche Beobachtung, die Erbschaft der antiken Polis bestünde in der Neuschaffung von konkreten Räumen politischer Kommunikation, von Nahbereichen zivilgesellschaftlicher und demokratischer Willensbildung. »Es muss ausreichend und gegliedert öffentliche Räume geben, die weit über das hinausgehen, was der Privatverkehr des Warentauschs eines Marktes bietet, um die mit Bürgerrecht ausgestattete Bevölkerung in einen alltäglichen Politisierungszusammenhang einzubeziehen. (…) Wo die sinnlichen Erfahrungen einer Stadt verloren gehen, zerbröckelt auch die politische Öffentlichkeit.«[170] Wie gesagt, es braucht sich hier nicht um eine Stadt im strikten Sinne zu handeln, sondern um eine konkrete Stätte der politischen Begegnung und der politischen Auseinandersetzung. Bürger müssen sich in die Augen sehen können. Die Demokratie ist auf eine Sehräumlichkeit angewiesen: »Demokratie bedarf einer sinnlich fassbaren Umgebung, aus der erkennbar ist, dass Wille und Rede des einzelnen Bürgers nachvollziehbare Wirkungen haben. (…) Politik in diesem Sinne richtet sich auf die Frage: Was hält das Gemeinwesen zusammen, was treibt es auseinander.«[171]

Teil III

Lob der Provisorien

Umwege gehen

»Der Mangel an Möglichkeiten hat manchmal etwas Befreiendes.«
Arno Geiger[172]

„Bei den gegenwärtigen Vermögensunterschieden sind ökologische Ambitionen unmöglich. *Ein Maßhalten beim Energieverbrauch kann nur mit einem Maßhalten in ökonomischer und sozialer Hinsicht einhergehen, nicht mit maßlosen Vermögen und Lebensstilen. Auf demokratischem Wege sind neue Formen von sozialer, bildungsbezogener, steuerlicher und klimatischer Gerechtigkeit zu schaffen. Diese Regeln müssen der wirtschaftlichen Macht den Rücken kehren. Die Wirtschaft des 21. Jahrhunderts sollte vielmehr auf einem dauerhaften Kreislauf von Macht, Wohlstand und Wissen beruhen.*«
Thomas Piketty[173]

Die Entwicklung der westlichen Moderne ließe sich im Rückblick als die Geschichte einer permanenten Expansion erzählen. Reichweitenvergrößerung lautete die Kürzel ihres Programms. Die Kolonisierung des Raums und die Homogenisierung der Zeit bildeten die Vehikel dieser Entwicklung. Wir dehnten uns aus bis zur Erschöpfung des Globus. Maximale Ausbeutung der Zeit gehörte zu den Bedingungen, unter denen ein Sieg im wettbewerblichen Bestreben, als Erster überall anzukommen, gelingen konnte. Die Bewegungsrichtung dieses Zeitalters war eindeutig, ihr topografisches Ideal nicht zu übersehen: Weg aus der angestammten Umgebung und hin zu den letzten Grenzen verwirklichten wir die jetzt zentrifugale Ausrichtung unseres Lebens. Vom Lokalen zum Globalen lautete die frohe Devise. Entwurzelung wäre ein angemessener Begriff zur Kennzeichnung dieser Dynamik.

Die konservative Fassung dieses Geschehens müsste mit dem Begriff der Traditionsentsorgung operieren. Die überlieferten Lebensgewohnheiten kamen ins Rutschen, die Rhythmen des Tagesablaufs standen irgendwann gänzlich zur Disposition, die Beziehungen zwischen den Generationen wurden gelockert und teilweise aufgekündigt. Jene Traditionsentsorgung hieß für viele Freiheitsgewinn – die Emanzipation aus der häuslichen Beengung, aus der bleiernen Vorgabe der Rollenverhältnisse, aus den vorgebahnten Pfaden der Lebensführung. Und dieser Prozess ist immer noch in vollem Gange. Gleichzeitig ist aber auch das Unbehagen gewachsen, das Gefühl eines zunehmenden Orientierungsmangels, einer Zerbrechlichkeit der Lage. Ganz neu ist diese Irritation jedoch nicht.

Der Soziologe Dieter Claessens hat die Entwicklung der Moderne mit einer »Emanzipation des Abstrakten«, wie er den Vorgang nannte, verknüpft. Gemeint ist der Triumph der Analyse seit dem frühen 17. Jahrhundert, also das Ideal der Zerlegung dessen, was uns begegnet, und seiner Nutzung für Erkenntnisgewinne und für die Neugestaltung der Welt, wir selbst eingeschlossen. Claessens zufolge habe dieser Habitus der Analyse die synthetischen Fähigkeiten des Menschen, die Welt sinnlich, körpernah, gefügt und zusammenhängend zu erfahren, erheblich geschwächt. Die Natur – die eigene und die äußere – sei zunehmend auf Distanz gehalten und eben zerlegt worden. Wissenschaft und Technologie hätten uns aus den Nahverhältnissen unaufhaltsam entfernt. Claessens war der Meinung, dass das Thema der Angst, das im 19. Jahrhundert so dominant wurde, »angesichts des erosionshaften Verschleißes von konservativen Reserven« gedeutet werden müsste. Angst sei »das existentiell beklemmende Gefühl der Furcht vor einer prinzipiellen Unfähigkeit, aus analysierter, das heißt aufgelöster Wirklichkeit noch lebendige Wirklichkeit und überzeugenden, identitätserhaltenden und identitätsschaffenden Sinn zu erschließen«.[174]

Diese Sichtweise lässt sich unschwer mit den tiefen Irritationen verbinden, die von der Corona-Pandemie ausgelöst worden sind. In der jüngeren Zivilisationsgeschichte wurde die Wirklichkeit – die Natur im Ganzen – zu einem Reservoir und zu einer Art Kulisse. Während sie in früheren Zeiten bedrängend und als Gefahr allgegenwärtig war, wurde die Natur für uns, Einwohner der wissenschaftlichen und technologischen Moderne, zur Umwelt. Meistens registrieren wir überhaupt nicht, was die Rede von einer Umwelt voraussetzt, nämlich die Verbannung der Natur aus den inneren Bezirken unseres Lebens. Als Umwelt ist die Natur zu einer Ressource, zu einem Gegenstand des Verbrauchs, zum Reservoir scheinbar unerschöpflicher Energie, aber auch zu einem immer intensiver bewirtschafteten Bezirk der Entspannung geworden. Die eigene Natur ist das nicht weniger. Auch sie betrachten wir hauptsächlich mit einem Analyse- und Umgestaltungsauftrag im Hinterkopf.

Das hat sich mittlerweile geändert. Die Klimakrise hat uns längst eingeholt. Wir können diese nicht länger als ein Ereignis in unserer Umwelt distanzieren, sondern müssen sie vielmehr zur Innenwelt unserer Zivilisation rechnen. Sie ist ein elementarer Bestandteil von deren internen Verfassung geworden und uns buchstäblich auf die Pelle gerückt. Die Covid-19-Pandemie sollten wir als Vorbote und Muster künftiger, bevorstehender Großkrisen betrachten. Sie hat unmissverständlich gezeigt, dass die Natur mitten unter uns und in uns ist – in der Omnipräsenz ihrer viralen Repräsentanten. Wir hatten offenbar vergessen, dass die städtische Lebensform, die für die Moderne so typisch ist, lediglich auf der Bändigung von Viren und Bakterien beruht, nicht aber auf deren Verschwinden. Gleichsam unsichtbar meldete sich die Natur zurück in das Herz der Zivilisation. Ihre Abstraktion war nur eine auf den ersten Blick gewesen. Die Vehemenz ihrer Rückkehr hätte größer nicht sein können.

Die Folgen dieser Rückkehr lähmten ganze Areale, die Dauerschäden an Mensch und Gesellschaft sind noch unabsehbar. Covid-19 war zum Sinnbild einer wankenden Zivilisation geworden, weshalb die Rückkehr zur Normalität – zum Status quo ante – so herbeigesehnt wurde. Die Wirklichkeit, wie wir sie kannten, schien sich plötzlich aufgelöst zu haben. Ihre vertrauten Konturen waren abhandengekommen: Einfachste und jahrhundertelang eingeübte Körperkontakte und Umgangsformen wurden zu einer Brutstätte der Ansteckung, die befreiende Trennung zwischen Arbeit und privatem Leben implodierte in Windeseile, Entspannungsformen wurden zu Spannungsherden, Kommunikationen verkrüppelten in den Skype- und Zoom-Medien und mutierten zu verkrampften Simulationen tatsächlicher Gespräche. Überall mussten wir uns provisorisch einrichten. Unser Vorwärtsdrang war ausgebremst, unsere Zielorientierung löste sich in einen Nebel unsicheren Vorwärtsschreitens auf. Es drängte sich der Gedanke auf, dass wir uns in der Welt neu einrichten müssten. Es gilt, diesen Gedanken beizubehalten und ihn zu entfalten.

Ein solches Provisorium könnte nämlich von längerer Dauer sein, geradezu als das Modell einer neuen Lebensform. Bereits im 17. Jahrhundert hatte der französischer Philosoph René Descartes von einer provisorischen Moral gesprochen. Was hatte er damit gemeint? Descartes träumte von einer Welt, die einst und in jeder Hinsicht nach den Kriterien der Wissenschaft eingerichtet wäre. In dieser Welt gäbe es auch ein perfektioniertes System der Moral. Dieser ferne Zustand lässt jedoch auf sich warten. Wir sind noch längst nicht so weit. Wir schreiten nicht geradeaus und ohne Hindernisse auf ihn zu. Trotzdem müssen wir handeln. Wir können unser Handeln nicht zurückstellen. In einer solchen Situation, meinte Descartes, bleibt uns nichts anderes übrig, als uns an die vorhandenen Moralprinzipien zu halten. Diese gelten vorläufig, bis wir das künftige, dann perfektionierte Moralsystem besitzen würden. Darum nennt er diese Moral provisorisch. Dieses Prädikat stammt vom lateinischen Verb providere, was vorausschauen, sich vorsehen bedeutet. Wir schauen auf etwas, was sich noch in der Ferne befindet, weshalb wir uns unterwegs vorsehen müssen. Wir sind deshalb gezwungen, uns mit dem, was wir haben und sich bisher bewährt hat, zu begnügen und unser Leben im Vorläufigen zu belassen.

Bei dem französischen Denker beggnen wir einer konservativen Fassung dieses Provisoriums. Die Anweisung lautet: Halten wir uns fest an dem, was wir bereits besitzen, und lassen wir es möglichst unverändert, bis wir über das neue, wissenschaftlich fundierte System (der Moral) verfügen. Besser das Althergebrachte bewahren, als im Nirgendwo zu navigieren. Es lässt sich aber auch eine experimentelle Fassung dieses Provisoriums denken. In einer Situation, in der die Ziele nämlich nicht mehr geradeaus zu erreichen sind, sie undeutlich geworden sind und diese sich gar als falsche Ziele erweisen, müssen wir im Provisorischen verbleiben. Der Münsteraner Philosoph Hans Blumenberg war der Mei-

nung, das Provisorium müsse nicht wie bei seinem französischen Kollegen als »Stillstand«[175] verstanden werden. Es sei viel produktiver, wenn wir in bestimmten Situationen nicht den kürzesten Weg aus der Sackgasse versuchen und erneut auf das alte Ziel und auf den vorherigen Zustand zusteuern. Es wäre vielleicht besser, Umwege zu gehen, Vorsicht an den Tag zu legen, uns auf Ziel, Mittel und Folgen unseres Tuns zu besinnen, nicht rücksichtslos vorzupreschen. »Umwege«, so meinte Blumenberg, hätten »die Funktion der Humanisierung des Lebens«[176].
Längst sind wir in einer Lage, die genau diese Tugend des Provisoriums verlangt. Wir sollten in Zukunft eine Kultur der Provisorien entwickeln. »Permanentes Provisorium«[177] stünde vermutlich über der Pforte, die zu diesem Terrain Zugang verleiht. Sie wäre eine Kultur der Nachdenklichkeit und der Vorsicht, der Selbstprüfung und der Wegberichtigung, der Verlangsamung und der Orientierung an sozialer und ökologischer Nachhaltigkeit *stricto sensu*. Sie wäre eine Kultur der Blickumkehrung, weg von den megalomanen Projekten der fiebrigen Weltbegehung, weg aus der Flucht in das Allergrößte und in das Allerentfernteste, zurück zum menschlichen Maß. Zeitgewinn ist zu verbuchen, indem wir Abschied nehmen von dem Zwang, alles sehen, erfahren und verwandeln zu müssen, bis wir es uns gemäß umgestaltet haben. Das Zeitalter der Verschonung hat begonnen. Auch an dieser Stelle ist Blumenberg ein großartiger Gedankengeber.

»Hier beginnt ein Stück jener eigentümlichen und vergleichsweisen gravitätischen Würde des Menschen, die in der Vermeidung von Hast und Voreiligkeit, von Schnellfertigkeit und Leichtsinnigkeit, von Unmittelbarkeit als Besinnungslosigkeit besteht. Es ist immer eine eher animalische und instinktive Beeindruckung, die von dem Menschen des raschen Entschlusses und des entschlossenen Zugriffs ausgeht; sie scheinen es zu sein, die den Situationen der Not und Gefahr am ehesten begegnen können. Aber dieses animalische Zutrauen schwindet in dem Maße, in dem die Furcht schwindet und rasche Entschlüsse nicht mehr förderlich zu sein scheinen. Der Zweifler, der sich den Aufschub für sein Handeln erwirkt, gewinnt dann an Zutrauen. (...) Der Mensch zögert und zaudert nicht, weil er Vernunft hat, sondern er hat Vernunft, weil er gelernt hat, sich das Zögern und Zaudern zu leisten. Die Vernunft ist Inbegriff (…) antizipatorischer, auch provisorischer Leistungen.«[178] Welche sind die Schritte, die wir nun gehen müssen? Wie lässt sich dieses Zögern und Zaudern produktiv umsetzen?

Resilienz als Lebensstilpolitik

Während der Covid-19-Pandemie brach die lange Stunde der schnellen Ratgeber an. Sobald die Pandemie nämlich in eine Sinnkrise transformiert worden war, eroberten die Apologeten der Lebenskunst, die Therapeuten der Verunsicherten und die Advokaten einer neu aufgelegten Stoa, die zur Seelenruhe aufrufen, das Terrain. Es sei keineswegs bezweifelt, dass das Virus auch psychische Schäden angerichtet hat. Menschen litten unter Einsamkeit und sozialer Isolierung, Kinder und Jugendliche wurden aus ihren Sozialisationsbahnen gerissen. Seelische Erkrankungen fanden in der pandemischen Umgebung einen fruchtbaren Boden. Aber auch diese Schäden entstehen in einem gesellschaftlichen Umfeld und werden somit sozial codiert. Sie bilden nichts weniger als das Psychogramm einer Gesellschaft unter Hochspannung – unter Umständen sogar das Psychogramm einer Gesellschaft im Auseinanderdriften.

Soeben haben wir von einer Blickumkehrung gesprochen. Vorausgesetzt, wir wollten aus der Krise eine Lehre ziehen, müssten wir nämlich endlich Abschied nehmen von unseren Gewohnheiten, von den unhinterfragten Üblichkeiten unserer Weltbegegnung und unseres Selbstverständnisses. Die Moderne war eine Kultur der Flucht aus dem angestammten Raum. Ihre Perspektive war also zentrifugal. Die Region, in der wir lebten, wurde zur Ausgangsbasis für einen sich immer weiter ausdehnenden Weltbezug. Das Nahe war zu klein geworden. Die Grenzen wurden sukzessive gesprengt und innerhalb von vier Generationen rasant verschoben: Meine Großeltern waren die Bewohner einer sehr übersichtlichen Region und die Eltern waren das im Großen und Ganzen immer noch. Der Horizont der Nation – des doch kleinen Belgien – war weit weg und blieb deshalb in einem hohen Maße abstrakt, abgesehen von Krisenzeiten, die im Grunde Kriegszeiten waren. Reisen innerhalb des Landes fanden selten statt, außerhalb noch viel seltener. In meiner Generation war das Leben im Ausland bereits eine reelle Option geworden, wenngleich diese eher selten verwirklicht wurde. Meine Kinder sind bereits Bewohner aller Himmelsrichtungen. Die Triebfeder dieser Verschiebungen war natürlich primär ökonomischer und daran anschließend politischer Natur. Das Kürzel Globalisierung fasst das Geschehen nur unzureichend zusammen.

Diese Entwicklung hatte – anfangs – eine befreiende Wirkung. Sie ging im Laufe der Zeit allerdings mit einem Gefühl wachsender Ohnmacht einher. Die ökonomischen Expansionen hatten zwiespältige Folgen. Was für die einen mit großen Gewinnen einherging, bedeutete für die anderen Entwurzelung und soziale Marginalisierung. Das Unbehagen wuchs umso mehr, je unübersichtlicher und unkontrollierbarer sich die wirtschaftliche Dynamik vollzog. Dieser Prozess ging einher mit einem Gefühl zunehmenden politischen Kontrollverlusts. Wie bereits im Bereich der Wirtschaft waren auch in politischen Angelegenheiten die lenkenden Instanzen immer ferner gerückt. Bürger haben mittlerweile den nicht unzutreffenden Eindruck, dass ein wirksames politisches Mitspracherecht nicht länger in Reichweite liegt. Die Fluchtlinien der Entwicklung ließen weder Raum noch Zeit für eine Politik vor Ort.

Wir sollten deshalb in ein zentripetales Modell wechseln, also von der Peripherie zurück in die Nähe, von der Beweihräucherung der Ferne in die Wertschätzung der Region. Dies hat weder mit Separatismus noch mit einem Antiuniversalismus oder mit der Abkehr von einer globalen Perspektive zu tun, ganz im Gegenteil. Der Globus ist jedoch nur zu retten, wenn wir zum Lokalen zurückkehren. Wir können die Probleme der Nähe nicht mehr externalisieren, indem wir sie anderswo deponieren. Diese Auslagerung unserer Lebenskosten in ferne Regionen gleicht einer mutwilligen Abstrahierung, mit der wir versuchen, die Folgen und Nebenfolgen unseres Tuns unsichtbar zu machen. Diese Ausblendung kennzeichnet die Wachstums- und Expansionsdynamik spätkapitalistischer Gesellschaften.

Wir leben, wie Ingolfur Blühdorn zu Recht schreibt, in einer »Gesellschaft der Nichtnachhaltigkeit«. Die »Ausweitung und Verteidigung von bekanntermaßen nicht generalisierbaren Freiheitsansprüchen auf Kosten sozialökologischer Verbindlichkeiten« sei »unmoralisch, ausgrenzend und entzivilisiert«[179]. Und nichts, so Blühdorn, weist momentan darauf hin, dass sich etwas wirklich ändert. »Ökonomisch hat das Virus zu massiven Einbrüchen geführt, aber von Deglobalisierung und Reregionalisierung ist keine Rede mehr. Mehr denn je hängt die Wirtschaft am Tropf von Stabilisierungsmaßnahmen des Staates und der Notenbanken, doch Ideen einer Postwachstums- und Gemeinwohlökonomie scheinen weniger resonanzfähig denn je.«[180] Um genau diese Größen wird es jedoch in nächster Zukunft gehen. Wenn es zutrifft, dass die Covid-19-Pandemie als das unschöne Vorspiel viel größerer Erschütterungen betrachtet werden muss, und wir erst zu ahnen beginnen, welche ökologischen und sozialen Zerwürfnisse diese bereithalten, dann fangen wir an zu begreifen, was diese Beben uns abverlangen werden.

Auch wenn der Begriff der Resilienz mittlerweile überstrapaziert wird, zeigt er doch an, was das künftige Kennzeichen unseres Handelns sein muss – Widerstandsfähigkeit. Diese der Psychologie entlehnte Kategorie bedeutet die Fähigkeit, mit einem Druck so umzugehen, dass man an ihm nicht zerbricht. Resilienz ist also das Vermögen, das eigene Verhalten den Umständen anzupassen. Anpassen meint, die Umstände so einrechnen, dass sie zum Korrektiv der Absichten, Vorhaben und der aus ihnen folgenden Handlungen werden. Resilienz hat also nichts mit einer bloßen Unterwerfung unter das Diktat der Umstände zu tun. Das käme einer Selbstaufgabe gleich. Resilienz meint jedoch sehr wohl, der bisherigen Umstände-Ignoranz ein Ende zu setzen. Blieben wir dagegen Umstände-ignorant und Umstände-resistent, käme das einer tatsächlichen Selbstaufgabe gleich.

Individuelle Resilienz ist erforderlich, wenn das Festhalten an eigenen Wünschen und Präferenzen angesichts der gegebenen Umstände zum psychischen Kollaps der Person führt. Wenn sich zwischen der Einstellung der Person und den sie umgebenden Faktoren eine Kollision abzeichnet, befindet sich das Individuum in einer verletzlichen Situation. Aller Wahrscheinlichkeit nach werden die Umstände nämlich stärker sein. Sie werden den Sieg davontragen. Inflexibilität hätte deshalb den Untergang der Person zur Folge. In einer solch vulnerablen Lage gilt es zu improvisieren: Die wechselnden Umstände müssen berücksichtigt werden. Zögern und Zaudern werden zu Tugenden der Vernunft. Nun sind Vorsicht, Selbstprüfung, Verlangsamung und Bedachtsamkeit angesagt. Besinnungslosigkeit wäre fatal. Resilienzbereitschaft gleicht also der Einwilligung in ein Provisorium, in ein Leben im Vorläufigen, in die Haltung einer ständigen Korrekturwilligkeit.

Das Gleiche gilt ebenso für eine Gesellschaft als Ganze, für unsere Gesellschaft. Wir befinden uns in einem Zustand ökologischer und sozialer Verletzlichkeit. Auch in einer solchen Situation ist Resilienz angesagt, denn nichts wird so bleiben, wie es war. Die Welt, wie wir sie kannten, ist zu und am Ende. Andreas Reckwitz spricht in diesem Zusammenhang von einem »resilienten Staat« und schwört diesen auf Prävention und Katastrophenmanagement ein, gar auf »eine systematische Risikopolitik im Dauermodus«. Antizipation auf die naherückende Gefahr und Risikominimierung gehörten zu seinen Zentralaufgaben. »Die Politik des Klimawandels wäre ein herausragendes Beispiel für eine solche Politik. Dabei müsste der resiliente Staat freilich mit Risikokonkurrenten umgehen, vor allem den Folgerisiken für liberale Freiheitsrechte und ökonomische Wohlstandsentwicklung. (…) Die Corona-Krise könnte sich somit als ein Ereignis herausstellen, welches einem solchen Wandel von Staatlichkeit einen weiteren Schub gibt. Sicher ist dies freilich nicht.«[181]

In der Ausbalancierung dieses Verhältnisses zwischen Klima-, Wirtschafts- und Freiheitspolitik entscheidet sich tatsächlich die Zukunft unserer Gesellschaft. All diese Komponenten werden Bestandteil einer künftigen Gerechtigkeitspolitik sein. Der Klimawandel ist nicht nur ein ökologisches, sondern ebenso ein soziales Problem. Er stellt ein Gerechtigkeitsproblem dar. Seine Folgen sind höchst ungleich verteilt. Klimapolitik ist demnach Gerechtigkeitspolitik. Auf dem Feld der Ökonomie sind die sozialen Verwerfungen der letzten Jahrzehnte am offensichtlichsten. Der Korrekturbedarf ist unübersehbar. Die Abkoppelung von Realwirtschaft und Finanzwirtschaft hat geradezu für Klüfte in den Sozialverhältnissen gesorgt. In der vielleicht wichtigsten rechtswissenschaftlichen Publikation der Gegenwart, in »Der Code des Kapitals«, hat Katharina Pistor auf die entscheidende, aber sehr oft übersehene Rolle des Rechts bei der Konstitution von Vermögen hingewiesen. Dieses schaffe, so Pistor, »eine nachhaltige Ungleichheit«, die sich mittlerweile nur noch wenig von den einstigen feudalen Verhältnissen unterscheide. In diesem Zusammenhang zitiert sie den Rechtshistoriker Bernhard Rudden. »Das feudale Kalkül«, so Rudden, »besteht auch weiterhin fort, aber sein Habitat ist das Finanzvermögen und nicht der Grundbesitz.«[182] Kapital ist mittlerweile ein Rechtsprodukt.

Freiheitspolitik wird sich mit höchst strittigen Fragen befassen müssen, nicht zuletzt mit der Frage, wie ausgedünnt ein Freiheitspathos ist, das sich auf die Dominanz der Perspektive des Individuums konzentriert, auf dessen Anspruch, ein Leben möglichst unbehelligt von sozialen und ökologischen Rücksichten führen zu dürfen. Wie wird in Zukunft ein Gleichgewicht zwischen Lizenzierungen und Limitierungen hergestellt, wenn wir davon ausgehen sollten, dass Nachhaltigkeit, die diesen Namen verdient, nicht zuletzt aus einer »Kunst des Unterlassens«[183] (Niko Paech) bestehen wird? Auf die Ausbalancierung dieses Dreierverhältnisses zwischen Ökologie, Ökonomie und Freiheitspolitik wird es keine einfachen Antworten geben. Aber zu einer Rückkehr zum Status quo vor der Corona-Pandemie, also zum Status quo ante, darf es unter keinen Umständen kommen. Man wird der Feststellung kaum widersprechen, dass »die Pandemie (...) in ihren Opfern eine Klassengesellschaft«[184] reproduziert, eine Weltklassengesellschaft, in der das Gerechtigkeitsempfinden der Habenden narkotisiert zu sein scheint.

Wir werden nicht umhinkommen, über die Bedeutung von Wohlstand zu streiten. Dieser Begriff bildet gewissermaßen die Achillesferse der Debatte. Als Indikator unseres Wohlstands gilt klassisch das Bruttoinlandsprodukt. Die ausreichende Versorgung mit materiellen Gütern und deren Gewährleistung durch Wachstum bilden die Basis für die Hebung des Lebensstandards: Güter wie Bildung, Gesundheit, Emanzipation aus Abhängigkeiten, die Steigerung der Lebenserwartung und viele andere sind deren Folge. Was wir gemeinhin Lebensqualität nennen, besteht natürlich auch aus immateriellen Gütern, aber die Messlatte, die wir dort anwenden, ist wie im Falle des Wohlstands materieller Natur. Allerdings gibt es kein Naturgesetz, aus dem wir schlussfolgern müssten, dass diese Koppelung alternativlos sei. Im Gegenteil – die Steigerung des Bruttoinlandsprodukts als Grundlage unserer Lebensqualität hatte nur solange Bestand, bis wir anfingen, einen Selbstkannibalismus zu praktizieren. Der ökologische Raubbau ist nämlich längst in einen Selbstverzehr umgeschlagen, weil wir den Boden, auf dem wir stehen, restlos auszehren.

Wir stehen vor der schwierigen Aufgabe, unseren Bedürfnishaushalt einer kritischen Prüfung zu unterwerfen. Zwischen unserer Bedürfnisökonomie und unserer Bedürfnisökologie ist jedenfalls ein garstiger Graben entstanden, für dessen Überbrückung wir kein allzu großes Zeitfenster mehr haben. Diese Brücke muss in die Richtung der Bedürfnisökologie geschlagen werden. Wir müssen unsere Bedürfnisse an ihrer ökologischen Kompatibilität messen und ausrichten. Es ist dieser Bedürfnishaushalt, den wir ökologisch durchforsten sollten. Und es kann kein Zweifel daran bestehen, dass dessen Anspruchsniveau inzwischen völlig überzogen ist. Unsere Wünsche sind überhitzt. Die Klimaerwärmung abbremsen heißt, auch dieser Überhitzung ein Ende zu setzen. Die Abkühlung unserer völlig überspannten Konsum-, Reise- und Lebensstilvorstellungen ist ein unhintergehbares Erfordernis. Diese Temperaturreduktion impliziert eine Abkehr von zahlreichen lieb gewonnenen Gewohnheiten. Es wird darauf ankommen, ob und wie es uns gelingt, diesen Rückbau sozialverträglich ins Werk zu setzen.

Es wäre ein Fehler, die anstehende Transformation lediglich als eine grüne Neucodierung des bestehenden Wirtschaftssystems und unseres von diesem großzügig bedienten Bedürfnishaushaltes zu betrachten.

Völlig trügerisch ist die Hoffnung, es könne alles mehr oder weniger beim Alten bleiben, nur eben in der Farbe Grün. Die Umstellung eines Verbrennungsmotors auf einen elektrischen Antrieb wird keines der Probleme lösen. Die Devise lautet nicht bloß anders fahren, sondern vor allem weniger fahren, also nicht Neomobilisierung, sondern Demobilisierung. Die Devise lautet nicht anders reisen, sondern weniger und dann ökologisch verträglich reisen. Ebenso wäre es ein Fehler, in abwartender Haltung auf die großen politischen Initiativen zu warten, die das Ruder umreißen werden. Bisher sind alle ökologisch einschlägigen Veränderungen, die einen Anspruch auf das Prädikat »nachhaltig« haben, Initiativen von unten zu verdanken. Das großpolitische Milieu mit seiner defensiven Grundhaltung hinkt – bestenfalls – hinterher. »Jede Graswurzelinitiative,«, schreibt Kathrin Hartmann, »in der gerechte und übertragbare Initiativen zu den herrschenden Konsum-, Produktions- und Alltagsmustern entwickelt werden, hilft, praktische Erfahrungen zu sammeln und sich vom herrschenden System zu emanzipieren.«[185]

Anfangen sollten wir mit einer Mikropolitik der Lebensstile. Die Umkehrung der Blickrichtung beginnt bei uns selbst. Dabei handelt es sich nicht um eine trübsinnige Verzichtsleistung. Nennen wir das Vorhaben ruhig den Versuch einer Askese in zukunftsförderlicher Absicht. Dies wäre die Verpflichtung zu üben, wie ein Leben, das von der Logik der Zerstörung Abschied genommen hat, aussehen könnte. In einer Denkfigur Immanuel Kants gesprochen sollten wir uns fragen, wie verallgemeinerungsfähig unsere Daseinsweise ist: Wie sähe die Welt aus, wenn alle so leben würden wie ich oder wir hier? Dieses kleine Denkexperiment ist jedoch nicht in abstracto durchzuführen, so als ginge es um eine theoretische Aufgabe. Es gilt, unsere Alltagspraktiken daraufhin zu befragen, wie dieser Alltag aussähe, wenn er jedermanns Alltag wäre. »Où suis-je?«[186] – »wo bin ich?« – lautet die Frage Bruno Latours. Gehöre ich zu den Extraterrestrischen, die ihre irdischen Lebensbedingungen schon längst zuungunsten der Kommenden eingeklammert und aufgegeben haben? Oder lassen sich meine Ansprüche so materialisieren, dass sie die Materie der anderen nicht antasten?

Ausgehend von dieser Denkfigur in praktischer Absicht werden wir unsere Lebensform stufenweise rekonstruieren und evaluieren müssen. Beginnend im kleinen Bereich des Privaten bis hin zu den Grenzen der im Laufe der Modernisierung kolonisierten und geplünderten Großräume und zurück, werden wir die sozialen und ökologischen Kosten unserer maßlosen Bedürfniswelt zu beziffern haben. Die Zerrissenheit unserer Gesellschaft benötigt Strategien der Heilung, denn wir sind heillos verstrickt in einer Entwicklung, die nach gravierenden sozialen und ökologischen Korrekturen verlangt. Wir sollten endlich die Aufstapelung von Leiden zur Kenntnis nehmen, die in den Hochglanzbroschüren unserer Weltlektüre zum Verschwinden gebracht worden sind. Das furchtbare Leid, das die Pandemie verursacht hat, darf nicht untergehen im Getöse einer Gesellschaft, die nichts lieber will, als den vorherigen Zustand wiederherzustellen. Die Leiden, die auf den Schultern der Schwachen lasten, dürfen nicht länger achselzuckend hingenommen werden. Sie haben ein Anrecht auf Erleichterung ihres Daseins. Und die tödlichen Schäden – das der Natur zugefügte Leid – gefährden das Überleben aller Lebewesen. Wir müssen das Steuer herumreißen.

Die Rückeroberung der öffentlichen Güter

Die Pandemie war eine multiple Krise. Sie war natürlich in allererster Instanz eine Gesundheitskrise, aber sie erfasste im Grunde die Totalität unserer Gesellschaft. Etymologisch ist der Begriff der Pandemie griechischen Ursprungs: »pan« bedeutet ganz und »dèmos« bedeutet Volk, aber auch Landstrich. Pandemien treffen das ganze Volk. Sie betreffen das Volk im Ganzen, also nicht bloß gesundheitlich, sondern in allen seinen Lebensäußerungen. Das Panorama einer Pandemie umfasst neben den gesundheitlichen Verwerfungen, die sie verursacht, ebenso politische, ökonomische, soziale, kulturelle und ökologische Beben. Dass die Pandemie das Volk im Ganzen erfasst, heißt aber längst nicht, dass sie es gleichermaßen erfasst. Covid-19 betraf und betrifft nicht alle Bevölkerungsgruppen in gleichem Maße. Weit gefehlt! Auch in pandemischen Umständen weichen die Privilegien nicht vor einer wie immer gearteten viralen Gerechtigkeit. Die sozialen Klüfte sind noch sichtbarer geworden als zuvor und haben sich noch mehr vertieft. Das Band der Solidarität ist noch löchriger geworden.

Wenn man sich fragt, was eine Solidargemeinschaft auszeichnet, muss man sich auf die öffentlichen Güter konzentrieren. In ihnen widerspiegelt sich das Band der Solidarität, welches in einer Gesellschaft vorhanden ist oder fehlt. Öffentliche Güter umfassen jene Lebensbereiche, um die wir uns gemeinsam kümmern. Herkömmlicherweise gehörten zu diesen Gütern das Gesundheits- und Krankenversicherungswesen, die Energie- und Wasserversorgung, das Verkehrswesen und die Infrastruktur, die Renten- und Sozialversicherung, das Bildungswesen und der soziale Wohnungsbau. Man ging davon aus, dass diese Bereiche zu den grundlegenden Bedingungen eines funktionierenden Sozialstaates gehörten, weshalb man sie auch Grundgüter nannte. In den letzten vier Jahrzehnten hat in diesem Bereich ein gewaltiger Umbau stattgefunden: Im Zuge der neoliberalen Revolution sind große Teile der öffentlichen Güter in private Güter transformiert worden. Der Staat als Hüter der Solidargemeinschaft hat sich aus der Bereitstellung der öffentlichen Güter zurückgezogen und diese erheblich privatisiert.

Seitdem unterliegen sie den Kriterien der Marktwirtschaft. Die transformierten Güter müssen Gewinn erwirtschaften. Effizienzsteigerung und Entschlackung der Institutionen gehören zu den Prinzipien dieser Entwicklung. Die genannten Grundgüter sind alsbald in die fragwürdige Obhut großer, teils transnationaler Konzerne geraten. Vermutlich sind wir erst seit Kurzem dabei, das Fazit dieser Politik der Entkernung des Sozialen zu ziehen und zu ermessen, was alles ruiniert worden ist. In der Finanzkrise der Jahre 2008/2009 sind in etlichen europäischen Ländern Staatshaushalte mühselig saniert worden, indem dem öffentlichen Gesundheitswesen erhebliche Ressourcen entzogen wurden. Die Folgen sind bis heute zu spüren, sie haben ihre tödlichen Spuren bis tief in die Pandemie hinterlassen.

Wenn wir uns um eine Rehabilitierung und Rückeroberung der öffentlichen Güter bemühen wollen, müssen wir zunächst überlegen, wie man sie etwas genauer definieren kann, aber auch, wie sie zustande kommen. Dies ist keineswegs eine überflüssige akademische Übung, sondern von großer politischer Wichtigkeit, wie wir sehen werden. Unser Beispiel ist das Gesundheitswesen. An diesem Beispiel wollen wir gleichsam aufzeigen, was es mit den öffentlichen Gütern auf sich hat. In Deutschland ist die Spaltung zwischen privat und öffentlich in diesem Bereich besonders sichtbar: Die Unterscheidung einer privaten von einer gesetzlichen Krankenversicherung ist einmalig. Die privatwirtschaftliche Entwicklung in Krankenhauswesen hat eine enorme Dynamik.

Fragen wir zuerst, was ein öffentliches Gut ist. Was haben die genannten öffentlichen Güter also gemeinsam? Sie unterscheiden sich von den sogenannten privaten Gütern. Diese sind solche Güter, deren Wertschätzung uns als Einzelnen überlassen bleibt, deren Würdigung uns also freigestellt ist. Es steht in unserem Belieben, ob wir sie mögen. Meine Präferenz ist hier meine Präferenz. Und die anderen sind keineswegs dazu aufgefordert, mein privates Gut ebenfalls wertzuschätzen. Ihrerseits bestehen demnach keinerlei Verpflichtungen, meine privaten Güter gutzuheißen oder zu deren Verwirklichung beizutragen. Die Wahl zwischen Johann Sebastian Bach und Johnny Bach, dem musikalischen Berater der »Amigos«, bleibt jedem Einzelnen überlassen. Ob Klassik oder Schlagermusik zu jemandes privaten Gütern gehört, geht mich nichts an, solange ich nicht genötigt werde, seinen Musikgeschmack mit anzuhören. Im Hinblick auf die öffentlichen Güter lässt sich deren Unterschied zu den privaten Gütern ohne allzu große Schwierigkeiten formalisieren.

Die zwei wichtigsten, der Ökonomie entnommenen Kriterien zur Identifikation eines öffentlichen Guts bzw. zu seiner Unterscheidung von einem privaten Gut sind das Ausschluss- und das Rivalitätsprinzip. Beide Prinzipien gelten im Bereich privater Güter. Das erste Prinzip, also das Ausschlussprinzip, lautet: Eine Person, die nicht bereit oder berechtigt ist, den entsprechenden Preis für ein Gut zu entrichten, ist von dessen Konsum ausgeschlossen. Wer für ein Konzert nicht bezahlt, erhält keinen Eintritt. Das zweite Prinzip, also das Rivalitätsprinzip, besagt: Ein Gut, das von Person A konsumiert wird, kann von Person B nicht konsumiert werden. Sie sind Rivalen für ein Konzertticket. Das Ticket von Person A, das rechtmäßig erworben ist, kann von Person B nicht beansprucht werden. Dort, wo diese Prinzipien gelten, ist es der Markt, der ihre Distribution regelt. Der Konsum dieser Güter findet unter Marktbedingungen statt. Was sind im Vergleich dazu nun die öffentlichen Güter? Das sind Güter, so Gebhard Kirchgässner in seinem Standardwerk zum Homo oeconomicus, bei denen mindestens eines dieser beiden Kriterien nicht erfüllt ist.[187] Am Beispiel eines bislang nicht genannten öffentlichen Gutes, am Beispiel der Rechtssicherheit, lässt sich das gut illustrieren.

Wir können Bürger und Bürgerinnen von dem Gut der Rechtssicherheit nicht ausschließen, wenn sie nicht bezahlen (können) oder keinen Beitrag zu den erheblichen finanziellen Anstrengungen des Staates leisten (können), welche die Wirksamkeit dieses Guts gewährleisten. Ein solcher Ausschluss käme einer außerordentlichen Verletzung rechtsstaatlicher Prinzipien gleich. Eine Rechtssicherheit, die an finanzielle Potenz gebunden wäre, würde sich selbst gleichsam verbrennen. Rechtssicherheit bedeutet geradezu Gleichheit vor dem Gesetz und staatliche Gewährleistung seiner Inanspruchnahme. Darüber hinaus ist die Rechtssicherheit ihrer Bedeutung nach nicht rivalisierend, denn wenn die Rechtssicherheit von Person A die Inanspruchnahme dieses Gutes durch Person B schwächen oder gar unmöglich machen würde, hätte sich das Gut der Rechtssicherheit aufgelöst.

Dieses Gut gilt für alle, unabhängig von ihrem Status, ihrer sozialen Position und ihren finanziellen Möglichkeiten. Das Beispiel des öffentlichen Gutes der Rechtssicherheit ist deshalb gewählt, weil es einfach ist. Aus der Bedeutung des Begriffs der Rechtssicherheit geht bereits analytisch hervor, dass hier weder Ausschlüsse noch Rivalitäten einschlägig sind. Falls jemand die Rechtssicherheit privatisieren möchte und ihre Erreichbarkeit nach Marktprinzipien regeln möchte, müsste man davon ausgehen, dass diese Person ihre Bedeutung im Grunde nicht verstanden hat. Im günstigsten Fall reichte eine kurze Belehrung aus, um sie über ihr Missverständnis aufzuklären.

Diese verhältnismäßig leicht nachvollziehbare Lösung steht uns jedoch bei einigen anderen öffentlichen Gütern nicht zur Verfügung. Im Falle des Gutes der Gesundheit und angesichts der Strukturen des Gesundheitswesens ist die Lage komplizierter. Wer behauptet, dass Menschen mangels finanzieller Gegenleistung von der angemessenen Behandlung einer gravierenden Erkrankung ausgeschlossen werden dürfen, begeht keinen Denkfehler. Man kann ebenso widerspruchsfrei behaupten, dass Gesundheitsleistungen einen rivalisierenden Charakter besitzen. Es sei nichts einzuwenden gegen die Konkurrenz um Zugangsbedingungen zu den Leistungen des Gesundheitswesens. Meine Gesundheit und deine Gesundheit sind unsere Privatangelegenheiten. Wir sind in Gesundheitsfragen nicht füreinander zuständig. In freiheitlichen Gesellschaften sind die Einkommen nun mal abhängig von Leistung und Verdienst. Wieso sollte ich diese gesellschaftlich akzeptierte Asymmetrie nicht auch in Gesundheitsangelegenheiten anwenden? Darüber hinaus ist jeder für die eigene Gesundheit verantwortlich und zuständig. Wenn Gesundheit durch unseren privaten Lebensstil und durch die eigene Vorsorge bedingt ist, entfällt erst recht die Zuständigkeit füreinander. Auch hier ist der Markt der richtige Distributor.

Was spricht gegen diese Auffassung? Zunächst sollte man festhalten, dass die Deutung der Gesundheit strittig ist. Erst in den letzten Jahrzehnten hat sich die Auffassung Gehör verschafft, Gesundheit sei im Wesentlichen Gegenstand meiner Verantwortung. Wie wir bald sehen werden, steht diese Sichtweise auf sehr wackeligen Fundamenten, aber sie scheint immer mehr Menschen zu überzeugen. Im Laufe der starken Individualisierungs- und Privatisierungstendenzen der letzten Jahrzehnte hat auch in Gesundheitsangelegenheiten eine Ausdünnung des Sozialen stattgefunden. Eine Entsolidarisierung in Gesundheitsangelegenheiten hat um sich gegriffen.

Gleichzeitig ist die Wichtigkeit, die der Gesundheit zugeschrieben wird, ständig gewachsen. Vermutlich hat im Vergleich zu unserer noch keine Gesellschaft zuvor der Gesundheit so viel Gewicht beigemessen. Selbstverständlich ist sie auch ein wichtiges Gut. Die Anzahl an Lebenschancen hängt mit ihrem Vorhandensein bzw. mit ihrem Fehlen zusammen. Manchmal wird die Gesundheit deshalb ein existenzielles und ein konditionales Gut genannt: Unsere Existenz ist zutiefst vom Maß an Gesundheit und Krankheit, das uns zuteilwird, abhängig. Gesundheit ist eine wichtige, wenn auch nicht unbedingt die allerwichtigste Kondition eines guten Lebens. Sie hat eine überragende Bedeutung. Welche Bedeutung ihr zugesprochen wird, ist jedoch keineswegs selbstverständlich. Wie wir Gesundheit interpretieren, ist das genauso wenig.

Das Gut der Gesundheit hängt nicht einfach wie Trauben an einem Weinstock, die wir nur noch ernten und dann irgendwie gerecht verteilen müssen, ohne dass wir auf die Art der Trauben selbst Einfluss nehmen könnten. Der Vorgang sieht geradezu umgekehrt aus: Erst bestimmen wir die Art der Trauben, anschließend überlegen wir, wann und wie wir sie ernten, und erst am Schluss entscheiden wir, wie wir die Ernte zu einem angemessenen Preis distribuieren. Der US-amerikanische Philosoph Michael Walzer hat in seiner Theorie der Güter ähnlich argumentiert. Ihm zufolge wird ein Gut und somit auch das Gut der Gesundheit zuerst von uns konzeptualisiert, also entworfen und auf eine bestimmte Art und Weise wertgeschätzt. Erst danach überlegen wir, wie dieses Gut gerecht distribuiert werden sollte und welche Allokation ihm angemessen ist. In Walzers eigenen Worten heißt das:

»Menschen ersinnen und erzeugen Güter, die sie alsdann unter sich verteilen. Hier gehen Konzeption und Herstellung von Gütern ihrer Verteilung voraus, das heißt, diese wird von jenen bestimmt. Güter tauchen nicht einfach irgendwann in den Händen von Distributionsagenten auf, die entweder nach Belieben oder nach einem Generalprinzip verteilen. Es ist vielmehr gerade umgekehrt: die Güter sind es, die mit ihren und wegen ihrer Bedeutungen das entscheidende Medium von sozialen Beziehungen bilden; ihre Geburtsstätten sind die Köpfe der Menschen, dort nehmen sie Gestalt an, in der sie hernach in deren Hände gelangen; die sich herausbildenden Verteilungsmuster richten sich an den gemeinsamen Vorstellungen davon aus, welche Bedeutung die Güter haben und wozu sie da sind. Die Distributeure unterliegen den Zwängen, die von den Gütern ausgehen, die sie in Händen halten; man könnte fast sagen, dass die Güter sich selbst unter die Menschen verteilen.«[188]

Bleiben wir für unseren Zweck bei dem Gut der Gesundheit. Bevor wir an die Arbeit der gerechten Verteilung gehen, müssen wir bereits eine Vorstellung darüber besitzen, was Gesundheit ist, vor allem aber, was sie uns bedeutet. Das war im Laufe der Jahrhunderte nicht immer gleich. Für viele Menschen war das Seelenheil viel wichtiger als ihre

Gesundheit. Es gab und gibt Menschen, die ihre Gesundheit den Erfordernissen ihrer wissenschaftlichen Tätigkeit oder ihrer sonstigen Berufe unterordnen. Für einige ist ihr soziales Engagement bedeutsamer als ihr persönliches Wohlergehen. Aber generell dürfen wir feststellen, dass Gesundheit in unserer Gesellschaft ein außerordentlich wichtiges Gut ist. Sie ist die Bedingung beruflichen Erfolgs, persönlicher Entwicklung und die Grundlage eines aktiven Lebens, das die allermeisten von uns erstreben.

Unsere Gesellschaft gleicht geradezu einem gesundheitsfixierten Kollektiv. Gesundheit ist uns allen wichtiger denn je. Auf der Werteskala befindet sie sich jedenfalls auf den oberen Rängen. Hinsichtlich der überragenden Bedeutung der Gesundheit sind wir kaum geteilter Meinung. Wir verlangen alle nach Gesundheit, erst recht, nachdem wir den Eindruck gewonnen haben, dass sie, anders als noch in früheren Zeiten, gewissermaßen in Reichweite liegt. Erst nachdem über diesen Sachverhalt, also über die Bedeutung der Gesundheit, ein Einverständnis besteht, fangen wir an zu überlegen, wie wir sie gerecht distribuieren:

Es ist »die Bedeutung der Güter, die Art und Richtung ihrer Bewegung bestimmt. Distributionskriterien und -arrangements stecken nicht im Gut selbst bzw. im Gut an sich, sondern im sozialen, das heißt im gesellschaftlichen Gut. Wenn wir wissen, was dieses soziale Gut ist, was es für jene bedeutet, die ein Gut in ihm sehen, dann wissen wir auch, von wem es aus welchen Gründen wie verteilt werden sollte. Alle Verteilungen sind gerecht oder ungerecht immer in Relation zur gesellschaftlichen Bedeutung der zur Verteilung gelangenden Güter.«[189]

Aber welche sind nun die Kriterien, die wir anwenden, wenn wir nach der Gewährleistung dieses Gutes fragen wollen. Wer ist zuständig? Wer ist der »Distributionsagent«?, um mit Walzer zu sprechen. Um dies zu beantworten, müssen wir die Frage nach der Bedeutung allerdings konkretisieren. Das gelingt weniger, indem wir nach einer abstrakten Definition von Gesundheit forschen, sondern vielmehr durch die Suche nach den Bedingungen, die dafür sorgen, dass Menschen gesund oder krank sind. Wir fragen also nach dem sozialen Gefüge von Gesundheit, nach ihren Konditionen. Gesundheit ist nämlich nicht nur ein konditionales Gut, sondern auch ein konditioniertes Gut. Sie ist ein vielfach konditioniertes Gut.

Unsere Gesundheit ist – erstens – genetisch bedingt. Die genetische Codierung, mit der wir auf die Welt kommen, gleicht einem Programm, das unsere Gesundheitsbahnen vorzeichnet, wenn auch nicht in allen Einzelheiten determiniert. Wir sind – zweitens – das Produkt unseres Lebensstils. Es kann an dieser trivialen Feststellung überhaupt keinen Zweifel bestehen. Keinen Einfluss auf die eigene Gesundheit zu nehmen, ist gänzlich unmöglich. Die Reduktion von Risiken, die durch unseren Lebensstil verursacht werden, haben wir in eigenen Händen. Unseren Gesundheitszustand verdanken wir jedoch in einem hohen Maße der Sorge Dritter. Wir schulden also – drittens – unsere Gesundheit der Fürsorge anderer, einem ganzen Netzwerk Beteiligter. Darüber hinaus ist unsere Gesundheit – viertens – durch zahlreiche Passiva bedroht, also durch Faktoren, die völlig außerhalb unseres Einflusses liegen. Unglücke und nicht selbst verschuldete Unfälle, Missgeschicke und Schicksalsschläge erleiden wir. Unseren Geburtsort haben wir nicht ausgesucht. Wir sind – fünftens – den ökologischen Gegebenheiten ausgeliefert, die seit dem Beginn unseres Lebens dessen Gesundheit prägen und gegebenenfalls stark beeinträchtigen.

Es spielen – sechstens – die kulturellen Plausibilitäten und Gewohnheiten, in denen wir aufwachsen, eine gesundheitsförderliche oder -schädliche Rolle. Man braucht auf das Beispiel der Frauenbeschneidung gar nicht einmal zurückzugreifen, um auf die Wichtigkeit dieser Bedingung hinzuweisen. Entscheidend für unsere Gesundheit sind – siebtens – die sozioökonomischen Umstände, in denen wir uns befinden. Gesundheitsrisiken sind eng mit unserer Positionierung auf der sozialen Leiter verbunden. Die Lebenserwartung fällt, sobald man sich dort abwärtsbewegt. Enorm wichtig sind – achtens – die Berufe, die wir ausüben, also das Maß an körperlicher Belastung und seelischem Stress, welche diese mit sich bringen.

Damit zusammenhängend ist – neuntens – das Bildungsniveau nicht zu unterschätzen, das entscheidend zu der Fähigkeit beiträgt,

Gesundheitsrisiken zu reduzieren. Und nicht zuletzt, wenn auch häufig überschätzt, spielt – zehntens – die Qualität der Gesundheitsinstitutionen eine wichtige Rolle. Dem folgenden Fazit von Stephan Huster kann man nur zustimmen: »Der Arzt ist mitnichten der wichtigste Garant für die Gesundheit der Bevölkerung, sondern in dem komplexen Gefüge von Sozialstruktur, Umweltbedingungen, Lebensführung, genetischer Disposition und medizinischer Versorgung eine eher marginale Größe: ein Rettungsschwimmer am Fluss, der (manchmal) ein Menschenleben rettet, wobei es doch darauf ankäme, die morsche Brücke zu reparieren, die überhaupt so viele Menschen in den Fluss hineinfallen lässt.«[190]

Der Blick auf diese vielfachen Faktoren belehrt uns unmittelbar darüber, wie gering der Einfluss des Individuums per saldo auf die eigene Gesundheit ist, vorausgesetzt natürlich, die Person will gesund leben. Der Rhetorik der Eigenverantwortung und dem Credo, Gesundheit sei ein privates Gut, ist vehement zu widersprechen. Im Negativen wie im Positiven ist *meine* Gesundheit Bestandteil *unserer* Gesundheit. Die Predigt der Gesundheitsindividualisierung bezweckt die Isolierung des Subjekts und seine Präparierung für den Gesundheitsmarkt. Aufgrund jenes komplexen Bedingungsgefüges können wir niemanden ausschließen. Niemand ist seiner Gesundheit Herr oder Frau. Und in diesem Gefüge rivalisieren wir nicht miteinander. Wir sind dort unteilbar miteinander verbunden. Deshalb ist Gesundheit keineswegs ein hauptsächlich medizinisches Problem. Sie ist vielmehr in ganz unterschiedlicher Hinsicht sozial codiert. Wenn wir über eine gerechte Verteilung von Ressourcen im Gesundheitswesen (*just health care*) nachdenken, müssen wir zuerst über die gerechte Verteilung von Gesundheit (*just health*) nachdenken. Wie gesagt – Gesundheit darf nicht privatisiert werden. Wer dies unternimmt, schiebt ihr Bedingungsgefüge einfach beiseite. Gesundheit ist ein öffentliches Gut.

Erst jetzt kommen die Verteilungskriterien in den Blick. Wie verteilen wir die Mittel im Gesundheitswesen? Nach dem bisher Gesagten kann dieser Verteilungsschlüssel sich nicht an Marktmechanismen ausrichten. Der freie Tausch, wie er dort vorgesehen ist, wird den Individuen überlassen. Das Gut der Gesundheit müsste dort in das Medium des Geldes konvertiert werden. Die Gesundheit würde kommodifiziert, also in eine Ware verwandelt, die den Kommerzialisierungs- und Konkurrenzbedingungen unterliegt, die auf einem Markt üblich sind. Diese Sichtweise widerspricht der sozialen Realität der Gesundheit in Gänze. Das Distributionskriterium des Verdienstes kann ebenso wenig angewandt werden. Es gibt einfach ein Zuviel an unverdientem Unglück, an unverschuldeten gesundheitlichen Notlagen, als dass man auf eine solch meritokratische Norm zurückgreifen könnte.

Es bleibt nur das Kriterium des Bedürfnisses übrig. In Gesundheitsangelegenheiten befinden wir uns in einer Schicksalsgemeinschaft, manche profitieren von einem guten Geschick, andere leben unter schlechten Vorzeichen. Wir sind dem komplexen Gefüge der Gesundheitskonditionen nicht willenlos und ohnmächtig ausgeliefert, aber unsere Möglichkeiten der individuellen Einflussnahme sollten wir erheblich geringer veranschlagen, als uns dies die Gesundheitsklischees und viele Gesundheitspolitiken glauben lassen. Vergessen wir zuletzt nicht, dass kranke Menschen Patienten genannt werden, Ertragende und Erleidende.

Die Lage des Gesundheitswesens bedarf einer umfassenden Solidarprüfung. Das zweigleisige Versicherungssystem in Deutschland bildet den offenkundigsten Widerspruch zu einem solidarischen Gesundheitswesen. Es bildet das schiefe Fundament einer Zweiklassenmedizin mit fragwürdigen Folgen für beide Klassen und distribuiert ungerecht, nämlich auf monetärer Grundlage und nicht aus Gründen des Bedürfnisses. Über-, Unter- und Fehlversorgung sind seine Folgen. Die Ärztedichte folgt der Einkommensverteilung auf den Fuß. Mit Blick auf die soziale Komponente der Gesundheitswerte muss man schlussfolgern, dass die medizinische Versorgung momentan dort am besten gewährleistet wird, wo man sie vermutlich am wenigsten braucht.

Diese Überlegungen zum Gut der Gesundheit hatten die Aufgabe, an einem wichtigen Beispiel die Debatte über die Rückeroberung der öffentlichen Güter zu beleben. Eine solche Prüfung wäre im Hinblick auf die ganze Agenda der einst öffentlichen Güter in Angriff zu nehmen. Diese Güter sind, bedingt durch den Furor der Privatisierung, der Kommerzialisierung und der Kommodifzierung, in eine erhebliche Schieflage geraten. Sie befinden sich teils nahe an der Dysfunktionalität. Anders als es die Propheten der neoliberalen Staatsverdrängung angekündigt hatten, kann von einer Qualitätssteigerung in diesen Bereichen kaum die Rede sein. Darüber hinaus hat die Transformation öffentlicher Güter in privat bewirtschaftete zu einem erheblichen Verlust demokratischer Kontrolle geführt.

Autarkiefähige Räume

In den letzten Tagen des März 2021 blockierte ein riesiges, sich quer stellendes Containerschiff den Suezkanal. Ein großer Teil des Welthandels wird über diese schmale Wasserstraße abgewickelt. Schon in den ersten Stunden nach der Blockade war die Rede von einem ernsten Schaden für die globale Wirtschaft – eine ihrer wichtigsten Lieferketten war unterbrochen. Es zeigte sich, wie anfällig und verletzlich die Netze sind, die uns mit den Gütern des Alltags versorgen, sogar mit den Elementargütern des Lebens. Schon seit etlichen Jahren ist die Produktion von Medikamenten aus Kostengründen ausgelagert, vor allem nach China und Indien. Und ebenso lange wird auf heutige kurz- und längerfristige Lieferengpässe hingewiesen, die in den Abnehmerländern gravierende Mängel bei der pharmazeutischen Grundversorgung zur Folge haben. In der Anfangsphase der Pandemie schauten wir überrascht bis schockiert auf unsere Abhängigkeit von Produktionsabläufen in der Ferne. Nicht einmal auf europäischer Ebene kann die Grundausstattung mit den nötigsten medizinischen und pharmazeutischen Mitteln gewährleistet werden.

Sobald unsere digitalen Netzwerke aufgrund einer ernsten Störung für eine längere Periode ausfielen, wären nahezu alle Wege der Distribution von Grundgütern in kürzester Zeit zu blockierten Pfaden geworden. Die Energie- und Wasserversorgung kollabierten, der Transport und die Produktion von Grundnahrungsmitteln käme zum Erliegen, die Informations- und Kommunikationsflüsse trockneten aus, die Versorgung von Alten und Kranken käme schnell an ihre Grenze. Das digitale Netz muss permanent und aufwendig gegen Hackerangriffe geschützt werden, die ganz offensichtlich beabsichtigen, einen ernsten Schaden zu bewerkstelligen und ihre Adressaten erheblich zu schwächen. Erpressungsversuche sind mittlerweile mit der Drohung unterwegs, die Netzwerke und die von ihnen gänzlich abhängigen Funktionsabläufe verschiedenster Institutionen lahmzulegen. Darüber hinaus spielt die politische Absicht, ganze Regionen zu destabilisieren, eine zusätzliche Rolle.

Wir sind mittlerweile äußerst vulnerabel geworden, seitdem wir die Fähigkeit eingebüßt haben, in der eigenen Region die Basisversorgung, also die Bereitstellung fundamentaler Grundgüter, zu sichern. Je weiter die Versorgungswege führen, umso riskanter und störanfälliger wird der Gütertransport. Im Grunde nehmen wir die Gefahr einer Destabilisierung ganzer Landschaften in Kauf. Man möchte sich lieber nicht ein Szenario ausmalen, das den schnellen und turbulenten Kollaps eines solchen Krisenfalls vor Augen führt. Wir wären zur Unfähigkeit verurteilt, wenn es darauf ankäme, uns mit Grundnahrungsmitteln aus der eigenen Region zu versorgen. Auch hier zeigt sich, dass wir dringend eine Umkehr der Blickrichtung benötigen. Wir müssen die Region, in der wir leben, widerständiger machen. Es gilt, autarkiefähige Räume zu bilden, und das werden in erster Instanz autarkiefähige Regionen sein. Von Marica Bodrožić stammt der schöne Begriff einer »Integrität des Territoriums«, der weit über dessen materielle Bewohnbarkeit hinausgeht, aber diese in jedem Falle einschließt: »Dieses Territorium ist im gleichen Maße ein inneres wie ein äußeres. Wir können unsere innere Welt nicht mehr von unserer äußeren trennen. Nichts kann einem vorausleuchten, wenn es nicht im eigenen Geiste, im eigenen Wort oder in der eigenen Handlung in die Tat umgesetzt wird.«[191]

Dieser Appell hat mit Separatismus nichts gemein. Es handelt sich in keiner Weise um eine Abspaltung der Region von überregionalen politischen Gebilden und Institutionen oder um die radikale Verbannung weltumfassender Lieferketten. Wer dies bewerkstelligen möchte, kultiviert Illusionen. Autarkiefähigkeit bedeutet das Vermögen einer Region, die Bereitstellung von Grundgütern für ihre Bewohner zu gewährleisten. Das wird in der Praxis nur gelingen, indem wir Vernetzungen zwischen Regionen bilden und von dort ausgehend schrittweise und im Hinblick auf die jeweilig benötigten Güter auf größere Räume Bezug nehmen. Wir werden in Zukunft zentripetaler leben und unseren zentrifugalen Drang temperieren müssen. Die Dynamik, die uns in die Ferne treibt, hat uns teilweise entwurzelt. Uns sind die Nahverhältnisse wegen der Priorisierung der Fernverhältnisse zu Fremdverhältnissen geworden. Aber je weiter wir uns aus den Regionen entfernten, desto anfälliger wurden wir für gravierende Störungen und Unterbrechungen der Wege, auf denen unsere Basisversorgung stattfindet.[192]

Natürlich werden große Transportwege weiterhin bestehen. Viele Güter werden auch in Zukunft transnationale bis globale Verbindungen voraussetzen. Wir werden nicht mit dem Rücken zur Globalisierung stehen können und bloß noch den Boden unter unseren Füßen fixieren. Das wäre ein gefährlicher Eskapismus. Das Gegenteil ist der Fall: Wer auf die Autarkiefähigkeit der Regionen das Augenmerk richtet, tut dies gerade deshalb, weil er oder sie den globalen Zusammenhang der Dinge deutlich vor Augen hat. Umkehr der Blickrichtung heißt: Wer global denkt, muss zunächst regional gestalten. Das Maß dessen, was wir eine Region nennen, lässt sich nicht abstrakt bestimmen. Aber es existiert eine vergleichsweise einfache Regel, die da lautet: Je elementarer und überlebenswichtiger das Gut, umso näher sollte seine Herstellung bzw. seine Gewährleistung sein. Elementargüter, die wir zum Leben brauchen, müssen einen regionalen Index bekommen. Diese Transformation wird große Mühe kosten und sie wird nur gelingen, wenn wir unseren Bedürfnishaushalt, der auf weltumspannende Befriedigungsmechanismen ausgerichtet und angewiesen ist, einer kritischen Sichtung unterwerfen. Wen das Schicksal des Globus ernsthaft kümmert, wird zur lokalen Verankerung seiner Lebensverhältnisse zurückkehren müssen. Krisenresistenz heißt Regionenresilienz.

Wir kehren die Blickrichtung um.

Dieses Erfordernis lässt sich nicht leugnen, wenn wir das Krisenpotenzial unserer heutigen Lebensweise real veranschlagen und Abschied nehmen von jenem wirklichen Eskapismus, der die Rettung ausschließlich in zusätzlichen Hypertechnologien, in einer forcierten Megaglobalisierung oder gar in den Fluchtversuchen in extraterrestrische Räume sucht. Hinter ihren angeblichen wissenschaftlichen Ambitionen verbergen die anvisierten Flüge zum Mars eine abgrundtiefe Solidaritätsverweigerung. Die extraterrestrischen Fantasien beflügeln ein Neo-Apartheidsregime gattungsweiter Größenordnung. Die elitären Populationen der raketengetriebenen Schaffung einer »neuen Heimat« koppeln sich von ihren sitzengebliebenen, erdverhafteten und nunmehr ehemaligen Gattungsgenossen ab und feiern ihre – traurige – Ausgestaltung von Autarkie. Wer so zentrifugal denkt und handelt, zerstört geradezu, mutwillig oder nicht, das Denken und Handeln in globalen Zusammenhängen. Hier findet eine Solidaritätszerstörung im größtmöglichen Ausmaß statt. Die Stärkung der vitalen Autarkie der Regionen hat also mit einem moralischen Regionalismus, mit der Partikularisierung moralischer Rücksichten, nichts im Sinne. Im Gegenteil: Es sind die Enthusiasten des Globalismus und die Expansionisten der Unersättlichkeit, die einen tiefen Partikularismus hegen, der nicht viel weiterreicht als der Egozentrismus, der ihn motiviert.

Der Ausgangspunkt der Umkehr der Blickrichtung beginnt demnach bei der Anerkennung der krisenhaften und kritischen Verfasstheit unserer Gesellschaft. Wir sind ökologisch und sozial an einem Wendepunkt angekommen. Wir dürfen nicht mehr so weiter, und bald werden wir es auch nicht mehr können. Resilienz lautet die Überschrift über einer Politik, die sich zuallererst und illusionslos der Anerkennung dieser Lage stellt. Krisenrealismus heißt das Stichwort. Die Schönrederei und die Politik der Illusionen sind vorbei. Dieser Krisenrealismus geht zunächst mit einer »Politik des Negativen«[193] einher, wie sie Andreas Reckwitz nennt. Krisenrealismus impliziert nämlich die Anerkennung eines dauerhaften Krisenmodus, in dem sich unsere Gesellschaft befindet und in Zukunft befinden wird. Aber jene Politik des Negativen enthält auch eine Gefahr – die Gefahr der Akzeptanz

Unsere Politik wird krisenrealistisch. Wir können nicht auf alles regieren. Aber wir können auch nicht bloß nur reaktive Politik machen.

der jeweiligen Krise. Wir befänden uns dann letztendlich in einem reaktiven Krisenverhalten. Unser Handeln wäre dann bloß konsekutiv. Wir kämen im Grunde immer zu spät und versuchten, das Schlimmste bloß abzufedern. Um ein einfaches Beispiel zu benutzen: Die Bekämpfung von Überschwemmungen darf nicht auf die Erhöhung von Deichen und auf die Ausweitung der Überflutungszonen reduziert werden. Mit einem solchen Reparaturverhalten dürfen wir uns nicht abfinden. Diese Haltung würde unser Handeln irgendwann lähmen. Wir benötigen aus diesem Grund eine Politik des Positiven. Während ihre negative Schwester den Realismus der Lage repräsentiert, tut dies die Politik des Positiven im Hinblick auf unseren Idealismus. Es reicht nicht, das Schlimmste abzuwenden, sondern es muss auch das Nächstbessere herbeigeführt werden. Ideen sind nicht machtlos.

Da ist das Konzept einer neuen Fundamentalökonomie, wie es ein britisches Autorenkollektiv ausgearbeitet hat. Unter dem Stichwort »fundamentalökonomische Regionalpolitik« plädieren sie für den Erhalt bzw. für die Neuschaffung einer »alltäglichen Infrastruktur des zivilisierten Lebens«.[194] Auch diese Autoren konstatieren eine hemmungslose Transformation öffentlicher Güter in privatwirtschaftliche Verwertungsinteressen, die Umwandlung von Gemeineigentum in privaten Besitz, von Allmenden in Profitzentren. Diese Transformation betrifft nahezu sämtliche, von uns bereits genannte Gemeingüter. In der vorliegenden Studie gehen die Autoren auf die Details einer Retransformation, einer Rückführung der kolonisierten Gemeingüter in die öffentliche Hand ein, wobei Letztere in erster Instanz regionalpolitischer Natur ist. Sektoren und Industrien, die umso mehr zum öffentlichen Wohl beitragen, je weniger sie nach Prinzipien des flexiblen Kapitalismus organisiert sind, bilden das Herz der Fundamentalökonomie.

Die Grundversorgung in den Regionen, die um Bereitstellung elementarer Versorgungsgüter wie Nahrung und Wasser, Elektrizität und Transportwege, Wohnungsbau, Altersheime und Gesundheitsvorrichtungen zentriert war, ist in den letzten Jahrzehnten im Grunde zweifach ausgelagert worden. Sie wurde zunächst durch die Veränderung der Besitzverhältnisse internationalisiert. Wohnungsbau oder Altersheime wurden profitable Gegenstände teils transnational operierender Investitionsgesellschaften. Die Verödung vor Ort – unterlassene Investitionen, erhöhte Preise und niedrige Entlohnung, Qualitätsverluste und quantitative Ausdünnung – war die Folge und bildete die zweite Auslagerung.

Den Autoren zufolge ist die Renaissance des Themas »Heimat« in den letzten Jahren kein Zufall. Dieses lange Zeit nahezu inkriminierte Wort artikuliert das Unbehagen an der erfolgten Entwicklung. Begriffe wie »Deglomeration« (regionale Streuung), »Devolution« (Rückentwicklung) und »Dezentralisierung« (Kompetenzverlagerung nach unten) bilden die Leitplanken des alternativen Entwicklungskonzepts. Ziel sind »starke Provinzen«[195]. Diese Leitbegriffe strukturieren und lenken die zwei Bereiche der Fundamentalökonomie – ihren materiellen und ihren providentiellen oder versorgenden Bereich. Zur materiellen Fundamentalökonomie gehört die gesamte Infrastruktur einer Region. Diese betrifft das Wasser, den Strom und die Lebensmittel, die allesamt für die unverzichtbaren Dinge des Alltags notwendig sind. Zur providentiellen Fundamentalökonomie gehören die öffentlichen Wohlfahrtsaktivitäten, für die der Staat lange Zeit verantwortlich war, bis er im neoliberalen Regime damit begonnen hatte, diese Zuständigkeiten abzustreifen: die medizinische Versorgung, der Wohnungsbau, das Bildungswesen.

In der Perspektive der Fundamentalökonomie gehört zu den starken Provinzen die tiefe Einbettung demokratischer Willensbildungs- und Entscheidungsverfahren in die Nähe der Bürger und Bürgerinnen. Fundamentalgüter gehören in die politische Reichweite der Menschen, die sie konkret betreffen. »Im Mittelpunkt der Fundamentalökonomie (steht) eine allgemeine Vorstellung davon, was menschliche Befähigung ausmacht«[196], und diese Befähigung will nicht zuletzt auch politisch ausbuchstabiert werden. Sie umfasst die Wirtschafts-, die Sozial und Ökologiepolitik. Mit dem Konzept der Fundamentalökonomie ist demnach keine Kleinreparaturarbeit am System verbunden. Es umfasst vielmehr das gesamte System und unsere angestammten Lebensstile. Die ökologischen Probleme, die uns bedrängen, sind jedenfalls nicht durch die sogenannten intelligenten, angeblich grünen Hypertechnologien zu bewältigen. Die ökologische und soziale Kipplage, in der wir uns befinden, verlangt eine andere Ambition. Stephan Lessenich hat sie in eine simple Frage zusammengefasst: »Lässt sich Demokratie sozial entgrenzen – und ökologisch begrenzen?«[197]

Es ist die liberale Demokratie, die der sozialen Zerklüftung nichts Substanzielles entgegenzusetzen vermocht hat. In den durch sie gesetzten politischen Weichenstellungen hat sich ein Prozess radikaler Entsolidarisierung vollzogen. Sie hat sich sozial unglaubwürdig gemacht. Aber sie hat sich auch ökologisch überdehnt. Sie ist »zu einem Instrument der nachhaltigen Verteidigung nicht nachhaltiger Produktionsweisen, Konsumformen und Lebensstile geworden«[198]. Das Maß an Leiden, das die sozialen Risse und die tiefenökologischen Krise unserer Gesellschaft verursacht, ist kaum zu ermessen. Wir haben es vermutlich eher schlecht als recht versteckt hinter den Hochglanzbroschüren, auf denen wir unsere Lebensweise in falscher Belichtung aufpolieren. In unseren sozial indifferenten Haltungen gegenüber den Abgehängten und in unserer ökologischen Indolenz werden die anstehenden Weichenstellungen geflissentlich übersehen.

Die Aufgabe, die ansteht, verlangt, dass wir mit dieser Logik der Modernisierung brechen, insofern diese aus einer penetranten und scheinbar unausweichlichen Reichweitenvergrößerung besteht, aus der unstillbaren Befriedigungsdynamik unserer Bedürfnisse, aus deren hungriger Vermehrung, ungeachtet ihrer sozialen und ökologischen Kosten. Wenn uns das gelänge, könnten wir dadurch gerade die andere Logik der Modernisierung verteidigen, ihren menschenrechtlichen Universalismus, der sich in konkreten Solidarisierungen zeigt. Man muss Lessenich zustimmen, wenn er uns dazu auffordert, »die Grenzen der Demokratie neu zu ziehen, indem sie soziale Berechtigungsräume öffnet, ökologische Berechtigungsräume dagegen schließt«[199].

Das wird uns nicht gelingen, wenn wir nicht bereit sind, unsere Bedürfnisse einer Sozial- und Nachhaltigkeitsprüfung zu unterziehen. Die Welt, die in den autarkiefähigen Räumen entstehen soll, wird nicht mehr die gleiche sein, die wir vormals kannten und zu lange wertschätzten. Regionalökonomien sind nun mal nicht der kleinräumige Abglanz der Globalökonomie. Das Bedürfnispotenzial, das sich in den Großräumen austoben konnte, wird in den starken Provinzen und in den krisenresistenteren, lokal verankerten Lebensformen eine andere Signatur besitzen. Es wird asketischer, bescheidener und rücksichtvoller sein. Es wird unser Leben befriedigender und besser machen.

Eine Ökonomie des Maßhaltens, eine Politik der Freundschaft

Neue Modelle brauchen eine neue Sprache, auch wenn sich diese neue Sprache manchmal als die Erinnerung an eine alte Sprache erweist. Es hat Zeiten gegeben, in denen nicht alle Tätigkeiten aufgrund eines Entgeltkalküls bewertet wurden. In einigen Berufen bezahlte man ein Honorar, also einen Ehrensold. Und das Geld war seinerseits kein Spekulationsobjekt, sondern vergleichsweise strengen Regeln unterworfen. Bei dem großen griechischen Philosophen Aristoteles stoßen wir auf ein Modell, das erst im Laufe der Neuzeit abgelöst worden ist. Ökonomisches Handeln und das Geld als Zahlungsmittel wurden einst vergleichsweise strengen, nämlich ethischen Kriterien des Maßhaltens unterworfen. Wenn wir kurz auf dieses Modell zurückblicken, geschieht das keineswegs in nostalgischer Absicht oder in einer naiv-utopischen Zuversicht. Es gibt allerdings auch in Paradigmen der Vergangenheit manchmal Nichtabgegoltenes, das lediglich einer zeitgemäßen Übersetzung bedarf.

Die Lehre der Angemessenheit im Umgang mit dem Geld bildete bis in den Frühkapitalismus hinein das ethische Herzstück ökonomischen Denkens. Wer nach übermäßigem Profit schielte, machte sich der »Chrematistik« schuldig, des übertriebenen oder – in der damaligen Sprache –, des widernatürlichen Gelderwerbs. Diese Haltung legt Zeugnis von der Pleonexie, von der Habgier ab, die dem falschen Handeln zugrunde liegt. Aber welches wäre dann das rechte Maß für einen

Umgang mit Geld? Die Antwort lautet: Der Preis eines Gegenstandes oder einer Leistung richtet sich nach der rechten Mitte aus. Das heißt, zwischen Preis und Produkt muss ein Verhältnis der Proportionalität bestehen. Hierfür benutzt Aristoteles den Begriff »das Gleiche«. Aber fragen wir erneut: Was ist das, dieses Gleiche? Es lohnt sich, etwas genauer hinzuschauen, denn diese Sprache ist lediglich auf den ersten Blick gegenwartsfern. »So ist denn das Gleiche die Mitte zwischen dem Zuviel und dem Zuwenig, der Vorteil oder Nachteil aber sind in entgegengesetzter Weise ein Zuviel und ein Zuwenig, indem der Vorteil ein Zuviel des Guten und ein Zuwenig des Übels, der Nachteil aber das Umgekehrte ist. Zwischen ihnen war die Mitte das Gleiche, das wir als das Recht bezeichnen.«[200] An anderer Stelle benutzt Aristoteles hier das Wort »das Gerechte«.[201]

Zwischen einem Produkt und seinem Preis muss ein Verhältnis der Äquivalenz vorhanden sein, ein proportionales Verhältnis. Das schließt für den Philosophen generell aus, dass Gewinn erzielt wird. Gewinn ist »ein Zuviel des Guten«, »ein Zuwenig des Übels«. Der Gewinn entspräche also nicht der Mühe, welche die Herstellung des Produkts oder einer erbrachten Leistung gekostet hat, und nicht dem Wert, den diese haben. Er wäre Ausdruck der Habgier. Selbstverständlich muss berechnet werden, wie ein solch angemessener Preis aussieht. Das Äquivalent ergibt sich nicht von selbst. Und wenn wir eine solche Berechnung unterließen, wäre der Güteraustausch in jedem Falle ungerecht. Das hätte verheerende Folgen.

»Ohne solche Berechnung kann kein Austausch und keine Gemeinschaft sein«[202]: Eine dauerhafte Schieflage in der Berechnung, also so etwas wie die Institutionalisierung eines Zuviel des Guten und eines Zuwenig des Übels, würde den Austausch korrumpieren, denn solchermaßen entstünden Gewinne. Wo diese anvisiert werden, wäre die Gemeinschaft gefährdet. Wenn Bürger und Bürgerinnen den Eindruck gewännen, übervorteilt oder ausgebeutet zu werden, destabilisierte diese Schieflage das Zusammenleben. Worauf beruht aber die angemessene Berechnung – welches ist ihr »Maß« oder ihr »Eines«, wie Aristoteles sagt?

Seine Antwort klingt in unseren Ohren ebenso überraschend wie einfach: »Dieses Eine ist in Wahrheit das Bedürfnis, das alles zusammenhält. Denn wenn die Menschen nichts bedürften oder nicht die gleichen Bedürfnisse hätten, so würde entweder kein Austausch sein oder kein gegenseitiger.«[203] Der Maßstab, an dem der Wert eines Produkts oder einer Dienstleistung gemessen wird, ist die Art des jeweiligen Bedürfnisses. Korrespondiert ein solches Produkt oder eine solche Leistung mit einem wichtigen Bedürfnis, ist die Werthaftigkeit hoch zu veranschlagen. Berechnet wird der Preis, indem auf die Bedeutung des Bedürfnisses im Gefüge der menschlichen Natur geschaut wird. Und eine solche Bedürfnisnatur existiert. Aristoteles spricht mehr als deutlich von den »gleichen Bedürfnissen«, auf denen der »gegenseitige (…) Austausch« beruht.

Weil die Bürger der Polis sich hinsichtlich der Struktur ihrer Bedürfnisse ähnlich sind, beruht der Austausch auf dem »Einen«. Die Bedürfnisse sind nicht singulär, jedenfalls hinsichtlich ihrer Grundbedürfnisse sind die Bürger miteinander vergleichbar. Und nun erfolgt ein kurzer Satz, dessen Wichtigkeit nicht zu unterschätzen ist: »Nun ist aber kraft Übereinkunft das Geld gleichsam Stellvertreter des Bedürfnisses geworden.«[204] Das Geld beruht auf einer Konvention – auf einer Übereinkunft –, welche für eine einfachere Kommunikation bei den Handlungen des Tausches sorgt. Die Produkte und Leistungen werden nicht länger in concreto getauscht, sondern mittels ihrer Repräsentation, also im Medium des Geldes. Das Geld repräsentiert jedoch seinerseits das »Eine«: die Bedürfnisse.

Aristoteles konnte noch davon ausgehen, dass der Bedürfnishaushalt der Menschen verhältnismäßig konstant und darüber hinaus in einem hohen Maße gleich, also Ausdruck der menschlichen Natur sei. Aus diesem Grund war die Ökonomie auf einen stabilen Kern bezogen, auf die Stabilität der menschlichen Bedürfnisstruktur. In unserer Kultur sind wir meilenweit von einer solchen Auffassung entfernt. Unsere Bedürfnisse sind einer solch natürlichen Maßgabe längst davongaloppiert. Der Prozess der Zivilisation darf als ein Vorgang der kontinuierlichen Transformation und Steigerung dieses Bedürfnishaushalts betrachtet werden. Unsere Bedürfnisse sind mittlerweile in einem hohen Maße künstlicher Art. Sie gehen weit über das Maß des Notwendigen hinaus. Die Loslösung vom Elementaren, vom Überlebensnotwendigen, hatte nahezu gezwungenermaßen zur Folge, dass unsere Bedürfnisse sich unablässig vervielfältigt haben, aber auch viel heterogener geworden sind. Unser Bedürfnishaushalt kennt unzählige Kammern und wir kultivieren den Anspruch, diese möglichst eigensinnig ausstatten zu dürfen.

Die Triebfeder der neuzeitlichen Ökonomie beruht nämlich im Wesentlichen auf ihrer Fähigkeit, vorhandene Bedürfnisse anspruchsvoller zu machen und das Ungenügen angesichts deren bisherigen Befriedigung zu provozieren. Und neuartige Bedürfnisse müssen kreiert und deren Attraktivität für den potenziellen Konsumenten plausibilisiert werden. Gestern wussten wir noch nichts von einem Bedürfnis, dessen Erfüllung wir bereits heute sehnlichst erwarten. Im Zentrum dieser Ökonomie steht also die dauerhafte Bearbeitung unseres Bedürfnishaushalts, dessen ständige Erweiterung, die manipulative Behauptung, wir lebten in einem ständigen Rückstand bei seiner Ausstattung und Ausschmückung. Wie wir mittlerweile wissen, betrifft diese Entwicklung nicht nur realwirtschaftliche Vorgänge, sondern in einem erheblichen Ausmaß finanzwirtschaftliche Prozesse. Das Geld repräsentiert nicht länger nur Bedürfnisse, die in unserer Natur verwurzelt sind, und gibt sich ebenso wenig zufrieden mit der explosionsartigen Vermehrung der Bedarfsgüter in den Ökonomien der jüngsten Vergangenheit. Es richtet sich immer mehr auf sich selbst: Das Geld repräsentiert das Geld, und das einzige Bedürfnis, das hier repräsentiert wird, ist das Bedürfnis nach Geld.

Der Auszug aus der geschlossenen Ökonomie der Vormoderne kam einer Befreiung aus stetiger Abhängigkeit durchaus gleich. Die Verfügung über Geld hat einen entscheidenden Anteil an allen Emanzipationen. Geld führt zu einer graduellen Abkopplung des Wirtschaftens von den Nahverhältnissen. Im abstrakten Medium des Geldes werden Grenzverlagerungen möglich: Die Räume unseres Handelns expandieren, denn der Tausch muss nicht länger an Ort und Stelle stattfinden. Damit können aber auch Rollenmuster und Abhängigkeiten tendenziell abgestreift werden. Geld ist ein Freiheitsfaktor. Aber seine zentrale Rolle in den Prozessen des Wirtschaftens hat auf Dauer die Maßgabe durch das Bedürfnis abgelöst. Es ist nicht länger der Bedarf, der in den Kosten eines Produkts oder einer Dienstleistung, also im Geld, repräsentiert wird, sondern es ist das Geld, das den Bedarf entstehen lässt, damit es vermehrt werden kann. Der Bedarf repräsentiert nun das Geld. Ein ermittelbares Maß der Bedürfnisse ist nicht länger erwünscht, denn dieses würde den Lauf des Geldes bremsen. Das Geld entzieht sich dem Kreislauf der Dinge, der geschlossenen Ökonomie mit ihrem konservativen Bedürfnishaushalt, und richtet sich auf die Vermehrung der Bedürfnisse, auf deren Expansion im Laufe der Zeit.

Und spätestens ab dem Moment, wo mit Geld Geld verdient werden darf, rückt jener konservative Bedürfnishaushalt vollends in den Hintergrund: Der Preis des Geldes misst sich nun an der Dauer seines Verleihens. Das Geld erobert die Zeit, es erobert die Zukunft. Marcel Hénaff zufolge sei damit »eine undenkbare Grenzenlosigkeit«[205] eingeführt worden. Die politische Ökonomie seit dem 18. Jahrhundert hat diese Entgrenzung, also den Ausgang aus der Kreislaufökonomie, geradezu forciert, indem sie der Ökonomie den Primat über das Politische verliehen hat. Die Chrematistik wird jetzt nobilitiert und mobilisiert das ganze Zusammenleben. Die Gesellschaft verändert sich »nach Maßgabe ihrer Fähigkeit, zu investieren und zu produzieren. Eben diese endlose Bewegung, die unbegrenzte Flucht sind das, was der Kapitalismus voraussetzt und dem er sich stellt, ohne darin einen Abgrund oder einen Sturz ins Unbestimmte zu sehen. Im Gegenteil, es wird als Verheißung des Neuen und Gewissheit des Fortschritts verstanden.«[206] Die Grenzverlegung – auch die unserer Bedürfnisse – ist jetzt zum Prinzip geworden.

Das aristotelische Modell soll uns nicht animieren, nostalgische Fantasien über eine Rückkehr zur alten Polis zu hegen. Das wäre verschwendete Zeit. Allerdings mag es zu überraschen, wie sehr dieses Modell unsere Gegenwart in ein neues Licht zu rücken vermag. Die Faszination des Geldes um des Geldes wegen und die Grenzenlosigkeit unserer Bedürfnisse haben uns an den Rand eines Kollapses geführt. Die Ökotoleranz, welche die Ökonomie einfordert, ist an ihr Ende gelangt. Die Sozialtoleranz, also die Akzeptanz wachsender sozialer Unterschiede als bloßer Kollateralschäden einer insgesamt positiven Entwicklung, ist es ebenso. Wir drohen, ökologisch zu zerbrechen an der Brachialgewalt unserer haltlosen Bedürfnisse. Und in sozialer Hinsicht driften wir stets weiter auseinander. Die aristotelischen Überlegungen zur Ökonomie sollten wir als einen Spiegel betrachten, der uns vor Augen führt, wie wir unsere wirtschaftlichen Prioritäten und unseren Bedürfnishaushalt neu justieren sollten. Nichts weniger steht an als eine »begriffliche Entkoppelung von Lebensqualität und Wachstum« (Hartmut Rosa)[207]. Das Zeitalter des Weniger ist angebrochen, die Einübung in eine Kultur des produktiven Verzichts hat angefangen. Aber auch politisch lässt uns der große Philosoph der Antike nicht im Stich.

Wir haben bereits gesehen, wie wichtig der Gedanke der Gemeinschaft im Bereich der Ökonomie war. In der Politik greift Aristoteles diesen Gedanken wieder auf und erweitert ihn zu einer »Politik der Freundschaft«[208] (Jacques Derrida). Im folgenden berühmten Zitat müssen wir lediglich die den damaligen Zeitumständen und sozialen Konventionen geschuldeten Passagen neu interpretieren, um abermals die heutige Relevanz der Überlegungen zu entdecken. Der Staat, so Aristoteles, ist zu mehr da als zu Verteidigungszwecken und zur Gewährleistung der inneren Sicherheit. Er hat nicht bloß Hindernisse für ökonomische Transaktionen wegzuräumen. Der Staat hat nicht nur negative Aufgaben:

»Vielmehr ist ein Staat eine Vereinigung von Haushalten und Familienverbänden, die gemeinschaftlich das richtige Leben führen, also eine Gemeinschaft zum Zwecke des vollkommenen und autarken Lebens. Das lässt sich jedoch nicht verwirklichen, wenn seine Mitglieder nicht ein und denselben Ort bewohnen (...) Es ist aber nur Freundschaft, die dies zustande bringt, denn die Entscheidung zum Zusammenleben macht eine Freundschaft aus. Das Ziel des Staates ist also, in einer guten Weise zu leben (...). Ein Staat ist also eine aus Familien und Dörfern gebildete Gemeinschaft, die Anteil am vollkommenen und autarken Leben hat – das ist, wie wir behaupten, ein Leben in Glück und vollendeter menschlicher Qualität.«[209]

Wie gesagt – wir sollten nicht das Augenmerk auf zeitbedingte Formulierungen wie Haushalte und Familienverbände richten. Was meint Aristoteles aber mit »Freundschaft«, was bedeutet ein »vollkommenes« Leben, was heißt »Gemeinschaft«? Im Grunde appelliert Aristoteles an den Sinn für Gerechtigkeit und an die Tugend des Maßhaltens. Aus Sorge für den Bestand des Ganzen – für den Erhalt der Polis – müssen die Bürger hin und wieder ihre Partikularinteressen, ihre privaten Bedürfnisse also, hinter sich lassen und an die Gemeinschaft denken. Es ist »die Entscheidung zum Zusammenleben«, die zu solchen Rücksichten führt. Eine Politik der Freundschaft wäre eine solche, die zu Gerechtigkeitsfragen und zur Prüfung der Bedürfnisse – neben den Angelegenheiten der Freiheit – immer wieder zurückkehrt. Sie wäre eine Politik der sozialen und ökologischen Rücksichtnahme.

Unter heutigen Bedingungen wird das nur funktionieren, wenn die Bürger und Bürgerinnen zu einer intensiveren demokratischen Partizipation ermutigt werden und sich auch dazu ermutigen lassen. Demokratie ist letzten Endes ein politisches System der Kooperation. Ohne praktisch-politische Kooperationen sind Gerechtigkeitsfragen nicht zu lösen und ist die Prüfung unserer Bedürfnisse hinsichtlich ihrer ökologischen Zukunftfähigkeit nicht durchführbar. Ohne Deliberation vor Ort wird dies nicht gelingen. Kooperation ist kein Abstraktum, sie braucht Nähe und Sichtbarkeit. Wenn Aristoteles im Bereich des Politischen vom »autarken Leben« spricht, ist nicht zuletzt an die Politik »als eine Form der Praxis«, gedacht, »die darauf beruht, dass Personen als Citoyen, nicht als Bourgeois miteinander in ein Verhältnis der Kooperation treten«[210], wie es Julian Nida-Rümelin ausdrückt.

Autarkes Leben hat jedoch in unserem Kontext noch eine andere wichtige Bedeutung. Die demokratische Kooperation »vor Ort«, also in der Nähe und mittels der Sichtbarkeit der Citoyens füreinander, wenn sie sich auf dem Forum ihrer politischen Abwägungen mit sozialen und ökologischen Fragen befassen, betrifft nicht zuletzt die Stärkung autarkiefähiger Räume, wie wir sie genannt haben. Demokratie als kooperative Praxis ist immer auch eine Praxis von unten. Sie will vor Ort eingeübt werden, in den konkreten Praktiken der Kooperation, in den tatsächlichen Deliberationen ihrer Bürger und Bürgerinnen. Diese betreffen aber nicht zuletzt die eigene Region, deren Stärkung im Hinblick auf den sozialen Zusammenhalt und die ökologische Resilienz.

Vor diesem Hintergrund haben die Ökonomie des Maßhaltens und die Politik der Freundschaft eine deutliche Kontur erhalten. Sie haben nichts gemein mit wirklichkeitsfernen und utopischen Vorstellungen, wie Bürger und Bürgerinnen in bescheidener Eintracht zusammenleben müssten. Von einem fragwürdigen Öko-Idyll sind wir hier meilenweit entfernt, von einem Gerechtigkeitsfanatismus ebenso sehr. Wir dürfen jedoch die sozialen Klüfte nicht noch mehr anwachsen lassen, die ökologische Bilanzierung unserer Lebensweise sollten wir endlich in diese einpreisen. Das skizzierte Modell stellt keine Flucht vor den Wirklichkeiten, in denen wir leben, dar, sondern ist ganz im Gegenteil eine Aufforderung, uns mittels einer Umkehrung des Blickfeldes den sozialen und ökologischen Realitäten endlich zu stellen.

Nachwort: Gruß an die Barbaren

Im Frühjahr 2020 löste Covid-19 eine Jahrhundertkrise aus. Sie erschütterte unsere Gesellschaft in Mark und Bein. Die Intensität des durch das Virus verursachten Bebens war jedoch nicht überall gleich. Seine ökonomischen und sozialen Folgen konnten teils unterschiedlicher nicht sein. Etliche sind reicher und als Gewinner aus der Krise hervorgegangen, viele ärmer und allzu offenkundig als Verlierer. Die sozialen Asymmetrien sind tiefer als je zuvor. Es verbietet sich, von dieser Krise als einem gemeinsam erlittenen Schicksal zu sprechen. Das wäre gelogen. Wer so spricht, unterstellt, das Leid sei mehr oder weniger gerecht verteilt gewesen. Davon kann keine Rede sein. Die Erkrankung hatte soziale Brennpunkte ausgewählt, wo sie besonders gut florierte. Hier waren Menschen ihr schutzloser als in anderen Umgebungen ausgeliefert. Die Spaltung unserer Gesellschaft – ihr Auseinanderdriften – zeigte ihr unschönes Gesicht.

Über Freiheitseinschränkungen wurde seit den Anfängen des ersten Lockdown fleißig und unablässig debattiert. Das war notwendig und richtig. Wenn Grundrechte zeitweilig beschnitten werden, muss dieser Vorgang in den politischen und zivilgesellschaftlichen Foren Spuren hinterlassen. Es wäre demokratisch beunruhigend, wenn Bürger und Bürgerinnen diese Einschränkungen kommentar- und widerstandslos hinnähmen. Diese Einschränkungen jedoch als Indizien eines Staatsstreichs »von oben« zu interpretieren, also als prädiktatorische Zeichen an der Viruswand, war nicht nur geschmacklos, sondern politisch mehr als fahrlässig. Offenbar fassten manche die zeitweilige Limitierung ihres Bewegungsdrangs bereits als das Fanal einer totalen Aufhebung ihrer Freiheit auf.

Es hat den Anschein, als verwechselten nicht wenige Menschen mit Freiheit die nahezu unlimitierten Möglichkeiten ihres Tuns und Lassens. Meinten sie nicht im Speziellen ihre Mobilität im Kleinen wie im Allergrößten, ohne dafür in irgendeiner Weise Rechenschaft ablegen zu müssen? Käme da nicht der Verdacht auf, das, was wir Freiheit nennen, sei mittlerweile ein sehr magerer Begriff? Die Anorexie des Freiheitsbegriffs korrespondiert offenbar mit einer Bulimie des Egos. In unserer Kultur hat sich ein Begriff von Freiheit durchgesetzt, der von einem »abgeschnittenen Ich« (Axel Honneth) ausgeht, von einem *Homo singularis*, der die Arbeit an seiner Reichweitenvergrößerung am liebsten ungestört vorantreibt und allergisch reagiert, sobald an ein gewisses Maß an Zurückhaltung appelliert wird. Ist uns bei unserem Freiheitsvollzug die »stets mitlaufende (…) Perspektive eines ›Wir‹«[211] vollends fremd geworden und abhandengekommen?

Wir befanden uns in einem enormen Zwiespalt. Die *Ungeheure Unterbrechung* nötigte zum Nachdenken über den Status quo unserer Gesellschaft. Längst hatte uns ein Unbehagen erfasst. Wir ahnten, dass mit der Art, wie wir lebten, etwas nicht stimmt, und wir umsteuern sollten. Gleichzeitig sehnten wir uns nach baldmöglichster Normalität, nach dem Status quo ante. War das Ganze ein schlechter Traum? Würden wir demnächst nicht aufwachen, uns die Augen reiben und uns wundern über die unruhig geschlafene Nacht? »Das Leben geht so weiter«, schrieb Durs Grünbein, »das ist doch klar (würde ein Kinderchor singen). Aber was heißt das, alles geht immer weiter, und warum ändert sich dann so gut wie gar nichts und doch alles? Sollten wir diese außergewöhnliche Virenkrise nicht als ein Signal begreifen und einmal der Weisung folgen, die der Dichter (Rainer Maria Rilke) empfing, der Lektion, die ein Stück Marmor, der archaische Torso Apollos, ihn lehrte: ›Du musst dein Leben ändern!‹«? »Ach was«, so lautete die lakonische Antwort von Grünbein.

Genau das ist die Ratlosigkeit, in der wir uns befinden. Wir schwanken zwischen kurzfristig forscher Veränderungsbereitschaft und der mehr oder weniger resignativen Haltung, alles möge doch beim Alten bleiben. Ratlosigkeit stellt sich ein. Das Virus, »das zwischen Tier und Mensch hin- und herspringt«, hat »einen Angriff auf allen Ebenen zugleich« bewerkstelligt: »Die Zivilisation ist darüber ins Wanken geraten, weltweit. Ökonomie, Politik, Kommunikation, Gesellschaft, die Künste, demnächst auch die Architektur (die nun auch über neue Räume, neue Interieurs nachdenkt) – das ganze System (der Systemtheorie) ist durcheinandergeschüttelt worden, ist überfordert. Plötzlich ist da was Neues in unser Leben getreten, und wir wissen nicht, was es ist.«[212]

Wir werden dies nicht wissen, wenn wir nicht zwischendurch anhalten. Was das Neue ist und was es bedeutet, werden wir nur verstehen, wenn wir uns zwischenzeitlich aus dem Strudel der Kommunikationsfluten und aus der durch sie bedingten Erregung zurückziehen. Die Philosophie ist da keine schlechte Hilfe. Auch sie pocht nämlich auf ein Anhalten, auf eine Drosselung der Geschwindigkeit, auf eine Unterbrechung des gewohnten Laufs, auf die Bereitschaft des Zuhörens und des langsamen Voranschreitens. Die Virusinfektion könnte in diesem Zusammenhang eine unerwartet medienarchäologische Signatur erhalten.

Im »Fahrtenbuch 1993–2007« von Thomas Hettche findet sich ein Eintrag mit dem Titel »Sammlung und Zerstreuung. Die kannibalische Erfüllung unserer Kultur«. Dieser aufregende Text ist lange vor der Covid-19-Pandemie entstanden. Er handelt von der Übermacht der Bilder, vom Verschwinden des Unterschieds zwischen dem Realen und dem Fiktiven, von der Macht des Rausches angesichts der Schwächung der »Sammlung«. In der digitalen Welt der Kommunikation hätten die Bilder, so Hettche, alle Dämme brechen lassen, die Fluten der Datenmasse überschwemmen ihre Umgebung.

»Dagegen steht die Bibliothek, die unendliche Räume der Fiktion verspricht und diese zugleich züchtigt und bannt in ihren Exerzitien der Karteikästen und Konkordanzen und den endlosen Rosenkränzen der Bibliographien – eine einzige große Maschine des Alphabets, zu verhindern, dass die Bilder sich so herkunftslos ausbreiten wie jene Viren, deren gegenwärtige mediale Wiederkehr die erste Beglaubigung einer digitalen Welt zu sein scheint, die nicht papieren, sondern lebendig ist.«[213] Hier taucht die Basismetapher der digitalen Pathologie auf – das Virus.

Diese Metapher insinuiert die Lebensähnlichkeit der digitalen Welt und zeigt auf deren Infektionsanfälligkeit. Auch in dieser Welt verursacht das Virus heftige Turbulenzen, unvorhersehbare Störungen des Verkehrs, das Gefühl, dass die Abläufe außer Kontrolle geraten sind. Man wird vom System gedemütigt, das Virus wuchert munter weiter und torpediert die Verlässlichkeit der Kommunikationen. In Hettches Notiz sind es die Bilder, die in ihrer ungebremsten Ausbreitung die Mitteilungen virusanalog überschwemmen, die sprachlichen Zeichen mit der Botschaft kontaminieren, besser und weniger umständlich als diese sei der unmittelbare Bildzugang zu den Dingen. Man erspare sich die Umwege der Interpretation und im Grunde ebenso die Last des echten Gesprächs.

Was hier aber in Wahrheit geschieht, ist eine Einkapselung in den digitalen Kreislauf unablässiger Selbstbespiegelungen. Diese ist von einer Selbsteinschließung, von einer Selbsteinkerkerung irgendwann kaum mehr zu unterscheiden, desinteressiert an der Frage, ob den Bildern da draußen noch etwas entspricht. In einer solchen Umgebung verlieren wir jede Distanz zu uns selbst. Wir drohen, überwältigt zu werden durch die schiere Menge an Informationen, an Bildsuggestionen und an Aufforderungen, unser Leben so und nicht anders zu führen. In einer permanenten Zerstreuung kreisen wir um uns herum. Sammlung ist zu einem Fremdwort geworden.

»Auch unsere Welt kennt, wie der geschlossene Horizont der Antike, kein Außen mehr. Wieder scheint es keinen Standpunkt jenseits des eigenen Appetits mehr zu geben. Das Murren über die Brotverteilung ersetzt die Politik. Die mediale Entwicklung überantwortet uns der bedingungs- und ausweglosen Immanenz, dem Wiederkäuen der eigenen Visionen und dem Verzehr der Ziele, die wir selbst hervorbringen. Das aber hat einen kannibalistischen Umgang mit uns selbst zur Folge.«[214] In dieser Endlosschleife einer wirbelnden Kommunikation, die von herbem Stillstand schwer zu unterscheiden ist und uns in ihrem Spiegelpalast gefangen hält, sind wir in der Tat dabei, unsere Lebensgrundlage zu verzehren. Die bittere Formel für diesen Vorgang lautet Selbstkannibalismus. Dem Rausch dieses Vorgangs müsste eine Ernüchterung folgen. Dazu benötigten wir – um an den Gedankengang von Hettche anzuknüpfen – ab und zu die Stille der Bibliothek, die Unterbrechung des Lärmens in den Echohallen unseres getriebenen Alltags. Wir müssen den Versuch wagen, unsere Zivilisation aus der Perspektive ihrer Grenzen zu betrachten.

Das haben wir bereits getan, als wir die Mühlen der Zivilisation zusammen mit James C. Scott aus der Perspektive der Barbaren angeschaut haben. Scott hatte uns die Aufgabe gestellt, die gängige Gegenüberstellung von Zivilisation und Barbaren im Lichte der kostspieligen Verabschiedung der nomadischen Existenz zugunsten der zivilen Sesshaftigkeit zu überdenken. Der barbarischen Kultur waren wir dort als eine bewegliche, resiliente Lebensform begegnet, als eine koadaptive Existenzweise, die ihren ökologischen Haushalt eben nicht verzehrt, sich selbst nicht kannibalisiert. Es gilt, so ist zu vermuten, in Zukunft »die Angst vor den Barbaren« (Tzvetan Todorow) zumindest versuchsweise aufzugeben.

In seinem Schlüsselroman »Warten auf die Barbaren« hat J. M. Coetzee das Schicksal eines Magistrats beschrieben, der in seiner Garnisonsstadt im Auftrag des Staates die Grenze mit dem Land der Barbaren bewacht. In dieser Stadt geht er seinen Amtsgeschäften treu und gemächlich nach. Irgendwann trifft eine Spezialeinheit der Staatspolizei ein und unternimmt grausame Strafaktionen gegen die Barbaren. Aus Mitleid mit ihnen wechselt der Magistrat wenig später die Front und nimmt ein schwer misshandeltes Barbarenmädchen bei sich auf. Er wird dafür selbst mit Folter und Demütigung bezahlen. Zu den Vorbereitungen jener polizeilichen Strafaktionen gehört das Abfackeln aller in der Landschaft vorhandenen Schutzgebiete. Dieser Vorgang gerinnt zu einer gewaltigen Metapher für die Rodung all dessen, was die Sicht auf die Barbaren während dieser Aktionen versperrt. Es müssen gewissermaßen alle Rücksichten gerodet werden, welche der Vernichtung der Barbaren im Wege stehen:

»Jemand ist zur Ansicht gelangt, dass die Flussufer den Barbaren zu viel Deckung bieten, dass der Fluss leichter zu verteidigen wäre, wenn man die Ufer roden würde. Da haben sie also den Busch angezündet. Weil der Wind von Norden weht, hat sich das Feuer über das ganze flache Tal ausgebreitet. Ich habe früher schon Buschfeuer gesehen. Das Feuer rast durch Schilf, die Pappeln lodern wie Fackeln. Tiere, die schnell genug sind – Antilopen, Hasen, Raubkatzen –, fliehen; Vogelschwärme stieben panisch davon; alles andere wird vernichtet. Aber am Fluss gibt es so viele kahle Stellen, dass sich Feuer selten weiterfressen. Es ist also klar, diesmal muss ein Trupp dem Feuer flussabwärts folgen und für seinen Unterhalt sorgen. Es kümmert sie nicht, dass der Wind die Erde abtragen wird, wenn der Boden ohne Vegetation ist, und die Wüste vordringen wird. So als bereitete das Expeditionskorps seinen Feldzug gegen die Barbaren vor, indem es die Erde verwüstet, und unser Erbe sinnlos vernichtet.«[215]

Wer hätte beim Lesen dieser Stelle nicht die gigantischen Feuer in Australien vor Augen, die zwischen August 2019 und März 2020 insgesamt zwölf Millionen Hektar Land vernichteten? Sie waren das Menetekel unseres Kriegs gegen unsere Barbaren – gegen die verbliebenen Randzonen und Schongebiete unserer Zivilisation, gegen die letzten, von unserem Vorwärtsdrang noch unberührten Regionen. Sie symbolisierten die Konsequenz unserer Ignoranz und unseres Unwillens, das Ruder rechtzeitig herumzureißen. Vielleicht sollten wir einen Gruß an die Barbaren richten und uns lernbereit einstellen. Wenn man Scott folgt, wären wir nicht die Ersten, die davon profitierten:

»Der Prozess des sekundären Primitivismus, den man auch ›Fahnenflucht zu den Barbaren‹ nennen könnte, kommt viel häufiger vor, als irgendeines der zivilisatorischen Standardnarrative es zugeben würden. Er ist besonders ausgeprägt in Zeiten von Staatszusammenbrüchen oder von Interregna, die durch Krieg, Epidemien oder eine Verschlechterung der Umweltbedingungen gekennzeichnet sind. Unter solchen Bedingungen wurde er womöglich mitnichten als bedauerlicher Rückfall und als Einschränkung, sondern als ausgesprochene Verbesserung der Sicherheit, Ernährung und sozialen Ordnung erfahren. Barbar wurde man oft, um das eigene Leben zu verbessern.«[216]

Dieser Vorgang, der von Scott auch »freiwillige Selbstnomadisierung«[217] genannt wird, ist keineswegs das Produkt einer romantischen, verklärenden Fantasie. Aus Gründen des Überlebens sind solche Rückzüge aus den Gefilden der Zivilisation, wie er schreibt, gar nicht so selten. Es hat diese Kehrtwendungen in die Peripherie immer schon gegeben – aus Angst vor Ansteckung, auf der Suche nach Schutz vor Übergriffen und Kriegen, auf der Flucht vor großem Ungemach, aber auch auf der Spur eines besseren Lebens, auf den Pfaden einer anderen Lebensform. Der Gruß an die Barbaren hat nicht zur Folge, dass wir uns tatsächlich auf dem Weg zu den Peripherien machten und uns dort einnisteten. Diese Haltung hat in unserer Welt genügend Unheil bewerkstelligt, unter Umständen sogar die Covid-19-Pandemie. Der Gruß an die Barbaren gilt vielmehr unserer Einbildungskraft, unserer Bereitschaft, die Blickrichtung umzukehren, die Perspektive umzudrehen und uns selbst in Augenschein zu nehmen – die Rücksichtslosigkeit unserer Lebensstile, die Zukunftslosigkeit unserer Vorlieben und Gewohnheiten, unsere Blindheit angesichts der Spuren, die wir hinterlassen.

Wir sollten die Pandemie als die Erschütterung der lieb gewonnenen und von uns gedankenlos weiterverbreiteten zivilisatorischen Standardnarrative betrachten. Die »Fahnenflucht zu den Barbaren« bestünde in diesem Fall darin, die zugegeben traurige Gelegenheit zu nutzen, um einen »Blick aus der Ferne« (Claude Lévi-Strauss) auf unsere Zivilisation zu riskieren. Wir hätten dann wiederum etwas Distanz zu uns selbst bekommen. Vielleicht ergriffen wir die Chance, uns etwas zu sammeln. Die Perspektive der Barbaren wäre dann zum Sinnbild einer anderen Sicht auf die Lage der Dinge geworden, denn diese ist sozial und ökologisch außerordentlich prekär. Die Zivilisation, wie sie sich in den Staat verkörpert, benötigt einen barbarischen Kommentar, einen Blick aus der Ferne. Es bestehe, so Scott, »kein Zweifel daran, dass das Verlassen des staatlichen Raums zur Peripherie hin weniger als furchtbares Exil denn als Erleichterung der Lebensbedingungen, wenn nicht sogar als Emanzipation erfahren«[218] werden kann. Diese Gelegenheit dürfen wir nicht verstreichen lassen. In dieser Peripherie sollten wir uns üben in der Kunst des Lassens und der Schonung, in einer Haltung der Selbstzurücknahme und in der Respektierung von Zonen der »Unverfügbarkeit«[219]. Allzu viel Zeit bleibt uns nicht mehr.

Bibliografie

Adorno, Theodor W.: Aspekte des neuen Rechtsradikalismus, Berlin 2019.
Agamben, Giorgio: Ausnahmezustand (Homo sacer II.1), Frankfurt am Main 2004.
Alter, Adam: Unwiderstehlich. Der Aufstieg suchterzeugender Technologien und das Geschäft mit unserer Abhängigkeit, München 2018.
Anheier, Helmut: Das Trilemma. Sind Wirtschaftswachstum, Globalisierung und liberale Demokratie vereinbar?, in: Süddeutsche Zeitung, Nr. 206, Dienstag, 7. September 2021, S. 14.
Aristoteles: Nikomachische Ethik, Philosophische Schriften Band 3, Hamburg 2019.
Aristoteles: Politik, Philosophische Schriften Band 4, Hamburg 2019.
Baecker, Dirk: 4.0 oder die Lücke, die der Rechner lässt, Leipzig 2018.
Barczak, Tristian: Der nervöse Staat. Ausnahmezustand und Resilienz des Rechts in der Sicherheitsgesellschaft, Tübingen 2020.
Bernard, Andreas: Komplizen des Erkennungsdienstes. Das Selbst in der digitalen Kultur, Frankfurt am Main 2017.
Biebricher, Thomas: Die politische Theorie des Neoliberalismus, Berlin 2020.
Biss, Eula: Immun. Über das Impfen – von Zweifel, Angst und Verantwortung, München 2016.
Blühdorn, Ingolfur: Das Virus der Nicht-Nachhaltigkeit. SARS-CoV-2 und die postdemokratische Wende, in: Volker, Michael/Werner, Karin, Die Corona-Gesellschaft. Analysen zur Lage und Perspektiven für die Zukunft, Bielefeld 2020, S. 229–240.
Blumenberg, Hans: Anthropologische Annäherung an die Aktualität der Rhetorik, in: Wirklichkeiten, in denen wir leben, Stuttgart 1986, S. 104–136.
Blumenberg, Hans: Beschreibung des Menschen, Frankfurt am Main 2006.
Blumenberg, Hans: Die Sorge geht über den Fluß, Frankfurt am Main 1987.
Blumenberg, Hans: Ein mögliches Selbstverständnis, Stuttgart 1996.
Blumenberg, Hans: Paradigmen zu einer Metaphorologie, Frankfurt am Main 1998.

Bodrožić, Marica: Poetische Vernunft im Zeitalter gusseiserner Begriffe, Berlin 2019.
Boghossian, Paul: Angst vor der Wahrheit. Ein Plädoyer gegen Relativismus und Konstruktivismus, Berlin 2013.
Boltanski, Luc/Chiapello, Ève: Der neue Geist des Kapitalismus, Konstanz 2013.
Bostrom, Nick: Die verwundbare Welt. Eine Hypothese, Berlin 2020.
Brenner, Andreas: CoronaEthik. Ein Fall von Global-Verantwortung?, Würzburg 2020.
Bröckling, Ulrich: Das unternehmerische Selbst. Soziologie einer Subjektivierungsform, Frankfurt am Main 2007.
Bröcking, Ulrich: Wettkampf und Wettbewerb: Konkurrenzordnungen zwischen Sport und Ökonomie, in: Gute Hirten führen sanft. Über Menschenregierungskünste, Berlin 2017, S. 243–259.
Butter, Michael: »Nichts ist, wie es scheint«. Über Verschwörungstheorien, Berlin 2020.
Canetti, Elias: Masse und Macht, Hamburg 1960.
Chomsky, Noam: Rebellion oder Untergang! Ein Aufruf zu globalem Ungehorsam zur Rettung unserer Zivilisation, Frankfurt am Main 2021.
Claessens, Dieter: Das Konkrete und das Abstrakte. Soziologische Skizzen zur Anthropologie, Frankfurt am Main 1980.
Coetzee, J. M.: Warten auf die Barbaren, Frankfurt am Main 2001.
Crouch, Colin: Postdemokratie, Frankfurt am Main 2008.
Debatin, Bernhard: Die Rationalität der Metapher. Eine sprachphilosophische und kommunikationstheoretische Untersuchung, Berlin/New York 1995.
Deleuze, Gilles/Guattari, Félix: Kapitalismus und Schizophrenie. Tausend Plateaus, Berlin 1992.
DeLillo, Don: Die Stille, Köln 2020.
Delumeau, Jean: Angst im Abendland: die Geschichte kollektiver Ängste im Europa des 14. bis 18. Jahrhunderts, Reinbek bei Hamburg 1985.
Derrida, Jacques: Politik der Freundschaft, Frankfurt am Main 2000.
Emcke, Carolin: Abschied, in: Süddeutsche Zeitung, Nr. 174, 31. Juli/1. August 2021, S. 5.
Emcke, Carolin: Die Katastrophe, in: Süddeutsche Zeitung, Nr. 36, 13./14. Februar 2021, S. 6.
Emig, Rainer: Krieg als Metapher im zwanzigsten Jahrhundert, Darmstadt 2001.
Forster, E. M.: Die Maschine steht still, Köln 2016.
Foundational Economy Collective: Die Ökonomie des Alltagslebens. Für eine neue Infrastruktur, Berlin 2019.
Gabriel, Markus: Moralischer Fortschritt in dunklen Zeiten. Universale Werte für das 21. Jahrhundert, Berlin 2020.
Gehring, Petra: Von sozialer Abstraktion und hilflosem Intellekt, in: Volker, Michael/Werner, Karin, Die Corona-Gesellschaft. Analysen zur Lage und Perspektiven für die Zukunft, Bielefeld 2020, S. 17–24.
Geiger, Arno: Der alte König in seinem Exil, München 2011.
Grünbein, Durs: Die Glühbirne, in: Süddeutsche Zeitung, Nr. 295, 21. Dezember 2020, S. 11.

Gumbrecht, Hans Ulrich: Unsere breite Gegenwart, Berlin 2010.
Han, Byung-Chul: Infokratie. Digitalisierung und Krise der Demokratie, Berlin 2021.
Han, Byung-Chul: Palliativgesellschaft. Schmerz heute, Berlin 2020.
Han, Byung-Chul: Psychopolitik. Neoliberalismus und die neuen Machttechniken, Berlin 2014.
Han, Byung-Chul: Undinge. Umbrüche der Lebenswelt, Berlin 2021.
Harper, Kyle: Fatum. Das Klima und der Untergang des Römischen Reiches, München 2020.
Hartmann, Kathrin: Die grüne Lüge. Weltrettung als profitables Geschäftsmodell, München 2018.
Hartmann, Martin: Vertrauen. Die unsichtbare Macht, Frankfurt am Main 2020.
Heidgen, Michael e. a.: Permanentes Provisorium. Hans Blumenbergs Umwege, München 2015.
Hénaff, Marcel: Der Preis der Wahrheit. Gabe, Geld und Philosophie, Frankfurt am Main 2009.
Hettche, Thomas: Sammlung und Zerstreuung. Die kannibalistische Erfüllung unserer Kultur, in: Fahrtenbuch 1993–2007, Köln 2007, S. 210–228.
Heuermann, Hartmut: Medien und Mythen. Die Bedeutung regressiver Tendenzen in der westlichen Medienkultur, München 1994.
Honneth, Axel: Drei, nicht zwei Begriffe der Freiheit. Zur Reaktualisierung einer verschütteten Tradition, in: Die Armut unserer Freiheit. Aufsätze 2012–2019, Berlin 2020, S. 139–161.
Horx, Matthias: Die Zukunft nach Corona. Wie eine Krise die Gesellschaft, unser Denken und unser Handeln verändert, Berlin 2020.
Horx, Matthias: 15 $^{1/2}$ Regeln für die Zukunft. Anleitung zum visionären Leben, Berlin 2020.
Houellebecq, Michel: Ein bisschen schlechter. Erwiderung an einige Freunde, in: Ein bisschen schlechter. Neue Interventionen. Essays, Köln 2020, S. 177–184.
Huster, Stefan: Soziale Gesundheitsgerechtigkeit. Sparen, umverteilen, vorsorgen?, Berlin 2011.
Illouz, Eva: Die Errettung der modernen Seele. Therapien, Gefühle und die Kultur der Selbsthilfe, Frankfurt am Main 2011.
Illouz, Eva: Gefühle in Zeiten des Kapitalismus. Frankfurter Adorno-Vorlesungen 2004, Frankfurt am Main 2007.
Judt, Tony: Dem Land geht es schlecht. Ein Traktat über unsere Unzufriedenheit, Frankfurt am Main 2014.
Jullien, François: Es gibt keine kulturelle Identität. Wir verteidigen die Ressourcen einer Kultur, Berlin ^{4}2018.
Jutzi, Sebastian: Als ein Virus Napoleon besiegte. Wie Natur Geschichte macht, Stuttgart 2020.
Kaiser, Anna-Bettina: Ausnahmeverfassungsrecht, Jus Publicum 285, Tübingen 2020.
Kirchgässner, Gebhard: Homo Oeconomicus, Tübingen ^{3}2008.

Konersmann, Ralf: Die Unruhe der Welt, Frankfurt am Main 2015.
Koschorke, Albrecht: Wahrheit und Erfindung. Grundzüge einer allgemeinen Erzähltheorie, Frankfurt am Main 2012.
Koselleck, Reinhart: ›Erfahrungsraum‹ und ›Erwartungshorizont‹ – zwei historische Kategorien, in: Vergangene Zukunft. Zur Semantik geschichtlicher Zeiten, Frankfurt am Main 1984, S. 349–375.
Krastev, Ivan/Holmes, Stephen: Das Licht, das erlosch. Eine Abrechnung, Berlin 2019.
Krastev, Ivan: Europadämmerung. Ein Essay, Berlin 2017.
Kraus, Karl: Der Untergang der Welt durch schwarze Magie, Wien/Leipzig 1925.
Kreilinger, Verena/Wolf, Winfried/Zeller, Christian: Corona, Krise, Kapital. Plädoyer für eine solidarische Alternative in den Zeiten der Pandemie, Köln 2020.
Kuhn, Thomas S.: Die Struktur wissenschaftlicher Revolutionen, Frankfurt am Main 1978.
Lakoff, George/Johnson, Mark: Leben in Metaphern. Konstruktion und Gebrauch von Sprachbildern, Heidelberg ^{9}2018.
Latour, Bruno: Où suis-je? Leçons du confinement à l'usage des terrestres, La Rochelle 2021.
Lessenich, Stephan: Die Neuerfindung des Sozialen. Der Sozialstaat im flexiblen Kapitalismus, Bielefeld 2008.
Lessenich, Stephan: Grenzen der Demokratie. Teilhabe als Verteilungsproblem, Stuttgart 2019.
Lessenich, Stephan: Neben uns die Sintflut. Die Externalisierungsgesellschaft und ihr Preis, Berlin 2016.
Lindahl, Hans: Fault Lines of Globalisation: Legal Order and the Politics of A-Legality, Oxford 2013.
Lindemann, Gesa: Der Staat, das Individuum und die Familie, in: Volker, Michael/Werner, Karin, Die Corona-Gesellschaft. Analysen zur Lage und Perspektiven für die Zukunft, Bielefeld 2020, S. 253–261.
Mak, Geert: Große Erwartungen. Auf den Spuren des europäischen Traums (1999–2019), München 2020.
Martynkewicz, Wolfgang: Das Zeitalter der Erschöpfung. Die Überforderung des Menschen durch die Moderne, Berlin 2013.
Mauelshagen, Franz: Das Antlitz des Leviathan, in: Volker, Michael/Werner, Karin, Die Corona-Gesellschaft. Analysen zur Lage und Perspektiven für die Zukunft, Bielefeld 2020, S. 37–44.
Mausfeld, Rainer: Warum schweigen die Lämmer? Wie Elitendemokratie und Neoliberalismus unsere Gesellschaft und unsere Lebensgrundlage zerstören, Frankfurt am Main ^{3}2018.
Menke, Christoph: Die Lehre des Exodus. Der Auszug aus der Knechtschaft, in: Am Tag der Krise. Kolumnen, Köln 2018, S. 77–94.
Menke, Christoph: Kritik der Rechte, Berlin 2015.

Möllers, Christoph: Freiheitsgrade. Elemente einer liberalen politischen Mechanik, Berlin 2020.
Müller, Jan-Werner: Furcht und Freiheit. Für einen anderen Liberalismus, Berlin 2019.
Müller, Jan-Werner: Was ist Populismus? Ein Essay, Berlin ^{6}2020.
Mukerji, Nikil/Mannino, Adriano: Covid-19: Was in der Krise zählt. Über Philosophie in Echtzeit, Stuttgart 2020.
Nachtwey, Oliver: Die Abstiegsgesellschaft. Über das Aufbegehren in der regressiven Moderne, Berlin ^{7}2017.
Negt, Oskar: Der politische Mensch. Demokratie als Lebensform, Göttingen 2010.
Nida-Rümelin, Julian: Demokratie als Kooperation, Frankfurt am Main 1999.
Nida-Rümelin, Julian: Demokratie und Wahrheit, München 2006.
Nida-Rümelin, Julian: Die gefährdete Rationalität der Demokratie. Ein politischer Traktat, Hamburg 2020.
Nida-Rümelin, Julian: Strukturelle Rationalität. Ein philosophischer Essay über praktische Vernunft, Stuttgart 2001.
O'Connell, Mark: Unsterblich sein. Reise in die Zukunft des Menschen, München 2017.
Paech, Niko: »Da rennen Sie in eine Falle«, Streitgespräch mit Ottmar Edenhofer, in: Süddeutsche Zeitung, Nr. 72, 27./28. März 2021, S. 34–35.
Piketty, Thomas: Der Sozialismus der Zukunft. Interventionen, München 2021.
Pistor, Katharina: Der Code des Kapitals. Wie das Recht Reichtum und Ungleichheit schafft, Berlin 2020.
Prantl, Heribert: Not und Gebot. Grundrechte in Quarantäne, München 2021.
Reckwitz, Andreas: Das hybride Subjekt. Eine Theorie der Subjektkulturen von der bürgerlichen Moderne zur Postmoderne. Überarbeitete Neuauflage, Berlin 2020.
Reckwitz, Andreas: Die Erfindung der Kreativität. Zum Prozess gesellschaftliche Ästhetisierung, Berlin 2012.
Reckwitz, Andreas: Die Gesellschaft der Singularitäten. Zum Strukturwandel der Moderne, Berlin 2017.
Reckwitz, Andreas: Erschöpfte Selbstverwirklichung: Das spätmoderne Individuum und die Paradoxien seiner Emotionskultur, in: Das Ende der Illusionen. Politik, Ökonomie und Kultur in der Spätmoderne, Berlin 2019, S. 203–238.
Reckwitz, Andreas: Risikopolitik, in: Volker, Michael/Werner, Karin, Die Corona-Gesellschaft. Analysen zur Lage und Perspektiven für die Zukunft, Bielefeld 2020, S. 241–252.
Revault d'Allonnes, Myriam: Brüchige Wahrheit. Zur Auflösung von Gewissheiten in demokratischen Gesellschaften, Hamburg 2019.
Ricœur, Paul: Die lebendige Metapher, München 1986.
Riesewieck, Moritz/Block, Hans: Die digitale Seele. Unsterblich sein im Zeitalter Künstlicher Intelligenz, München 2020.
Rössler, Beate: Autonomie. Ein Versuch über das gelungene Leben, Berlin 2017.
Rosa, Hartmut: Beschleunigung und Entfremdung. Entwurf einer Theorie spätmoderner Zeitlichkeit, Berlin 2013.

Rosa, Hartmut: Beschleunigung. Die Veränderung der Zeitstrukturen in der Moderne, Berlin ⁹2012.

Rosa, Hartmut: Best Account. Skizze einer systematischen Theorie der modernen Gesellschaft, in: Reckwitz, Andreas/Rosa, Hartmut: Spätmoderne in der Krise. Was leistet die Gesellschaftstheorie?, Berlin 2021, S. 151–252.

Rosa, Hartmut: Unverfügbarkeit, Wien/Salzburg 2018.

Saint-Pol-Roux: Geschwindigkeit, Berlin 2013.

Sandel, Michael J.: Vom Ende des Gemeinwohls. Wie die Leistungsgesellschaft unsere Demokratien zerreißt, Frankfurt am Main 2020.

Saunders, Doug: Arrival City, München 2011.

Schmitt, Carl: Politische Theologie. Vier Kapitel zur Lehre von der Souveränität, Berlin ⁷1996.

Schmitt, Carl: Verfassungslehre, München/Leipzig 1928.

Schädelbach, Herbert: Rationalität, in: Marcus Düwell e. a. (Hrsg.), Handbuch Ethik, Stuttgart/Weimar ³2011, S. 480–486.

Scott, James C.: Die Mühlen der Zivilisation. Eine Tiefengeschichte der frühesten Staaten, Berlin 2019.

Sen, Amartya: Die Identitätsfalle. Warum es keinen Krieg der Kulturen gibt, München ²2007.

Sennett, Richard: Der flexible Mensch. Die Kultur des neuen Kapitalismus, Berlin 1998.

Sennett Richard: Verfall und Ende des öffentlichen Lebens. Die Tyrannei der Intimität, Frankfurt am Main 1983.

Simmel, Georg: Die Großstädte und das Geistesleben, Frankfurt am Main 2006.

Slobodian, Quinn: Globalisten. Das Ende der Imperien und die Geburt des Neoliberalismus, Berlin 2019.

Sloterdijk, Peter: Den Himmel zum Sprechen bringen. Über Theopoesie, Berlin 2020.

Sontag, Susan: Krankheit als Metapher, Frankfurt am Main 1996.

Streeck, Wolfgang: Gekaufte Zeit. Die vertagte Krise des demokratischen Kapitalismus, Berlin 2013.

Streeck, Wolfgang: Zwischen Globalismus und Demokratie. Politische Ökonomie im ausgehenden Neoliberalismus, Berlin 2021.

Strenger, Carlo: Diese verdammten liberalen Eliten. Wer sie sind und warum wir sie brauchen, Berlin 2019.

Todorov, Tzvetan: Die Angst vor den Barbaren. Kulturelle Vielfalt versus Kampf der Kulturen, Hamburg 2010.

Ulrich, Bernd: Die desinfizierte Gesellschaft, in: Die Zeit, Nr. 22, 20. Mai 2020, S. 3.

Vasold, Manfred: Grippe, Pest und Cholera. Eine Geschichte der Seuchen in Europa, Stuttgart 2008.

Virilio, Paul: Der negative Horizont. Bewegung/Geschwindigkeit/Beschleunigung, München/Wien 1989.

Virilio, Paul: Fluchtgeschwindigkeit. Essay, München/Wien 1996.

Virilio, Paul: Rasender Stillstand. Essay, München/Wien 1992.

Vogl, Joseph: Der Souveränitätseffekt, Zürich/Berlin 2015.
Wajsbrot, Cécile: Zerstörung, Göttingen 2020.
Walzer, Michael: Sphären der Gerechtigkeit. Ein Plädoyer für Pluralität und Gleichheit, Frankfurt am Main/New York 2006.
Weck, Roger de: Die Kraft der Demokratie. Eine Antwort auf die autoritären Reaktionäre, Berlin 2020.
Wils, Jean-Pierre: Nachsicht. Studien zu einer ethisch-hermeneutischen Basiskategorie, Paderborn/München/Wien/Zürich 2006.
Winkler, Heinrich August: Wie wir wurden, was wir sind. Eine kurze Geschichte der Deutschen, München 2020.
Winkler, Willi: Angst vorm Fliegen, in: Süddeutsche Zeitung, Nr. 246, Samstag/Sonntag, 24./25. Oktober 2020, S. 3.
Zielcke, Andreas: Wer schützt im Notstand die Freiheit? Eine Studie über das Ausnahmeverfassungsrecht, in: Süddeutsche Zeitung, Nr. 105, Donnerstag, 17. Mai 2020, S. 11.

Anmerkungen

1. Wajsbrot, 135.
2. DeLillo, 65.
3. Krastev, Europadämmerung, 133.
4. Mak, 613.
5. Judt, 11.
6. Geiger, 57f.
7. Mak, 567.
8. Winkler, 231.
9. Ulrich, 3.
10. Virilio, Rasender Stillstand, 135.
11. Deleuze/Guattari, 329.
12. Vgl. Han, Palliativgesellschaft, 77f.
13. Horx, Die Zukunft nach Corona, alle Zitate S. 32ff.
14. Winkler, Angst vorm Fliegen, 3.
15. Blumenberg, Ein mögliches Selbstverständnis, 19.
16. Emcke, Abschied, 5.
17. Saint-Pol-Roux, 17.
18. Sontag, 101.
19. Martynkewicz, 58.
20. Virilio, Der negative Horizont, 58.
21. Koselleck, 357.
22. Ebd. 359.
23. Ebd. 364.
24. Ebd. 369.
25. Ebd. 368.
26. Rosa, Beschleunigung und Entfremdung, 23.
27. Virilio, Rasender Stillstand.
28. Rosa, Beschleunigung und Entfremdung, 57.
29. Rosa, Beschleunigung. Die Veränderung der Zeitstrukturen in der Moderne, 49f.
30. de Weck, 41.
31. Koschorke, Wahrheit und Erfindung, 263.
32. Müller, Furcht und Freiheit, 42.
33. Vgl. Müller, Was ist Populismus? Ein Essay, 63f.
34. Müller, Furcht und Freiheit, 42.
35. Strenger, Diese verdammten liberalen Eliten. Wer sie sind und warum wir sie brauchen.
36. Krastev/Holmes, Das Licht, das erlosch, 100.
37. Streeck, 23.
38. Vgl. Quinn Slobodian, Globalisten; Thomas Biebricher, Die politische Theorie des Neoliberalismus
39. Streeck, 27.
40. Ebd. 47.
41. Ebd. 47f.
42. Ebd. 48.
43. Lessenich, Die Neuerfindung des Sozialen, 84.
44. Streeck, 158.
45. Lessenich, Die Neuerfindung des Sozialen, 17.
46. Bröckling, Wettkampf und Wettbewerb, 251f.
47. Ebd. 257.
48. Bröckling, Das unternehmerische Selbst, 35
49. Ebd. 49.
50. Nachtwey, Die Abstiegsgesellschaft, 156.
51. Lessenich, Die Neuerfindung des Sozialen, 126.
52. Lessenich, Neben uns die Sintflut, 135.
53. Möllers, 39.
54. Honneth, Die Armut unserer Freiheit.
55. Menke, Die Lehre des Exodus, 78.
56. Ebd. 80.
57. Rössler, Autonomie, 65.

58 Menke, Kritik der Rechte, 254.
59 Möllers, 40.
60 Mausfeld, 124.
61 Sandel, 33.
62 Ebd. 42f.
63 Ebd. 68.
64 Ebd. 107.
65 Reckwitz, Das hybride Subjekt, 505.
66 Rosa, Beschleunigung und Entfremdung, 48.
67 Sennett, Der flexible Mensch, 109.
68 Ebd. 111.
69 Konersmann, 263 und 312.
70 Boltanski/Chiapello, Der neue Geist des Kapitalismus, 156.
71 Ebd. 376.
72 Reckwitz, Die Gesellschaft der Singularitäten, 47.
73 Ebd. 51.
74 Ebd. 59.
75 Reckwitz, Die Erfindung der Kreativität, 237.
76 Reckwitz, Erschöpfte Selbstverwirklichung, 206.
77 Vgl. Sennett, Verfall und Ende des öffentlichen Lebens.
78 Vgl. Eva Illouz, Gefühle in Zeiten des Kapitalismus (2007) und Die Errettung der modernen Seele (2011).
79 Möllers, 41.
80 Ebd. 43.
81 Sandel, 137.
82 Houellebecq, 182.
83 Simmel, 33.
84 Vgl. Sebastian Jutzi, Als ein Virus Napoleon besiegte. Wie Natur Geschichte macht; Manfred Vasold, Grippe, Pest und Cholera. Eine Geschichte der Seuchen in Europa.
85 Harper, 184.
86 Ebd. 114.
87 Scott, Die Mühlen der Zivilisation, 227.
88 Ebd. 48.
89 Ebd. 54.
90 Canetti, sämtliche Zitate S. 313ff.
91 Lessenich, Neben uns die Sintflut, 192.
92 Vgl. Emig, Krieg als Metapher im zwanzigsten Jahrhundert.
93 Lakoff/Johnson, Leben in Metaphern, 13.
94 Vgl. ebd. 22ff.
95 Blumenberg, Paradigmen, 25.
96 Ricœur, 70f.
97 Debatin, 243ff.
98 Biss, 28.
99 Sontag, 69f.
100 Vgl. Barczak, Der nervöse Staat. Ausnahmezustand und Resilienz des Rechts in der Sicherheitsgesellschaft.
101 Zielcke, 11.
102 Vgl. Heribert Prantl, Not und Gebot. Grundrechte in Quarantäne.
103 Zielcke, ebd.
104 Schmitt, Carl, Politische Theologie. Vier Kapitel zur Lehre von der Souveränität, 13.
105 Ebd. 19.
106 Schmitt, Verfassungslehre, 107f.
107 Ebd. 107f.
108 Vgl. Anna-Bettina Kaiser, Ausnahmeverfassungsrecht.
109 Vgl. Hans Lindahl 2013. Aufmerksam auf Lindahl hat mich mein Student Florian van der Zee gemacht, dem ich dafür herzlich danke.
110 Adorno, 19f.

111 Agamben bezieht sich hier auf Adolphe Nissen, der im Jahre 1877 die Monographie »Das Iustitium. Eine Studie aus der römischen Rechtsgeschichte« publizierte. Siehe: Agamben, Ausnahmezustand, 56f.
112 Agamben, 83f.
113 Virilio, Fluchtgeschwindigkeit, 134.
114 Forster, 63.
115 Baecker, 14.
116 Ebd. 195.
117 Ebd. 196.
118 Ebd. 196.
119 Ebd. 197.
120 Zitiert bei Han, Psychopolitik, 103.
121 Heuermann, 25.
122 Sloterdijk, 113.
123 Virilio, Fluchtgeschwindigkeit, 20.
124 Ebd. 21f.
125 Ebd. 57.
126 Ebd. 40.
127 Alter, 117.
128 Virilio, Fluchtgeschwindigkeit, 42.
129 Ebd. 126f.
130 Ebd. 144.
131 Kraus, 7.
132 Wittgenstein, Über Gewissheit, 298, 79.
133 Virilio, Der negative Horizont, 24.
134 Ebd. 150.
135 Vgl. Sen, Amartya, Die Identitätsfalle; François Jullien, Es gibt keine kulturelle Identität.
136 Boghossian, 10.
137 Ebd. 29.
138 Schädelbach, 483.
139 Nida-Rümelin, Strukturelle Rationalität, 73.
140 Gabriel, Moralischer Fortschritt, 33.
141 Vgl. Wils, Nachsicht.
142 Wittgenstein, Über Gewissheit, 308, 81.
143 Ebd. 114, 39.
144 Ebd. 94, 33.
145 Ebd. 95, 34.
146 Ebd. 96, 34.
147 Ebd. 97, 34.
148 Vgl. Thomas S. Kuhn, Die Struktur wissenschaftlicher Revolutionen.
149 Wittgenstein, Über Gewissheit, 105, 36.
150 Ebd. 156, 49.
151 Nida-Rümelin, Strukturelle Rationalität, 153.
152 Streeck, 235.
153 Ebd. 235f.
154 Emcke, Die Katastrophe, 6.
155 Krastev, Europadämmerung, 67.
156 Krastev, Europadämmerung, 69.
157 Krastev/Holmes, Das Licht, das erlosch, 16.
158 Ebd. 25.
159 Krastev, Europadämmerung, 63.
160 Ebd. 89.
161 Zitiert bei Helmut Anheier.
162 Rodrik, 20.
163 Ebd. 260f.
164 Vgl. Joseph Vogl, Der Souveränitätseffekt.
165 Rodrik, 268.
166 Butter, 104.
167 Revault d'Allonnes, 25f.
168 Ebd. 78.
169 Crouch, 30.
170 Negt, 325.
171 Ebd. 327.
172 Geiger, 188.
173 Piketty, 179.
174 Claessens, 317.

175 Blumenberg, Anthropologische Annäherung, 110.
176 Blumenberg, Die Sorge geht über den Fluß, 137.
177 Vgl. Heidgen, Permanentes Provisorium.
178 Blumenberg, Beschreibung des Menschen, 559.
179 Blühdorn, 234.
180 Ebd. 237.
181 Reckwitz, Risikopolitik, 249.
182 Pistor, 22 und 21.
183 Paech, »Da rennen Sie in eine Falle«, Streitgespräch mit Ottmar Edenhofer, SZ, 35.
184 Kreilinger e. a., 27.
185 Hartmann, 217.
186 Vgl. Latour, Où suis-je.
187 Kirchgässner, 53.
188 Walzer, Sphären der Gerechtigkeit, 31.
189 Ebd. 34.
190 Huster, 77.
191 Bodrožić, 46.
192 Vgl. Streeck, Zwischen Globalismus und Demokratie, 431–437.
193 Reckwitz, Risikopolitik, 242.
194 Die Ökonomie des Alltagslebens, 50.
195 Ebd. 27.
196 Ebd. 157.
197 Lessenich, Grenzen der Demokratie, 111.
198 Ebd. 121.
199 Ebd. 127.
200 Aristoteles, Nikomachische Ethik, V, 7. 1132a.
201 Ebd. V, 7, 1131b.
202 Ebd. V, 8, 1133a.
203 Ebd. V, 8, 1133a.
204 Ebd. V, 8, 1133a.
205 Hénaff, 143.
206 Ebd. 151.
207 Rosa, Best Account, 239.
208 Vgl. Derrida, Politik der Freundschaft.
209 Aristoteles, Politik III, 10, 1280b.
210 Nida-Rümelin, Demokratie und Wahrheit, 13. Vgl. ders., Demokratie als Kooperation.
211 Honneth, 141/145.
212 Grünbein, Die Glühbirne, 11.
213 Hettche, 217.
214 Ebd. 224f.
215 Coetzee, Warten auf die Barbaren, 152f.
216 Scott, 237.
217 Ebd. 238.
218 Ebd. 239.
219 Rosa, Unverfügbarkeit, 43.

> »**Das Ökohumanistische Manifest trifft den Kern heutiger Notwendigkeiten. Ich gratuliere!**« Ernst von Weizsäcker, Ehrenpräsident des Club of Rome

Die (Un-)Ordnung unserer globalisierten, auf Egoismen beruhenden Welt führt zu immer mehr Ressourcenverbrauch und treibt ungebremst den Klimawandel voran. Pierre Ibisch und Jörg Sommer analysieren die globalen Probleme ebenso wie die oft naiven Vorschläge zu ihrer Überwindung. Sie setzen dem alten Denken ihre im positiven Sinne radikale Philosophie des Ökohumanismus entgegen und plädieren dafür, unser Denken zu erden: Von der Natur ausgehend zum Menschen hin. Ihr leidenschaftliches und Mut machendes Manifest verknüpft die Akzeptanz der planetaren Grenzen mit dem Ziel einer gerechten Welt – und rückt den Menschen und seine Stärken in den Mittelpunkt der Debatte um die Ökologie und unsere Zukunft.

Pierre L. Ibisch, Jörg Sommer
Das Ökohumanistische Manifest
Unsere Zukunft in der Natur
176 Seiten, 6 farbige Zeichnungen
Klappenbroschur
€ 15,– [D]
ISBN 978-3-7776-2865-3
E-Book: epub. € 9,90 [D]
ISBN 978-3-7776-3042-7

www.oekohumanismus.de
www.hirzel.de

HIRZEL

Hirzel Verlag · Birkenwaldstraße 44 · 70191 Stuttgart · Tel. 0711 2582 341 · Fax 0711 2582 390 · Mail service@hirzel.de

Die Frau, die mit »Querdenkern« redet

Bewegen wir uns alle nur noch in unseren Blasen, nicht bereit und willens, uns auf Positionen der »anderen« einzulassen? Setzt sich durch, wer nur laut genug polarisiert und diffamiert, wer Fakten ignoriert, verleugnet, verdreht, gar zur Gewalt aufruft? Die Auseinandersetzungen um die Coronamaßnahmen haben uns mit neuer Dringlichkeit vor die Frage gestellt, wie Demokratie in Zeiten einer Erosion der Mitte und des sozialen Zusammenhalts gelebt und geschützt werden kann. Karoline M. Preisler stellt sich diesen Fragen und plädiert als leidenschaftliche Demokratin dafür, neue Werkzeuge und Begegnungsorte für den nötigen Dialog über Streitthemen wie Demokratie und Religion, Umwelt, Migration oder Familie zu schaffen.

KAROLINE M. PREISLER

DEMOKRATIE AUSHALTEN!

Über das Streiten in der Empörungsgesellschaft

HIRZEL

Karoline M. Preisler
Demokratie aushalten!
Über das Streiten in der Empörungsgesellschaft
200 Seiten
Klappenbroschur
€ 18,- [D]
ISBN 978-3-7776-2944-5
E-Book: epub. € 13,90 [D]
ISBN 978-3-7776-2999-5

www.hirzel.de

HIRZEL

Hirzel Verlag · Birkenwaldstraße 44 · 70191 Stuttgart · Tel. 0711 2582 341 · Fax 0711 2582 390 · Mail service@hirzel.de

»Das Ökohumanistische Manifest trifft den Kern heutiger Notwendigkeiten. Ich gratuliere!« Ernst von Weizsäcker, Ehrenpräsident des Club of Rome

Die (Un-)Ordnung unserer globalisierten, auf Egoismen beruhenden Welt führt zu immer mehr Ressourcenverbrauch und treibt ungebremst den Klimawandel voran. Pierre Ibisch und Jörg Sommer analysieren die globalen Probleme ebenso wie die oft naiven Vorschläge zu ihrer Überwindung. Sie setzen dem alten Denken ihre im positiven Sinne radikale Philosophie des Ökohumanismus entgegen und plädieren dafür, unser Denken zu erden: Von der Natur ausgehend zum Menschen hin. Ihr leidenschaftliches und Mut machendes Manifest verknüpft die Akzeptanz der planetaren Grenzen mit dem Ziel einer gerechten Welt – und rückt den Menschen und seine Stärken in den Mittelpunkt der Debatte um die Ökologie und unsere Zukunft.

Pierre L. Ibisch, Jörg Sommer
Das ökohumanistische Manifest
Unsere Zukunft in der Natur
176 Seiten, 6 farbige Zeichnungen
Klappenbroschur
€ 15,– [D]
ISBN 978-3-7776-2865-3
E-Book: epub. € 9,90 [D]
ISBN 978-3-7776-3042-7

www.oekohumanismus.de
www.hirzel.de

HIRZEL

Hirzel Verlag · Birkenwaldstraße 44 · 70191 Stuttgart · Tel. 0711 2582 341 · Fax 0711 2582 390 · Mail service@hirzel.de

Die Frau, die mit »Querdenkern« redet

Bewegen wir uns alle nur noch in unseren Blasen, nicht bereit und willens, uns auf Positionen der »anderen« einzulassen? Setzt sich durch, wer nur laut genug polarisiert und diffamiert, wer Fakten ignoriert, verleugnet, verdreht, gar zur Gewalt aufruft? Die Auseinandersetzungen um die Coronamaßnahmen haben uns mit neuer Dringlichkeit vor die Frage gestellt, wie Demokratie in Zeiten einer Erosion der Mitte und des sozialen Zusammenhalts gelebt und geschützt werden kann. Karoline M. Preisler stellt sich diesen Fragen und plädiert als leidenschaftliche Demokratin dafür, neue Werkzeuge und Begegnungsorte für den nötigen Dialog über Streitthemen wie Demokratie und Religion, Umwelt, Migration oder Familie zu schaffen.

Karoline M. Preisler
Demokratie aushalten!
Über das Streiten in der Empörungsgesellschaft
200 Seiten
Klappenbroschur
€ 18,– [D]
ISBN 978-3-7776-2944-5
E-Book: epub. € 13,90 [D]
ISBN 978-3-7776-2999-5

www.hirzel.de

HIRZEL

Hirzel Verlag · Birkenwaldstraße 44 · 70191 Stuttgart · Tel. 0711 2582 341 · Fax 0711 2582 390 · Mail service@hirzel.de